新装版

和語から引ける漢字熟語辞典

岩田麻里【編】

東京堂出版

はじめに

本書では、漢字が構成する単語を「漢字熟語」と呼ぶ。中国古典漢語のみを連想することを防ぐため「漢語」は用いない。音読みで構成されている語を集めているので、本来なら「字音語」と呼ぶのが適切なのだが、一般的に馴染みがないという理由で「漢字熟語」に落ち着いた。中国製の語か、古漢語か訳語かなどは問わず、漢字二字の熟語を中心に採用している。訓読みする語（例　場合（ばあい））は除き、あて字（例　愚図（ぐず））、熟字訓（例　五月雨（さみだれ））なども除いた。

一方、日本固有の語であるやまとことばを「和語」と呼んでいる。

見出しの和語に対応する漢字熟語が一語しか無い場合は、紙面の都合上、割愛した。見出しの和語は、形容詞・副詞などの形容語と動詞から選び、名詞は除外した。漢字熟語群に対応する和語が見当たらず、やむを得ず「信じる」のような形の見出しになった項目もある。あらかじめご了承いただきたい。

見出し語を和語一語に限り、字音読みの漢字熟語を対照させることにこだわるのは、和語の意味限定の緩さを漢字熟語が補っていることを明らかにするためである。

例えば「はっきり」という語を引くと、明瞭・明快・明晰・明白・歴然・自明……など十数個の漢字熟語が並んでいる。「明瞭」は形・輪郭がはっきりしていること、「明快」は筋が通って話の内容がはっきりしている様子、「明晰」は筋道が通ってはっきりしている様子、「明白」ははっきりしていて疑いのない様子、「歴然」は跡が残っていてはっきりしている様子、「自明」は議論するまでもなくはっきりしていることを表す。これらの語は、何がどのように「はっきり」なのかを端的に表している。漢字が組み合わさると、語の意味を細かく分析・説明することができるようになるのである。

漢字というのは、字面だけで意味を表すものではない。意味を内蔵した化学原子のようなものだと私は考える。化学原子は結合の手を持って互いに結びつき、分子を構成する（図1）。結びつく相手によって反応が変わり、出来上がる分子も異なってくる。同じように漢字も、結合する

〈図1〉

H－O－H

⬇

H_2O

水

O＝C＝O

⬇

CO_2

二酸化炭素

〈図2〉

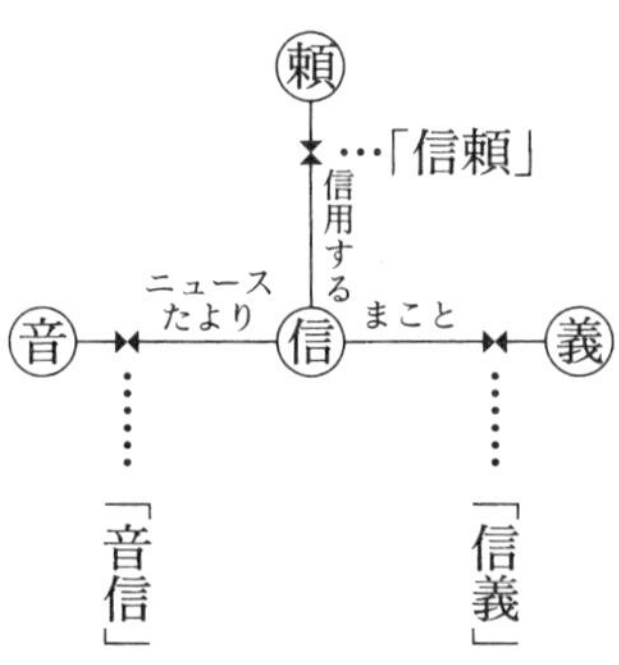

相手の字によって反応の仕方が変わり、出来上がる分子、即ち単語が異なってくる。各漢字が、組む字に応じて所有する結合の手の中から合うものを選び、働かせる（図2）。こうして漢字は相互に結びつきながら、語彙の網を広げていく。

漢字は、結合する相手の字によって反応の仕方が異なるからこそ、語の内容を分析・説明し得る。文字でありながら、結合すると新たな意味を内蔵した単語になる。漢字は語彙を豊富にするのである。

厳密に的確に表現することが必要な場合には、漢字熟語を用いるとよい。ぼかして言いたいとき、あいまいな表現にしておきたいときには和語を用いればよい。語というものは、微妙なりとも確固とした違いを持って、個々の座を占めているのだから、その違いに敏感になって使い分けたいものである。その一助となるよう、幾つかの項目には漢字の字義も添えてある（漢字の意味の調査には、主に藤堂明保編『学研漢和大字典』を用いた）。

本書は、和語を硬い表現に言い換えたり、似た言葉を使い分けたりするための用語集であることを目的としていない。和語と漢字熟語が、お互いの表現できない部分を補いつつ存在している状況を、確認するためにお役立ていただければと思う。近年、大学入試や就職の際に有利だとかで、漢字検定が流行しているが、やみくもに「漢字が書ける」ことを目指すより、「自分の語彙をふやす」という観点で取り組むことをお勧めしたい。

本書は、二十数年前に書いた修士論文の一部「現代日本語における漢字の機能」（中央公論社刊『日本語の世界16　国語改革を批判する』所収）に端を発した企画である。当時、別の出版社からお話をいただき、一人で作業を始めたのだが、終了までに三年余りを要してしまった。そうこうするうちにバブルがはじけ、立ち消えになっていたこの企画に、あらためて声をかけてくださったのが東京堂出版編集部の渡部俊一氏である。その後も紆余曲折を重ね、作業終了後十五年を経て、ようやく刊行に漕ぎつけた。

恩師である大野晋先生は「語彙が少ないのではないか」と心配してくださっている。お二人のご厚情に深く感謝申し上げます。

不十分ではあるのだが、一つの和語に対して漢字が繰り広げる語彙網を確認していただければ幸いである。

二〇〇七年一月十七日

岩田　麻里

和語から引ける漢字熟語辞典◉目次

凡例

一、本書は、和語と漢字熟語の対応関係を明らかにすることを意図し、見出しの和語八二五語、対応する漢字熟語約五一〇〇語を収録した。収録した和語と漢字熟語に関しては「はじめに」を参照されたい。

一、見出しの和語は五十音順に配列し、その下に標準的な漢字表記を掲載した。同音で異なる意味がある場合は、見出し語に1、2、3…と付して別見出しとした。

一、見出しに掲げた和語に対応する漢字熟語を五十音順に掲載し、その意味を簡潔に記した後に用例を挙げた。

一、本文中で用いた記号は次のとおりである。

◉ 必要に応じて和語の意味、使い分けを簡潔に示した。

例 漢字熟語の意味を簡潔に記し、例の後に用例を掲げた。

類 和語、漢字熟語の類語を示した。

対 和語、漢字熟語の反対語を示した。

▼ 漢字義の説明の補足、また漢字熟語の読みや表記に関する補足等を掲げた。

▽ 謙譲語や尊敬語の注記を示す。

⇩ 参照項目を示す。また見出し語の見よ項目の場合もこの記号を用いた。

参考 和語、漢字熟語の意味、また使い分けなどに関する参考事項を記した。
関連語 掲載した漢字熟語以外の関連する語句を示す。

一、巻末に、本書に収録した和語、漢字熟語、ならびに類対で掲げた語句の五十音順索引を付した。

❖主要参考文献

『角川類語新辞典』大野晋、浜西正人著、角川書店
『学研漢和大字典』藤堂明保編、学習研究社
『三省堂小学国語辞典』中沢政雄、田近洵一、石黒修編、三省堂
『福武国語辞典』樺島忠夫、曽田文雄、植垣節也、佐竹秀雄編、ベネッセコーポレーション
『日本語教育のための基本語彙調査』国立国語研究所、秀英出版
『日本語の世界16　国語改革を批判する』丸谷才一編著、中央公論社

和語から引ける漢字熟語辞典

あ行

あう Ⅰ

会う・逢う

●人に向かい合って接する

類出会う・巡り合う・出くわす・行き合う　対別れる

【逢瀬（おうせ）】恋愛関係にある男女が会う機会。例人目をしのんで逢瀬を続ける。

【会見（かいけん）】時間・場所を決めて公式に会うこと。例首相官邸での記者会見。類インタビュー

【再会（さいかい）】しばらく会わなかった人とまた会うこと。例友人に再会する。再会を祝して乾杯する。▼「際会」はものごとと偶然出会うこと。

【初対面（しょたいめん）】初めて会うこと。例初対面とは思えない親密さ。

【対面（たいめん）】人に会う、向き合うこと。例二十年ぶりに恩師と対面する。

【面会（めんかい）】(訪ねていって)直接会うこと。例面会を申し込む。面会謝絶の札が下がった病室。

【面接（めんせつ）】その人に直接会うこと。例筆記試験と面接試験。

【面談（めんだん）】会って直接話し合うこと。例教師と親子の三者面談。委細面談。

●目上の人・身分の高い人と会う

【引見（いんけん）】地位の高い人・目上の人が相手を呼び寄せて会うこと。例ご多用中恐縮でございますが、ご引見くださいますようお願い申し上げます。▼例文のように紹介状などでよく用いられる。類引接

【謁見（えっけん）】目上の人・身分の高い人に会うこと。例宮殿の謁見の間。▼「謁」は、身分の高い人に申し上げる意。類お目通り

【接見（せっけん）】身分の高い人が公式に会うこと。例女王が外国使節に接見する。

【拝謁（はいえつ）】身分の高い人にお目にかかること。▽謙譲語。例国王に拝謁を賜った。拝謁を許される。

【拝顔（はいがん）】お目にかかること。▽謙譲語。例拝顔の栄に浴する。類お目もじ・お目にかかる

【拝眉(はいび)】お目にかかること。▽謙譲語。例いずれ拝眉の上、詳しくご相談いたします。▼「拝顔」「拝眉」とも手紙でよく用いられる。

あう2 遭う

◉出くわす

【遭遇(そうぐう)】思いがけずめぐり合う、偶然出くわすこと。例森でクマに遭遇する。

【遭難(そうなん)】生死にかかわるような災難、事故に出会うこと。例間一髪で遭難を免れる。

【直面(ちょくめん)】物事にじかに向かうこと。例厳しい現実に直面する。

あう3 合う

◉ぴったりと一つになる 類ドッキング

【一致(いっち)】ぴったりと一つに合うこと。例利害関係が一致する。類団結・結束

【合致(がっち)】ぴったりと合うこと。例目的に合致した方法をとる。

【結合(けつごう)】一つに結びつくこと。例化学結合によって結び付いた原子。⇩あわせる・むすぶ

【接合(せつごう)】つなぎ合わせること。例フィルムを接合する。類接着

【投合(とうごう)】意見などが合うこと。例意気投合する。類共鳴

【符合(ふごう)】ぴたりと合うこと。例目撃者の証言が事実と符合する。

◉釣り合いがとれる 類釣り合う・似合う

【相応(そうおう)】釣り合うこと。ふさわしいこと。例身分相応の暮らしぶり。対不相応 ▼「応」は、相手の状態や変化に応じて変わる、したがう意。⇩つりあう・にあう・ぴったり

【相当(そうとう)】ふさわしいこと。例能力に相当する給料。▼「当」は面と面とをぴったりと押し当てて等価値の取り引きをする意。類匹敵 ⇩あたる・つりあう・にあう

【調和(ちょうわ)】釣り合ってほどよいこと。例町並みに調和した建物。類均整・均衡・ハーモニー・バランス ⇩つりあう

◉あてはまる 類適(かな)う・応じる・マッチする

【適応（てきおう）】条件や状況に合うこと。例環境に適応する能力。類順応 対不適応

【適合（てきごう）】あてはまること。例体質に適合した血液。対不適合

【適当（てきとう）】よく合うこと。ふさわしいこと。例条件に適当な相手を探す。類妥当・適切 対不適当

あがる I 上がる

●**高い所へと移る** 類上（のぼ）る・昇（のぼ）る 対下がる・下りる

【上昇（じょうしょう）】上がること。昇ること。例気温が急激に上昇した。対下降・降下・低下

●**高さ・位置が高まる**

【登壇（とうだん）】演壇などに上がること。例母校の教師として登壇する。対降壇

【登板（とうばん）】（野球で）投手がマウンドに立つこと。例投手は登板日を教えてはいけない。対降板

●**物価・相場が高くなる**

【急騰（きゅうとう）】急に上がること。例円は一日で急騰した。▼「騰」は、馬がおどり上がる意。類急伸 対急落

【高騰（こうとう）】物価などが上がること。例政府の無策が地価の高騰を招いた。対低落・下落

【上昇（じょうしょう）】上がること。例消費税の実施で物価が上昇した。

【続騰（ぞくとう）】引き続き物価が上がること。例好景気で株価は続騰している。類続伸 対続落

【騰貴（とうき）】物価や相場が上がること。例地価が著しく騰貴した。対下落

【暴騰（ぼうとう）】物価が急激に上がること。例株価暴騰の原因を探る。対暴落

●**地位が高くなる** 類上（のぼ）る

【栄進（えいしん）】上の地位に上がること。例春の人事異動で課長に栄進する。

【栄達（えいたつ）】地位が上がること。例栄達を望んで入社する。

【栄転（えいてん）】より高い地位に転任すること。例このたびは関西支社の部長にご栄転とのこと、おめでとうございます。対左遷

【出世（しゅっせ）】社会・組織の中での地位が高くなること。例同期の中では出世が早い。立身出世。類立身・利達・成り上がる

【昇格（しょうかく）】格・ランクが上がること。[例]専門学校が大学に昇格する。[類]格上げ [対]降格

【昇給（しょうきゅう）】給料が上がること。[例]毎年少しずつだが昇給している。[類]増給 [対]降給

【昇級（しょうきゅう）】地位・等級が上がること。[例]八級から六級に昇級する。[対]降級

【昇進（しょうしん）】地位が上がること。[例]大関昇進をねらう。

【昇段（しょうだん）】段位が上がること。[例]昇段試験を受ける。[対]降段

【昇任（しょうにん）】地位が上がること。[例]昇任試験を受けられるようになるまでが大変なんだ。[対]降任

【進級（しんきゅう）】上の学年・等級に進むこと。[例]来年最終学年に進級する。

【特進（とくしん）】特別に進級・昇進すること。[例]射撃で優勝した巡査は二階級特進した。

【累進（るいしん）】地位などが次第に上がること。[例]支部長に累進する。

◉気持ちが高ぶる [類]エキサイトする

【興奮（こうふん）】感情や神経が高ぶること。[例]大観衆を前に興奮している。

◉技能や程度が進歩する [類]伸びる

【向上（こうじょう）】よい方向に進むこと。[例]生活水準が向上している。[対]低下

【上達（じょうたつ）】技芸がうまくなること。[例]書道の腕が上達した。

【進化（しんか）】よりよい方向に進んでいくこと。[例]ゲームは総合的な娯楽ソフトへと急速に進化しつつある。[類]発展 [対]退化

【進歩（しんぽ）】よいほうに進んでいくこと。[例]長足の進歩を遂げる。[類]発達・発展 [対]退歩

◉高位の者の所へ行く [類]参る・出向く

【参上（さんじょう）】うかがうこと。▽謙譲語。[例]こちらから参上いたします。[類]参じる

【参内（さんだい）】宮中に参上すること。[例]宮中に参内する。[類]参入

【参殿（さんでん）】城に参上すること。[例]幕府から参殿を義務づけられる。

◉完了する [類]終わる・済む

【完了（かんりょう）】完全に終わること。[例]準備が完了する。

【終了（しゅうりょう）】終わること。[例]試合終了の合図。

あがる[2] 揚がる

【掲揚けいよう】旗を高く掲げること。例国旗の掲揚を見守る。対降納

【飛揚ひよう】空高く飛び上がること。また、高い地位に上り詰めること。例グライダーが青空を飛揚する。▼「揚」は、威勢よく持ち上げて明らかにすること。

あかるい 明るい

対暗い

●光があり、よく見える

【皓皓こうこう】白く輝くさま。例寒気の中で皓々と輝く照明。▼「皓」は、日が出て空が明るくしらむさまを表す。

●ほがらか、晴れやかである

【快活かいかつ】はきはきしてほがらかなこと。例快活な人柄にひかれる。

【活発かっぱつ】いきいきして元気な様子。例あの子はとても活発だ。対不活発

【明朗めいろう】明るくほがらかなさま。例明朗な青年。明朗な会計で気分がよい。対不明朗

【陽気ようき】性格が明るいさま。例陽気な性格でみんなから好かれている。花見の宴で陽気に騒ぐ。対陰気

●物事を知っている 類詳しい・強い

【明達めいたつ】ものごとによく通じていること。例その方面に明達の人を探す。

あきらか 明らか

類はっきり・定か

【自明じめい】おのずと明らかなこと。例彼が罰せられるのは自明のことだ。自明の理。

【判然はんぜん】人の目にはっきりと分かるさま。例何が言いたいのか論旨が判然としない。

【分明ぶんめい】はっきりして明らかなこと。▼「ふんみょう」とも。例趣旨は分明だ。対不分明

【明解めいかい】(解説・解釈が)はっきりと分かりやすいこと。例字義が明解である。

【明快めいかい】筋道立って分かりやすいこと。例実に明快な論理に納得させられた。

【明確めいかく】はっきりして明らかなこと。例資金の出所を明確にせよ。対曖昧

【明晰めいせき】明らかではっきりしていること。例明晰な頭脳の持ち主。▼「晰」は「晢」の異体字。すっきりと分けて、けじめをつける意。

【明白めいはく】明らかなこと。疑う余地がないこと。例明白な事実。彼に殺意のなかったことは明白だ。

【明瞭めいりょう】明らかなこと。あいまいでないこと。例日本語を明瞭に発音しよう。▼「瞭」ははっきりとよく見える意。対不明瞭

【瞭然りょうぜん】はっきりしているさま。例勝敗は一目瞭然である。

【歴然れきぜん】はっきりして疑いようのないこと。例それは歴然たる事実である。

あきらめる 諦める

類思い切る

【覚悟かくご】あきらめて心を決めること。例失敗は覚悟のうえだ。

【観念かんねん】もうこれまでと、あきらめること。例そろそろ観念したほうがいい。

【断念だんねん】あきらめること。例地元の反対で林道建設を断念する。

【諦観ていかん】あきらめ悟ること。例仏門に入り、世を諦観する。類達観・諦念

あきる 飽きる

◉もうこれでいいと満足する 類足りる

【飽食ほうしょく】あきるまで食べること。例飽食の時代。

【飽満ほうまん】あきるまで食べて満腹になること。例美食に飽満する。

◉(満足の度が過ぎて)嫌気がさす 類うんざりする・倦うむ

【倦怠けんたい】いやになること。あきあきすること。例夫婦が倦怠を感じる時期。

【退屈たいくつ】いやになること。あきること。例退屈して子供が泣き出す。

あく[1] 開く

類開く・始まる　対閉まる・閉じる

【開館】美術館・図書館などが開くこと。例映画館は午前十時に開館する。対閉館

【開場】会場や劇場の入り口を開けて客を入場させること。例開演三十分前に開場する。対閉場

【開廷】裁判を始めること。例裁判長が開廷を宣言する。対閉廷

【開店】店を開けること。例ここは夜十一時まで開店している。対閉店

【開幕】幕が開くこと。例夜の部は五時半に開幕する。類開演　対閉幕

【開門】門を開けること。例寺は一晩中開門している。対閉門

あく[2] 空く

類空く　対ふさがる

【空白】何もないこと。例五月以降の予定表は空白のままだ。類ブランク

【欠員】定員にあきができること。例教授のポストに欠員ができた。

あける 開ける

類開く　対閉める・閉じる・ふさぐ

【開帳】ふだんは見せない仏像を見せること。例お寺のご開帳に立ち合う。類開龕

【開封】封をあけること。例そっと開封して手紙を見た。

【開腹】手術の際、腹を開くこと。例開腹してみたが、そのまま閉じた。

【開放】あけはなつこと。例冷房中につき開放厳禁。

【開門】門をあけること。例声をかけ、開門してもらう。

【全開】全部あけること。例エンジンを全開にする。対全閉

【半開】半分だけ開くこと。例ふたを半開にしておく。類半開き

あげる1 上げる

◉低い所から高い所へ移す ⇩あがる1・あがる2

◉「与える」の謙譲語 類差し上げる・奉る・呈する

【**寄進**きしん】神社・寺に品物や金を寄付すること。例寄進者の名を彫った石柱。類喜捨(きしゃ)

【**寄贈**きぞう】品物を贈ること。例図書館に蔵書を寄贈する。

【**寄付**きふ】金品を贈る、差し出すこと。例校舎改築のための寄付を募る。

【**謹呈**きんてい】つつしんで差し上げること。例著作を謹呈する。類拝呈 ▼「呈」はまっすぐに明白に表す意。

【**献金**けんきん】金銭をある目的のため差し出すこと。例政治献金を取り締まる。

【**献上**けんじょう】主君や身分の高い人にたてまつること。例宮中への献上品として調製する。類奉呈・献進

【**献呈**けんてい】目上の人に差し上げること。例記念論文集を師に献呈する。類進上

【**進呈**しんてい】差し上げること。例見本を無料で進呈する。類送呈

【**贈呈**ぞうてい】物を差し上げること。例お礼に花束を贈呈する。

【**贈与**ぞうよ】金品を贈り与えること。例莫大(ばくだい)な贈与を受ける。類譲与・譲渡

【**呈上**ていじょう】差し上げること。例「粗品呈上」と記された葉書。

【**奉納**ほうのう】神や仏に差し上げること。例春秋二回の奉納相撲。類奉献

◉何かをし終える

【**完了**かんりょう】完全に終えること。例この仕事は五時までに完了するだろう。類済む・終了・完結

あげる2 挙げる

◉捕らえる

【**検挙**けんきょ】取り調べのために連れていくこと。例選挙違反の検挙者が続出する。▼「挙」は、手をそろえて同時に持ち上げること。

【**逮捕**たいほ】容疑者を捕らえること。例連続殺人犯を逮捕する。

◉行う

【挙式(きょしき)】結婚式をとり行うこと。例親戚の挙式に参列する。

あざける 嘲る

類あざ笑う・せせら笑う・馬鹿にする・見下す ⇩ののしる

【愚弄(ぐろう)】相手をばかにし、からかうこと。例先輩を愚弄するような態度。▼「弄」は両手で玉を撫で、もてあそぶ意。類玩弄(がんろう)

【自嘲(じちょう)】自分で自分をあざけること。例彼には自嘲癖がある。

【嘲笑(ちょうしょう)】あざけり笑うこと。例人々の嘲笑をかっても続ける。

【嘲弄(ちょうろう)】あざけりからかうこと。例世間の嘲弄に耐えかねて命を絶つ。

【冷笑(れいしょう)】ばかにしてあざ笑うこと。例ひんしゅくものだと冷笑をかう。

あさはか 浅はか

類愚か

【軽薄(けいはく)】言動が軽々しく浅はかなこと。例それは軽薄な人間のすることだ。類軽佻浮薄(けいちょうふはく) 対重厚

【浅薄(せんぱく)】知識・学問などが浅く、薄っぺらなこと。例浅薄な知識で筆を執ることの恐ろしさ。

【浅慮(せんりょ)】考えが浅いこと。例いたらなさは浅慮のいたすところです。対深慮

【短慮(たんりょ)】浅はかな考え。例長老に短慮を戒められる。

【皮相(ひそう)】物事のうわべだけを見て下す浅はかな考え。例皮相的な見解ばかりでうんざりする。

【無分別(むふんべつ)】考えが足りずものの道理が分からない様子。例無分別な行動は慎みたまえ。類無思慮・無鉄砲 対上分別(じょうふんべつ)

あじわう 味わう

●**食物の味を舌で感じ取る** 類味見する

【**玩味**(がんみ)】よく味わうこと。じっくり味わうこと。例微妙な味付けを玩味する。▼「含味」「翫味」とも書く。

【**賞翫**(しょうがん)】ものを褒めて食べること。ものを褒めて大切にすること。例芸術品のような懐石料理を賞翫する。▼「賞」には気に入って楽しむ意がある。また、功労に相当する褒美をあてがうという意もある。⇩ほめる

【**賞味**(しょうみ)】食べ物を褒めて味わうこと。例天然の鮎(あゆ)をご賞味ください。

●**意義や持ち味を深く感じ取る** 類かみしめる

【**観賞**(かんしょう)】動植物を見て味わうこと。例熱帯魚は観賞用の魚である。▼「観」は、物をそろえてぐるりと見渡す意。

【**鑑賞**(かんしょう)】芸術品などを味わうこと。例趣味は絵画鑑賞です。▼「鑑」は、よく理解し、品定めする意。

【**玩味**(がんみ)】じっくり味わうこと。例原作を熟読玩味してから演じる。

【**咀嚼**(そしゃく)】思想や文章をよく理解して自分のものにすること。例孔子の教えを咀嚼する。類かみくだく

【**反芻**(はんすう)】①のみこんだものをもう一度かみ直すこと。例牛は反芻動物だ。②何度も考えて味わうこと。例名作の有名な台詞(せりふ)を反芻してみる。

●**経験する** 類嘗(な)める

【**体験**(たいけん)】実際に経験すること。例地獄の苦しみを体験した。

あずける 預ける

【**託児**(たくじ)】乳幼児の面倒をみてもらうこと。例会社の近くに託児所がある。▼「託」は一か所に定着させる意。

【**預金**(よきん)】銀行などに金を預けること。例ボーナスを銀行に預金する。

●**物事を頼んでその処理を任せる** ⇩まかせる

【**委託**(いたく)】自分のかわりにまかせること。例委託販

売員。

【一任（いちにん）】すべてまかせること。例この件に関しては彼に一任しよう。

あせる　焦る

類苛立（いらだ）つ・急（せ）く・逸（はや）る

【焦心（しょうしん）】あせっていらだつこと。例授業についていけず、焦心する。

【焦燥（しょうそう）】あせっていらだたしく思うこと。例定刻には間に合いそうもなく焦燥の色を隠せない。

【焦慮（しょうりょ）】あせっていらいらすること。例焦慮の念に駆られる。焦慮の色が濃い。

あそぶ　遊ぶ

●好きなことをして楽しむ

【豪遊（ごうゆう）】派手にお金を使って遊ぶこと。例毎晩銀座で豪遊する。

【遊興（ゆうきょう）】(飲み食いしながら)遊び興ずること。例周囲の心配をよそに、遊興にふける。

【遊山（ゆさん）】遊びに出かけること。例遊山気分で出張する。物見遊山。

●使わないでおく

【休閑（きゅうかん）】地力を衰えさせないように、一定期間作物を作らないこと。例減反政策で休閑地がふえた。

【遊休（ゆうきゅう）】施設や設備が使われないこと。例遊休施設の活用を考える。

あたえる　与える

類遣（や）る　対奪う・取る

【給付（きゅうふ）】(公共の機関などが)物や金を与えること。例十年後に特別給付金が出る。

【供給（きょうきゅう）】物を与えること。市場に商品を出すこと。例石油の供給が滞る。

【供与（きょうよ）】相手に利益を得させること。相手の求める物や金を与えること。例隣国に多額の借款を供与する。

【交付（こうふ）】役所や学校などが書類や金を渡すこと。例学割の交付願いを出す。

【支給（しきゅう）】金や物を手渡すこと。例交通費は別途に支給される。

【授与（じゅよ）】授け与えること。例卒業証書を授与する。

【譲渡（じょうと）】譲り渡すこと。例財産を譲渡する。

【譲与（じょうよ）】譲り与えること。例権利を譲与する。

【贈与（ぞうよ）】品物や金を贈り与えること。例少額の譲渡には贈与税はかからない。

【貸与（たいよ）】貸し与えること。例奨学金が貸与される。

【提供（ていきょう）】差し出すこと。例最新情報を提供する。

【投与（とうよ）】患者に薬を与えること。例狭心症にニトログリセリンを投与する。類投薬

【付与（ふよ）】授け与えること。例彼には特別の権限を付与する。類賦与（生まれつき与えられること）

参考「与える」「やる」は目下の者や動物などに対して用いる。また、「上げる」「差し上げる」などは謙譲語として用いられる。「あげる」の項参照。

あたらしい 新しい

●いきいきしている

類ニュー・フレッシュ 対古い・陳腐

【新鮮（しんせん）】（食品・感覚が）新しくいきいきしていること。例新鮮な魚を選ぶ。

【生新（せいしん）】いきいきとして新鮮なこと。例生新の気に満ちる。

【清新（せいしん）】（感覚・気分が）すがすがしくて新しいこと。例清新な気分で新学期に臨む。

【生鮮（せいせん）】（食品が）とれたてで、いきがいいこと。例生鮮食料品の売り場。

●これから始まる

類ホット・ニュー

【最新（さいしん）】いちばん新しいこと。例最新のファッションを取り入れる。対最古

【斬新（ざんしん）】（考え方・手法が）目立って新しいこと。例斬新なデザインの建物。

【新奇（しんき）】目新しいこと。例新奇な趣向。

【新規（しんき）】新しく規定に従って何かをする、始めること。例新規加入者の会費は高い。新規蒔（ま）き直しをはかる。

【新式（しんしき）】これまでとちがう新しいやり方。例新式の機器の取り扱いに戸惑う。類新型 対旧式

【新進（しんしん）】新しく登場してくることまた、その人。例新進の演出家として注目される。

【新風(しんぷう)】新しいやり方や考え、傾向。例政界に新風を送る。

【新味(しんみ)】新しい感じ。新しいさま。例新味のない教授法。

あたる
当たる

◉**ぶつかる** 類突き当たる

【激突(げきとつ)】激しくぶつかること。例両リーグの覇者が激突する。

【衝突(しょうとつ)】ぶつかること。例対向車と正面衝突した。▼「衝」は、突き抜けるような勢いで重みをかける、物にあたること。

【追突(ついとつ)】後ろから突き当たること。例バスが前の車に追突した。▼「追」は、後に続いて進む、先に行くものの後を追うこと。したがって、「電柱に追突する」とは使わない。

◉**的に当たる、予想や期待のとおりになる** 対外れる

【的中(てきちゅう)】ぴたりと当たること。例試験の予想が的中した。▼予想通りになる意では「適中」とも書く。

【命中(めいちゅう)】ねらいどおりに当たること。例矢はど真ん中に命中した。▼「中」は真ん中をつらぬく意。

◉**あてはまる**

【該当(がいとう)】条件にふさわしいこと。例募集規定に該当する人材。

【相当(そうとう)】ふさわしいこと。例英語には「いただきます」に相当する表現がない。⇩あう[2]・つりあう・にあう

【当該(とうがい)】まさにその。問題・話題になっている当の。例当該官庁に申請する手筈(てはず)である。

◉**たしかめる**

【打診(だしん)】相手にそれとなく確認すること。例転勤の意向を打診する。

◉**(任務を)身に受ける、負う**

【担当(たんとう)】受け持つこと。例作文指導を担当する。

あつい
熱い

◉**温度が高い** 類ホット 対冷たい

【灼熱(しゃくねつ)】焼けるように熱いさま。例灼熱の太陽の下で働く。

◉夢中になる

【熱心(ねっしん)】物事に集中すること。例分かりやすく熱心に説明する。稽古事に熱心に通う。類専心・専念・一心 対不熱心

【熱烈(ねつれつ)】激しく高ぶること。例熱烈な恋愛のすえ、結婚した。

【白熱(はくねつ)】(試合や議論が)激しくなる、盛り上がること。例白熱した試合を展開する。

あつかう 扱う

◉人を遇する 類あしらう

【処遇(しょぐう)】(人を)しかるべくもてなすこと。例客員研究員として処遇される。▼「処」は、あるべき所に落ち着かせる意。

【待遇(たいぐう)】(客を)もてなすこと。組織の中での扱い。例外国人労働者の待遇を改善しよう。

◉事を取り計らう 類片付ける

【処置(しょち)】取り扱いを決めて、かたをつけること。例応急処置をしておく。日本政府は最初の処置を誤った。

【処分(しょぶん)】不要なものを片づけること。始末すること。例古い家具の処分に困る。

【処理(しょり)】仕事を片づけること。例事故の処理に追われる。だれの手も借りずに一人で処理した。

【善処(ぜんしょ)】うまく取り計らうこと。例その件については善処する。

【措置(そち)】物事を取り計らって決まりをつけること。例必要な措置をとる。

【対処(たいしょ)】ものごとに応じて、ふさわしく取り計らうこと。例よりすばやい対処が望まれる。

◉物をあやつる 類さばく

【操作(そうさ)】(機械を)あやつって動かすこと。例巨大なシステムをボタン一つで操作する。

【操縦(そうじゅう)】(機械などを)思いどおりに動かすこと。例飛行機を操縦する。彼女は夫をうまく操縦している。

あつかましい 厚かましい

【厚顔(こうがん)】恥知らずなこと。類ずうずうしい・恥知らずだ 例あの人は厚顔無恥なところがある。

【心臓(しんぞう)】度胸のいいこと。ずうずうしいこと。例彼もなかなかの心臓だ。強心臓だから平気だ。

【僭越(せんえつ)】でしゃばって余計なことをすること。例僭越ながら申し上げます。▼「僭」は、目上の人の領分にもぐりこんでおかすこと。

【鉄面皮(てつめんぴ)】恥知らずで厚かましいこと。例鉄面皮でごり押しする。

【破廉恥(はれんち)】恥知らずでずうずうしいこと。例破廉恥な行為。対廉恥(れんち)

あっさり

類さっぱり 対濃厚

【淡淡(たんたん)】あっさりしてこだわらないさま。例受賞の感想を淡々と述べる。

【淡泊(たんぱく)】味・好みがあっさりしていること。例淡泊な味つけが好まれる。▼「淡白」とも書く。「白」は飾りや付加物がないさま。対濃厚

あつまる

集まる

類寄る・寄り合う・集(つど)う 対散る

【蝟集(いしゅう)】たくさんのものがいっぺんに一か所に集まること。例人気タレントのファンが蝟集する。▼「蝟」は、はりねずみのことで、毛がたくさん集まって生えていることから。

【群集(ぐんしゅう)】むらがり集まること。例群集心理で駆け足になる。▼「群衆心理」と書くのは誤り。

【参集(さんしゅう)】(ある場所に)集まること。例定刻に参集する。

【集会(しゅうかい)】ある目的のために集まること。例職場で集会することを禁じる。

【集結(しゅうけつ)】決められた所に集まること。例デモ隊が広場に集結した。類勢揃い

【集合(しゅうごう)】集まること。寄り合うこと。例八時に東京駅に集合する。

【集中(しゅうちゅう)】一か所に集まること。例大都市に人口が集中する。対分散

【密集（みっしゅう）】ぎっしりと集まること。例住宅が密集している地域。

あつめる　集める

●中心に寄せる、一つにまとめる

【結集（けっしゅう）】集めて一つにまとめること。例総力を結集して真相を解明したい。

【採集（さいしゅう）】資料・虫・植物などを集めること。例昆虫採集の宿題は出なくなった。

【収集（しゅうしゅう）】(趣味・研究目的などで)集めること。例外国の切手を収集している。

●呼び集める　類募る

【急募（きゅうぼ）】急いで募集すること。例アルバイトを急募する。

【公募（こうぼ）】広く一般から集めること。例専任講師を公募する。

【呼集（こしゅう）】呼び出して集めること。例事件発生で深夜に呼集された。

【召集（しょうしゅう）】(自分と同等以下の人を)召し集めること。例国会を召集する。召集令状。

【招集（しょうしゅう）】まねき集めること。例株主を招集する。

参考「召集」「招集」いずれも、たくさんの人を呼び集めることだが、特に「召集」は、国会を開くために国会議員に集合を命じる天皇の国事行為、軍隊に動員するため人を呼び集めること。地方議会・株式総会には「招集」を用いる。

【徴集（ちょうしゅう）】(国などが)必要なものを強制的に集めること。例武器になる鉄製品を徴集する。類徴発・徴用

【徴兵（ちょうへい）】人を集めて兵役につかせること。例徴兵制度を断固拒否する。▼「徴」は、隠れた所の人材やものをとりたてる意。類徴募

【募集（ぼしゅう）】広く知らせて集めること。例テニスクールで新会員を募集している。

●金を集める

【集金（しゅうきん）】お金を集めること。例新聞購読料を集金する仕事。

【募金（ぼきん）】寄付金などを集めること。例赤い羽根共同募金に協力する。

あなどる
侮る

類見下す・見下げる・見くびる・なめる・さげすむ・馬鹿にする

【軽視(けいし)】軽く考える。かろんじる。例伝統文化を軽視する風潮。対重視

【軽侮(けいぶ)】(人を)軽るく見る、あなどること。例軽侮のまなざしで見る。▼「侮」は、人をばかにして目にもとめない意。

【軽蔑(けいべつ)】見下すこと。ばかにすること。例金儲(もう)け主義を軽蔑する。▼「蔑」は、よく見えない意から転じて、ないがしろにし、目にもとめない意。

【侮辱(ぶじょく)】ばかにしてはずかしめること。例侮辱されては、黙っていられない。▼「辱」は、自信をくじいてはずかしめる意。

【侮蔑(ぶべつ)】あなどって見下すこと。例女性を侮蔑する男性議員が相変わらず多い。

【蔑視(べっし)】見下したりばかにしたように見ること。例外国人労働者を蔑視する風潮がある。

あばれる
暴れる

【暴挙(ぼうきょ)】乱暴な行い。例管制塔を占拠する暴挙に出た。

【暴行(ぼうこう)】他人に暴力を加えること。例行員に暴行を加えた男が捕まる。

【乱暴(らんぼう)】荒々しくふるまうこと。例酒に酔って乱暴を働く。

【狼藉(ろうぜき)】乱暴な行い。例数えきれないほどの狼藉を働いた男。▼「藉」は、むしろを下に敷いて上から踏む意。

あびる
浴びる

類浴(よく)する

【海水浴(かいすいよく)】海で泳ぐこと。例海水浴に行くことを楽しみにしている子供。

【森林浴(しんりんよく)】森林を歩き新鮮な空気にふれ心身をリフレッシュすること。例森林浴はストレス解消になる。

【日光浴(にっこうよく)】日の光をあびること。例赤ちゃん

を日光浴させる。

【入浴(にゅうよく)】お風呂に入ること。例意外と入浴中の事故が多い。類入湯・湯浴(あ)み

【沐浴(もくよく)】体を洗って身を清めること。例沐浴する婦人像。▼「沐」は頭から湯や水をかぶることで、「浴」は身体を湯や水の中に入れること。

あぶない 危ない

◉**危険である**

【危機(きき)】危険な状態。危うい場合。例危機一髪(危機一発は誤り)。危機管理能力のなさが露呈した。類危地・虎口・ピンチ

【危急(ききゅう)】危険がせまること。例国家危急存亡のときである。類危殆(きたい)

【危険(きけん)】あぶないこと。例オートバイは乗り方に注意しないと危険だ。類剣呑(けんのん)・リスク 対安全

【物騒(ぶっそう)】不穏なこと。例物騒な事件が続いている。

【無用心(ぶようじん)】警戒を怠ること。例鍵をかけないのは無用心だ。▼「不用心」とも書く。

対用心

【有害(ゆうがい)】害があること。例アスベストは有害である。対無害

【有毒(ゆうどく)】毒があること。例フグの肝には有毒な物質が含まれている。対無毒

◉**不確かである**

【不確実(ふかくじつ)】確かでないこと。例不確実な話には注意が必要だ。類不確か・あやふや 対確実

あふれる 溢れる

【充溢(じゅういつ)】満ちあふれること。例気力が充溢している力士。▼「溢」は、満水になってあふれ出る意。類満ちる

【充満(じゅうまん)】いっぱいになってあふれること。例一酸化炭素が充満する。

【氾濫(はんらん)】水があふれること。いっぱい出回ること。例日本語の中にカタカナ語が氾濫している。▼「氾」も「濫」も、枠を越えてあふれひろがる意。

あまる　余る

【残余（ざんよ）】あまり。残り。例残余金を分配する。

【剰余（じょうよ）】あまったもの。例剰余金が出る。

【余計（よけい）】多いさま。余りのあること。例茶碗（ちゃわん）が一つ余計にある。

【余剰（よじょう）】残り。例余剰米は飼料にされる。

【余地（よち）】あまった場所。残された可能性。ゆとり。例弁解の余地がない失敗。

【余分（よぶん）】あまった部分。余計なこと。例着替えを余分に持っていく。

あむ　編む

◉本をつくる

【編纂（へんさん）】資料を集め、本にまとめること。例類語辞典を編纂する。

【編修（へんしゅう）】研究書・歴史書などをまとめ整えること。例日韓関係の歴史書を編修すべきだ。
▼「修」は、文飾する意。資料を書物の形に整え飾ること。

【編集（へんしゅう）】雑誌・新聞・書物などをつくること。例社内報の編集を手伝う。

あやしい　怪しい

類疑わしい

◉信用できない

【胡散（うさん）】あやしいさま。疑わしいさま。例胡散くさい男が因縁をつけてきた。▼「胡」は、表面を隠す意。そこから、うわべをぼかしてあいまいな、いい加減なといった意味に派生する。

【疑問（ぎもん）】よく分からないこと。疑わしいこと。例その点は疑問に思う。

【不可解（ふかかい）】分からないこと。理解しにくいこと。例彼の話はどことなく不可解だ。類不可思議・不思議

【不審（ふしん）】疑問に感じること。例挙動不審の人物に目をつける。

◉不思議である

【怪異（かいい）】常識でははかりしれないこと。例彗星の出現は怪異現象と考えられていた。

【怪奇(かいき)】あやしく常識外れなこと。例複雑怪奇な出来事。

【奇異(きい)】普通でないこと。不思議な様子。例奇異の念をいだく。

【奇怪(きかい)】あやしく不思議なこと。例あの家には、奇怪な事件ばかり起こる。▼強めたときには「きっかい」ともいう。

あやまる[1] 誤る

●**狂いを生じる** 類間違える

【誤算(ごさん)】計算違い。思ったとおりにいかないこと。例彼の途中退場は誤算だった。

【誤謬(ごびゅう)】あやまり。例推理の誤謬を正す。

【錯誤(さくご)】思っていることと事実が一致しないこと。例君の考え方は時代錯誤だ。

●**やり損なう** 類しくじる

【過失(かしつ)】不注意が原因のあやまち。例重大な過失。類落ち度 対故意

【怪我(けが)】あやまち。過失。例怪我の功名。

【失策(しっさく)】見当違いからやりそこなうこと。例失策の少ないチームが勝ち進んでいく。

【失敗(しっぱい)】やりそこなうこと。しくじること。例会社経営に失敗する。類不成功・しくじり・やりそこない・とちる・どじ(る)・へま 対成功

【不首尾(ふしゅび)】不満足な結果に終わること。例不首尾な結果。対上首尾 ▼「首尾一貫」「首尾は上々」の「首尾」は、物事の初めと終わり・成り行き・一部始終の意。

あやまる[2] 謝る

類詫びる

【謝意(しゃい)】おわびの気持ち。例犠牲者に謝意を表する。▼「謝」は、言葉に表すことで心の負担をゆるめる意。感謝の意にも用いる。

【謝罪(しゃざい)】犯した罪をあやまること。例新聞に謝罪広告を掲載した。

【深謝(しんしゃ)】深くおわびをすること。例軽率なミスが続き、深謝する。▼感謝の意にも用いる。

【陳謝(ちんしゃ)】わけを言ってわびること。例先方の不始末に対し、陳謝を要求する。▼「陳」には、連ねて述べる意がある。

あらい[1] 荒い

【凶暴きょうぼう】(行い・性格が)手荒で乱暴なこと。類荒々しい 例彼には凶暴なところがある。▼「狂暴」も同意。狂ったように暴れること。暴力をふるうこと。

【粗暴そぼう】荒々しく乱暴なこと。例粗暴な振る舞いで嫌われる。

【粗野そや】言葉やしぐさが荒々しいこと。例彼は粗野な態度で誤解されている。▼「野」は、かざりけがなく、洗練されていない意。

【乱暴らんぼう】荒々しくふるまうこと。例言葉遣いが乱暴だ。対丁寧

あらい[2] 粗い

【大雑把おおざっぱ】類がさつ・ぞんざいな・大まかな・ラフな 小さなことは気にせず、ものごとを大まかにとらえること。例大雑把に見積もった数字です。

【雑ざつ】【雑駁ざっぱく】いい加減なこと。例やり方が雑で困る。例ごちゃごちゃしてまとまらないこと。例雑駁な知識では役に立たない。

【杜撰ずさん】やり方・仕事ぶりがいい加減なこと。例杜撰な工事が大事故を引き起こす。類でたらめ 対綿密 ▼「撰」は、えらぶ・集めそろえる、また文章をつくること。中国の詩人杜黙ともくが律に合わない規則はずれの詩を多く作ったことから。

【粗雑そざつ】いいかげんで大ざっぱなこと。例粗雑な計算で信用できない。

【粗末そまつ】大事にしないこと。例食べ物を粗末にしてはいけない。

【粗略そりゃく】ぞんざいで大まかなこと。例OBの扱いが粗略すぎる。対丁重 ▼「疎略」とも書く。

あらう 洗う

●きれいにする 類すすぐ

【含嗽がんそう】うがいをすること。例医者が含嗽剤を使うように勧める。

【洗眼（せんがん）】目を洗うこと。例泳いだ後はよく洗眼してください。

【洗顔（せんがん）】顔を洗うこと。例にきび予防はまめに洗顔することだ。

【洗車（せんしゃ）】車を洗うこと。例自分で丁寧に洗車する。

【洗浄（せんじょう）】洗ってきれいにすること。例患部を消毒液で洗浄する。▼もとは「洗滌」と書き、「せんでき」と読んだ。

【洗濯（せんたく）】汚れ物を洗うこと。例襟や袖（そで）は洗濯する前に手洗いする。

【洗髪（せんぱつ）】髪を洗うこと。例美容院で洗髪してもらう。

【洗面（せんめん）】顔を洗うこと。例洗面器で湯をくむ。

●調べる 類取り調べる

【調査（ちょうさ）】あれこれと調べる。例容疑者の交友関係を調査する。

あらそう 争う

●互いの間がうまくいかず、押しのけ合う 類いがみ合う・もめる、争い・いざこざ・ごたごた・もめごと・トラブル

【暗闘（あんとう）】裏（陰）で争うこと。例派閥間の暗闘が絶えない。

【共闘（きょうとう）】二つ以上のものが一緒に闘うこと。例野党共闘で選挙を乗り切る。

【喧嘩（けんか）】（言い合い・腕ずくで）争うこと。例些細（ささい）なことから喧嘩が始まった。類いさかい

【抗争（こうそう）】抵抗して争うこと。例暴力団が抗争を繰り返す。

【衝突（しょうとつ）】（立場・意見などの違いで）争うこと。例両者の意見が衝突している。

【敵対（てきたい）】相手を敵とみなして手向かうこと。例敵対行為をとる。

【闘争（とうそう）】闘い争うこと。例ボクシングは闘争本能をかきたてる。

【内紛（ないふん）】内部でもめること。例後継者をめぐって内紛が続く。類内輪（うちわ）もめ

【紛争（ふんそう）】事態がもつれて争いになること。例国際紛争に発展しかねない問題。

【摩擦（まさつ）】相手とうまくいかないこと。例日米経済摩擦の解決策。

【悶着（もんちゃく）】もめること。例悶着がたえない。

●（自分のものにしようと）頑張り、張り合う 類競う・

せりあう・はりあう

【拮抗（きっこう）】負けずに張り合うこと。例両者の力は拮抗している。

【競技（きょうぎ）】(特にスポーツでの)優劣を競うこと。例体操競技会に出場する。

【競争（きょうそう）】勝ち負け、優劣を争うこと。例生存競争の激しい世界。

【勝負（しょうぶ）】勝ち負けを争うこと。例優勝をかけて勝負する。

【対抗（たいこう）】(二つまたは、それ以上のものが)互いに張り合うこと。例職場対抗の大会に出る。

あらためる
改める

●新しくする 類変える

【維新（いしん）】すべて改めて新しくなること。例明治維新の立て役者たち。

【一新（いっしん）】すっかり新しくする(なる)こと。例気分を一新する。

【改革（かいかく）】(古くなったしくみ・制度を)より適切なものに改めること。例税制改革に乗り出す。▼「改」はたるんでいるものを強く両側

に張って引き締める意。「革」も、ぴんと張ってたてなおす意。

【改竄（かいざん）】故意に書きかえること。例航海日誌を改竄する。

【改宗（かいしゅう）】宗旨を変えること。例改宗を決断する。

【改新（かいしん）】新しく改めること。例大化の改新。▼上の例以外ではあまり使われない。

【改組（かいそ）】組織を改めること。例改組した「日展」。類組織がえ

【改造（かいぞう）】改めて造りかえて新しくすること。例倉を改造して喫茶店にする。内閣改造。

【改築（かいちく）】(建物の一部または全部を)建て直すこと。例校舎を改築する。

【改変（かいへん）】内容をあらためること。例制度の改変。類変改

【革新（かくしん）】(古い制度・習慣などを)改めて新しくすること。例保守派と革新派の対立。

【更改（こうかい）】(契約・規則などを)あらためかえること。例契約更改で年俸が上がる。

【更新（こうしん）】(以前からのものを)新しくあらためること。例運転免許証を更新する。

【刷新（さっしん）】(不都合な点・悪いところを改めて)すっか

【変革(へんかく)】り新しくすること。例人事の刷新を行う。(しくみ・制度を)変えること。例変革期を迎えている国。

【変更(へんこう)】(予定・決定事項を)変え改めること。例季節ごとにメニューを変更する。

● **正しくする** 類直す

【改正(かいせい)】正しく改めること。例憲法を改正しようとする動き。

【改善(かいぜん)】状態の悪いところを改めてよくすること。例待遇を改善してほしい。対改悪

【改定(かいてい)】以前のものを改めて新しくすること。例料金改定のお知らせ。

【改訂(かいてい)】出版物の内容を改めること。例辞書の改訂版。

【改良(かいりょう)】欠点をあらためて前よりよくすること。例品種の改良を試みる。

【修正(しゅうせい)】よくないところを直すこと。例書類の字句を修正する。

【修整(しゅうせい)】手を加えて整え直すこと。例写真を修整する。

【是正(ぜせい)】これまでの悪い点を正しく直すこと。例不公平税制を是正する。

● 025

【訂正(ていせい)】間違いを正すこと。例誤字を訂正して書類を提出する。

【補正(ほせい)】不足を補ったり誤りを正したりすること。例不備・欠陥を補正する。補正予算を組む。

● **調べる** 類吟味する

【改札(かいさつ)】駅の出入り口で、乗車券や入場券などを調べること。例改札を自動化する。

【検閲(けんえつ)】国・公的機関が強制的に思想・表現を調べること。例思想統制を目的とした検閲は禁止されている。

【検査(けんさ)】異常・良否を調べること。例空港で身体検査を受ける。

【検札(けんさつ)】車内の乗客の乗車券を調べること。例車掌が検札に回ってくる。

【点検(てんけん)】一つずつ調べること。例カバンの中身を点検する。

あらわす I

表す

類出す・示す

【象徴(しょうちょう)】言葉で表しにくい内容を具体的に物によ

って示すこと。例鳩は平和の象徴である。

【表現（ひょうげん）】感情・考えなどを言葉や音楽・絵・身振りなどで表すこと。例言葉では表現できないような感動。

【表示（ひょうじ）】はっきり表し示すこと。例意思表示があいまいだ。

【表出（ひょうしゅつ）】感情・考えをおもてに出すこと。例怒りを決して表出しない人。

【表明（ひょうめい）】意見・態度などを明確に示すこと。例首相の所信表明演説。

あらわす[2] 著す

類書く

●本を書く

【共著（きょうちょ）】書物を二人以上で書きあらわすこと。例共同研究者と共著を出版する。

【著作（ちょさく）】書物を書きあらわすこと。例著作集を刊行する。

【著述（ちょじゅつ）】書物を書くこと。例特異な体験を著述する決心がついた。

●本を世に出す

【刊行（かんこう）】書籍を出版すること。例新刊の刊行が遅れている。類発行・上梓

【出版（しゅっぱん）】印刷物を世に出すこと。例ようやく出版の運びとなる。

【創刊（そうかん）】新聞・雑誌などを新しく編集・発売すること。例コンピュータ関連の雑誌の創刊が相次ぐ。類発刊 対休刊・廃刊

あらわす[3] 現す

【具現（ぐげん）】具体的な形にしてあらわすこと。例長年の夢を具現する。

【再現（さいげん）】元のようにあらわすこと。例事故の場面を再現する。

【体現（たいげん）】具体的な形にあらわすこと。例師の思想を体現している論文。

【発揮（はっき）】(備わった力などを)表にあらわすこと。例持ち前の能力をいかんなく発揮する。

【露出（ろしゅつ）】隠れていたものを外にあらわすこと。例恥じらいもなく肌を露出する。

あらわれる 現れる

類出る

【煥発】かんぱつ 輝きやきらめきがあらわれること。例子供のころから才気煥発で、好奇心も旺盛だった。▼「煥」は、火の光がまるく周囲に広がる意。

【再現】さいげん 元のようにあらわすこと。例原作に忠実に場面を再現する。

【再来】さいらい 再び同じ事態があらわれること。生まれ出ること。例モーツァルトの再来かと騒がれる作曲家。類生まれ変わり

【実現】じつげん 現実になること。例夢を実現させる。

【出現】しゅつげん 人物などが新たにあらわれ出ること。例大物力士が出現した。類現出

【続出】ぞくしゅつ 次々と出てくること。例被害者が続出した。類続発・多発・頻発

【登場】とうじょう 舞台などに出てくること。例真打ちが登場する。対退場

【発現】はつげん 現実にあらわれ出ること。例民族精神の発現。類現出・顕現

●027

【発露】はつろ 表にあらわれること。例愛情の発露による言動。

【頻出】ひんしゅつ ひんぱんにあらわれること。例頻出漢字に印をつける。

【流露】りゅうろ 内に秘めたものがあらわれ出ること。例心情が流露した手紙。類吐露

【露呈】ろてい 隠れていたものが外にあらわれること。例頭の悪さが露呈する。

ある I 在る

【介在】かいざい 間にはさまってあること。例いくつもの業者が介在している。▼「在」は、川の流れを切り止める意から転じて、じっと止まる意。

【外在】がいざい かかわりがない場所に存在すること。例外在的な基準に照らす。対内在

【既存】きそん 前からあること。例既存の規格にあてはめる。▼「存」は、大切にとどめおく意。

【共存】きょうそん 性質の異なるものがぶつかり合うことなく一緒に存在すること。例両者が共存するための条件。共存共栄。▼「きょうぞ

ん」とも。

【顕在（けんざい）】はっきりと形にあらわれて存在すること。例懸念が顕在化した。対潜在

【現在（げんざい）】実際に存在すること。例現在する部族間の抗争。

【現存（げんぞん）】現在ここに実際にあること。例現存する最古の写真機。

【混在（こんざい）】異質なものがまじってあること。例二つの文化が混在している。類混交

【在庫（ざいこ）】倉庫にあること。例在庫が残り少ない。

【在中（ざいちゅう）】ある物が中に入っていること。例請求書在中。▼封筒の表に書かれることが多い。

【散在（さんざい）】あちこちにちりぢりになってあること。例文化財が各地に散在している。

【実在（じつざい）】存在としてそこにあること。例その動物は実在しない。⇩いる1 対架空

【実存（じつぞん）】実際にあること。例実存主義者。

【潜在（せんざい）】外にあらわれず内部にあること。例潜在意識。対顕在

【存在（そんざい）】そこにあること。例UFOは存在するか。⇩いる1

【点在（てんざい）】あちこちに点々とあること。例大海に点在する島々。

【内在（ないざい）】そのものの内部にあること。例作品に内在する意識。対外在

【分布（ぶんぷ）】広くあちこちに分かれてあること。例方言の分布図を作る。

【併存（へいそん）】二つ以上のものが一緒にあること。例平仮名・片仮名が併存する日本語。▼「並存」とも書く。

【偏在（へんざい）】ある場所にかたよってあること。例医療機関が偏在する。対遍在

【遍在（へんざい）】広範囲にあること。例全世界に遍在する。対偏在

◉ある職・任についていること

【在位（ざいい）】皇位・帝位についていること。例在位期間。

【在学（ざいがく）】その学校に籍があること。例在学証明書が必要である。類在校

【在職（ざいしょく）】職についていること。例在職中に事故に遭った。類在勤

【在籍（ざいせき）】学校・団体に籍をおくこと。例この大学に在籍する留学生は、中国出身者が多い。

【在任（ざいにん）】任務についている、任地にいること。例

ワシントン支局に在任中の記者。

【在野（ざいや）】民間にいること。例在野で活躍した人物。

ある[2]　有る　⇩もつ（持つ）

あるく　歩く

【闊歩（かっぽ）】大股で歩くこと。例奇妙な服装で大通りを闊歩する。

【散策（さんさく）】ぶらぶら歩くこと。例野鳥の森を散策する。

【散歩（さんぽ）】気晴らしなどのためにぶらぶら歩くこと。例散歩がてら名所旧跡を訪ねる。類そぞろ歩き

【縦走（じゅうそう）】尾根伝いに山を歩くこと。例南アルプスを縦走する。

【逍遥（しょうよう）】気ままにぶらぶら歩き回ること。例湖畔を逍遥する。

【踏破（とうは）】歩き通すこと。例東海道自然道を踏破する。

【徒歩（とほ）】歩いて行くこと。例学校までは徒歩五分だ。

【歩行（ほこう）】歩くこと。例歩行訓練をする。

【漫歩（まんぽ）】気ままに歩き回ること。例京都・奈良と、古都漫歩の旅。

【遊歩（ゆうほ）】目的もなくぶらぶら歩くこと。例山中に遊歩道が整備されている。

あれる　荒れる

●**天候が悪くなる**　対収まる・静まる

【荒天（こうてん）】ひどく天気の悪いこと。例荒天をついて出発することとなった。類悪天・悪天候

●**状態が乱れる**　類すさむ

【荒廃（こうはい）】あれはてること。例炭坑閉山以来、荒廃していく町。

あわせる　合わせる

●**二つ以上のものを一つにする**　類ドッキングする

【結合（けつごう）】結び合わせること。例原子と原子が結合して分子を形成する。⇩あう[3]、むすぶ

【整合（せいごう）】きちんと合わせること。例上下の歯を整合する治療。

【接合（せつごう）】つぎ合わせること。例木と金属を接合したスキー板。類接着

【縫合（ほうごう）】ぬい合わせること。例傷口を縫合する。

●混ぜ合わせる 類ブレンドする

【混合（こんごう）】混ぜ合わせること。例男女混合のダブルスに出場する。

【混成（こんせい）】二種以上のものを混ぜ合わせて、一つのものにすること。例学生と社会人の混成チームを作る。

【混声（こんせい）】男声と女声を合わせて歌うこと。例混声合唱団を作る。

【混同（こんどう）】違うものを一緒にして同じく扱うこと。例公私混同がはなはだしい。

【混和（こんわ）】見分けがつかなくなるぐらい混ぜ合わせること。例二種類の液体を混和する。

【調合（ちょうごう）】薬などを適度に混ぜ合わせること。例薬局でかぜ薬を調合してもらう。

【調剤（ちょうざい）】薬剤を混ぜ合わせること。例医師の指示に従って調剤する。類調薬

【配合（はいごう）】二つ以上のものを混ぜる、組み合わせること。例ビタミンを配合した感冒薬。

●力や心を一つにする

【協調（きょうちょう）】利害の相反する者同士が力を合わせて助け合うこと。例協調性に欠ける性格。

【協同（きょうどう）】協力し助け合って何かを行うこと。例協同一致して事にあたる。▼「協同」は、力を合わせ助け合うことに重点がおかれ、「共同」は対等・同等に何かを行うこと。

【協力（きょうりょく）】力を合わせて努力すること。例両国の関係改善に協力する。

●二つ以上のものを一つに合わせる、別のものを付け加える 類合（がっ）する ⇩まとめる

【合体（がったい）】一つに合わさること。例二社が合体する。公武合体。

【合併（がっぺい）】一つに合わさること。例都市銀行どうしが合併する。

【合一（ごういつ）】一つに合わさること。例二者の合一を図る。知行（ちこう）合一。

【合成（ごうせい）】合わせて一つにすること。例景色と人物を合成した写真。

【合同（ごうどう）】一つにまとまること。例二つの学級が合同で合唱の練習をする。

【総合（そうごう）】さまざまなものを一つにまとめ合わせること。例三教科の得点を総合する。対分

析

【統合（とうごう）】一つにまとめ合わせること。例出席者全員の意見の統合をはかる。類統一・統括

【併合（へいごう）】合わせて一つにすること。例日本が韓国を併合していた事実を知らない世代が増えている。

◉たしかめる 類照らす・照らし合わせる

【校合（きょうごう）】もとが同じ本をくらべて、本文の異同を確かめること。例『源氏物語』の異本を校合する。

【照合（しょうごう）】照らし合わせる。つきくらべること。例領収書と帳簿を照合する。類参照

【対校（たいこう）】本どうしの文の異同を確かめること。例写本どうしを対校する作業。

【対照（たいしょう）】照らし合わせること。例古語と現代語を対照してみる。類対比・比較

◉数量をまとめる 類締める・足す・トータルする

【加算（かさん）】加えて数えること。例本体価格に消費税が加算される。

【合算（がっさん）】一緒に加えて計算すること。例合算すると一万円をこえる。

【合計（ごうけい）】足し合わせ数えること。例中間試験の得点を合計する。

【集計（しゅうけい）】寄せ集めて合計すること。例各候補者の得票数を集計する。

【小計（しょうけい）】一部分の合計を出すこと。例売り上げの小計を出す。対通計

【総計（そうけい）】全部を集めた合計を出すこと。例結婚にかかる費用の総計を出す。類総和

【通算（つうさん）】ある期間の全体を通して計算すること。例幕内通算五百勝目をあげる。類通計

【都合（つごう）】全部で。しめて。例出席者は都合四百人であった。

【累計（るいけい）】小計を順々に加えて合計を出すこと。例昨日までの入場者数を累計する。類累算

あわただしい

慌ただしい

類忙しい・気忙（きぜわ）しい・せわしい

【齷齪（あくせく）】心にゆとりがなく、こせこせすること。例休息もとらずあくせく働く。

【性急（せいきゅう）】落ち着きがなく、あわただしいさま。例性急に事を決めようとする。類せっかち・気短 対悠長

あわてる 慌てる

類 まごつく・うろたえる・動じる・面食らう・パニックになる

【恐慌(きょうこう)】おそれあわてること。例 有望な若手が出現して恐慌を来(きた)す。

【転倒(てんとう)】うろたえ騒ぐこと。例 天ぷら鍋から炎が上がり、気が転倒した。

【動転(どうてん)】驚きあわてること。例 不意の訃報に動転する。

【狼狽(ろうばい)】うろたえあわてること。例 急に指名されて狼狽してしまった。周章狼狽。

あんじる 案じる

●考え出す

【案出(あんしゅつ)】工夫して新たに考え出すこと。例 企画を案出する。

【工夫(くふう)】よい方法を考えること。例 荷物が軽くなるよう工夫する。創意工夫。

【考案(こうあん)】工夫して新たに考え出すこと。例 新しい方式を考案した。

【創案(そうあん)】新しいものを考え出すこと。例 創案者の功績をたたえる。

【発案(はつあん)】案を出すこと。例 彼の発案は認められた。類 提案・発議(はつぎ)

【発明(はつめい)】役に立つものを初めて考え出すこと。例 羅針盤の発明。必要は発明の母。

●気にする

類 憂(うれ)える・気遣い

【懸念(けねん)】気にかかる。不安に感じる。例 交渉決裂の可能性も懸念される。類 虞(おそれ)

【思案(しあん)】どうすべきかいろいろと考えること。例 思案顔。ここが思案のしどころだ。

【心配(しんぱい)】思いわずらうこと。例 帰りが遅いと母が心配する。類 心痛・心労・不安・気がかり・気遣い・気苦労・悩み・憂い・憂慮 対 安心

【配慮(はいりょ)】心をくばること。例 平等にゆきわたるよう配慮する。ご配慮にあずかり感謝いたします。類 考慮・思慮・念慮・顧慮・心配り・心遣い・気配り・気遣い・注意・用心

いい ⇩よい

いう 言う

◉**思うことを口にする** 類喋る・話す・語る・口にする・述べる

【**開口**かいこう】口を開くこと。言葉にすること。例開口一番、苦情を述べた。

【**供述**きょうじゅつ】裁判官などの尋問に申し述べること。例容疑者は供述を拒んでいる。▼「供」は、うやうやしく捧持するさまで、役立てる意を持つ。

【**言及**げんきゅう】そのことについて話が及ぶこと。例私生活にまで言及する必要はない。

【**口外**こうがい】口にすること。言葉にすること。例決して口外しないと誓う。

【**口述**こうじゅつ】口で述べること。例口述試験と小論文。

【**述懐**じゅっかい】心の思いを述べること。例あのときの出来事を述懐する。

【**他言**たごん】他人に言うこと。例他言無用に願います。

【**直言**ちょくげん】直接はっきりと言うこと。例社長に直言する勇気はない。

【**陳述**ちんじゅつ】口で述べること。例冒頭陳述。▼「陳」は連ねて述べる意。

【**発言**はつげん】意見を述べること。例傍聴者が発言することは許されない。

【**傍言**ぼうげん】そばから口出しすること。例度重なる傍言に妨げられる。

◉**約束する** 類言い切る

【**確言**かくげん】はっきり言い切ること。例確言するのは避けたい。

【**強調**きょうちょう】強く言うこと。強い調子で言うこと。例そのことを強調したい。

【**極言**きょくげん】極端に言うこと。例極言すれば、君はお人好しだ。類極論

【**言明**げんめい】はっきり言い切ること。例正しいことを言明する。

【**公言**こうげん】大勢の前でおおっぴらに言うこと。例必ず成功すると公言してはばからない。

【**高言**こうげん】えらそうなことを言うこと。例自分は日本一だと高言を吐く。

【**広言**こうげん】大きなことを言うこと。例えらそうに広言を吐く。

【**豪語**ごうご】大きなことを言うこと。例世界を股にかけると豪語する。

【呼号（こごう）】おおげさに言うこと。例研究の成果を呼号する。

【誇称（こしょう）】えらそうにおおげさに言うこと。例営業成績を誇称する。

【大言（たいげん）】大いばりで言うこと。例そんなに大言して、大丈夫だろうか。大言壮語。

【断言（だんげん）】自信をもってきっぱりと言うこと。例必ず勝つと断言して試合に臨む。

【明言（めいげん）】相手に分かるようにはっきりと言うこと。例首脳陣は明言を避けている。

【力説（りきせつ）】力を込めて強く述べること。例自説の正当性を力説する。類強調

●言い放つ、無責任に言う

【失言（しつげん）】言うべきではないことを言ってしまうこと。例失言を取り消そうと取り繕う。

【放言（ほうげん）】無責任に言い放つこと。例閣僚の放言にあきれる。放言漫語。

【暴言（ぼうげん）】乱暴な言葉。例聞くにたえない暴言。

【妄言（ぼうげん）】口から出まかせの言葉。▼「もうげん」とも。例上司の妄言に惑わされる。妄言多謝。類妄語（もうご）

●呼ぶ 類名付ける・称する

【自称（じしょう）】自分で名乗ること。例彼は自称俳優です。

いかす 活かす

【活用（かつよう）】いかして用いること。例有給休暇をすべて活用する。類働かせる 対殺す

【利用（りよう）】役立つようにいかして用いること。例優待券を利用する。

いかめしい 厳めしい ⇩おごそか(厳か)

いきる 生きる

対死ぬ

【在世（ざいせい）】この世に生きていること。例父の在世中は大変お世話になりました。▼「ざいせ」とも。類生前

【生息（せいそく）】生きていて繁殖すること。例動物が生息できない極地。▼「棲息」「栖息」とも書く。

【生存（せいぞん）】生きていること。例乗客全員の生存が確

認された。対死亡

【存命（ぞんめい）】生き長らえること。例存命中に遺言を書いておく。

いく　行く

類赴く　対来る・帰る

【遠征（えんせい）】試合・探検などの目的で遠くまで行くこと。例ヨーロッパを遠征して帰国した。

【出社（しゅっしゃ）】会社に出勤すること。例十時に出社する。対退社

【登校（とうこう）】学校に行くこと。例登校拒否の子供が増えている。対下校

【登庁（とうちょう）】役所に出勤すること。例八時半に登庁する。対退庁

【赴任（ふにん）】仕事で任地におもむくこと。例単身で海外へ赴任する。類着任

いけない

類差し止める・禁じる

【禁止（きんし）】差し止めること。例ストロボの使用は禁

止されている。

【制止（せいし）】押さえ止めること。例制止を振り切って走り出した。

【不可（ふか）】いけないこと。よくないこと。例通り抜け不可です。対可

いさぎよい　潔い

●けがれのない

【潔白（けっぱく）】何もやましいところがないこと。例身の潔白を証明する。

【潔癖（けっぺき）】汚いことを嫌うこと。例何事にも潔癖な姿勢で臨む。

【高潔（こうけつ）】けだかくいさぎよいこと。例彼女の高潔な精神に打たれる。

【清潔（せいけつ）】行いが清らかなこと。例清潔な選挙を目指す。

【清廉（せいれん）】心が清らかで私利私欲のないこと。例清廉潔白の士。

【廉潔（れんけつ）】心、行いが清らかなこと。例廉潔な心。

●思い切りがよい

【果敢（かかん）】危険を顧みず思い切って物事をするさま。

例小さい身体で果敢に挑む。勇猛果敢。▼「敢」は、両手で思い切って押しのける意。

【果断(かだん)】思い切って決断、行動すること。例果断な処置が命を救った。類英断・勇断 対優柔不断

【敢然(かんぜん)】思い切って何かをするさま。例巨大な悪に敢然と立ち向かう。

【決然(けつぜん)】思い切る、固く決意するさま。例決然たる態度を取る。

いさましい 勇ましい

類雄雄(おお)しい

【剛勇(ごうゆう)】強くて勇ましい。例かつての道場は豪勇無双のつわものぞろいだった。▼「豪勇」とも書く。

【颯爽(さっそう)】容姿などがきりりとしているさま。例颯爽と歩く姿が魅力的な女性。

【精悍(せいかん)】勇ましく鋭いこと。例精悍な顔つきの俳優。▼「悍」は、潤いのない荒々しさをいう。「精」は、よごれがない意。

【壮絶(そうぜつ)】類を見ないほど激しく勇ましい。例それは壮絶を極める戦いだった。類凄絶

【壮烈(そうれつ)】はげしく勇ましいさま。例壮烈な最期を遂げた。

【堂堂(どうどう)】風格があり、立派なようす。例上司にも自分の考えを堂々と述べる。威風堂々。

【勇敢(ゆうかん)】勇ましくて思い切りのよいさま。例勇敢に悪に立ち向かう。

【勇壮(ゆうそう)】勇ましくてさかんなさま。例勇壮な音楽に合わせて踊る。

【勇猛(ゆうもう)】勇ましくて強いさま。例勇猛果敢。彼の勇猛なふるまいに恐れをなす。

いじめる 苛める

類虐(しいた)げる・いびる 対かわいがる

【虐待(ぎゃくたい)】むごい扱いをする。しいたげる。例子供を虐待する。対愛護

【自虐(じぎゃく)】必要以上に自分自身を責める。例自虐的な言葉を吐く。

【迫害(はくがい)】圧迫し虐げる。苦しめる。例長い間迫害に苦しんできた。

いそがしい　忙しい

◉**心せくさま**　類せわしい・せっかち

【齷齪（あくせく）】余裕がなくこせこせする。例毎日あくせくと働く。

【性急（せいきゅう）】あわただしい。例性急な行動に面食らう。対悠長

◉**すべき仕事が多い**

【怱忙（そうぼう）】せわしく忙しい。例怱忙な日々に自分を見失う。▼「怱」は、心があわただしいこと。

【多事（たじ）】仕事が多くて忙しい。例多事多端。▼「多事多難」といえば、事件が多く落ち着かないこと。困難が多いこと。

【多忙（たぼう）】極めて忙しい。例会議を目前にして多忙な毎日が続く。

【多用（たよう）】用が多くて忙しい。例ご多用のところ、おそれいります。

【繁多（はんた）】わずらわしいほど用が多くて忙しい。例ご用繁多な折、恐縮です。▼「煩多」は物事が多くてわずらわしいこと。

【繁忙（はんぼう）】用事が多く忙しい。例繁忙期の接客ほど丁寧にしよう。

いたい　痛い

【苦痛（くつう）】体の痛み。心の苦しさ。例不妊治療は精神的にも苦痛を伴う。

【激痛（げきつう）】耐えられないほどの激しい痛み。例激痛にみまわれる。

【心痛（しんつう）】心配して心を痛める。思い悩む。例心痛のあまり夜も眠れない。

【疼痛（とうつう）】ずきずきとうずく痛み。例疼痛を覚える。疼痛が走る。

【鈍痛（どんつう）】重苦しいような鈍い痛み。例背中に鈍痛を感じる。

いだく　抱く　⇩だく（抱く）

いただく　頂く

◉**「食べる」「飲む」の謙譲語**

【頂戴（ちょうだい）】食べ物や飲み物をいただく。例ごちそう

を頂戴する。

◉**「もらう」の謙譲語**

【頂戴（ちょうだい）】物などをもらう。例師から年賀状を頂戴した。

【拝領（はいりょう）】位の高い人から物をもらう。例主君から拝領した土地。

いたむ1 悼む

類悔やむ・弔う

【哀惜（あいせき）】人の死を悲しみ惜しむ。例突然の訃報で、哀惜の念に堪えない。

【哀悼（あいとう）】人の死を悲しみいたむ。例謹んで哀悼の意を表する。

【追弔（ついちょう）】死者をしのんで弔うこと。例恩師を追弔する。

【追悼（ついとう）】死者をしのんで悲しみいたむ。例銀幕の名女優を追悼する記事。

いたむ2 傷む

◉**損なう** 類損じる

【損傷（そんしょう）】壊れたり、傷つくこと。例遺体はひどく損傷している。

◉**腐る** 類朽ちる

【腐敗（ふはい）】腐ること。例酢を入れてごはんの腐敗を防ぐ。

【腐乱（ふらん）】腐ってただれる。例林の中から腐乱した死体が見つかる。

いためる 傷める

類傷つける

【汚損（おそん）】汚れ傷つくこと。例借家なので汚損しないように気をつける。

【毀損（きそん）】傷つけること。例名誉毀損で訴えられる。
▼「毀」は、たたきつぶす意。「棄損」とも書く。

いたわる 労わる

類慰める・ねぎらう

【慰安（いあん）】なぐさめて楽しませる。例従業員を慰安するための旅行。

【慰謝いしゃ】なぐさめいたわる。例離婚する際、慰謝料を請求する。

【慰労いろう】苦労をいたわりねぎらう。例陰で支えてくれた人たちを慰労する。

いちじるしい
著しい

類甚だしい

【顕然けんぜん】はっきりと明らかなさま。例それは顕然とした事実だ。

【顕著けんちょ】著しく目立つこと。例彼の人気の低下は顕著である。

いつも
何時も

類常に・絶えず・日頃

【始終しじゅう】たえず。どんな時も。例復習が大事だと始終言っている。

【常時じょうじ】ふだん。どんな時も。例常時入賞をめざして出場する。対臨時

【四六時中しろくじちゅう】一日中。いつも。例四六時中しゃべりっぱなしだ。類二六時中

【昼夜ちゅうや】昼も夜も。いつも。例昼夜執筆に専念する。

【日常にちじょう】ふだん。常日頃。例日常のなにげない事柄。日常茶飯事。

【日夜にちや】昼も夜も。たえず。例日夜練習に励む。

【年中ねんじゅう】一年中。一年とおしていつも。例あの店は年中繁盛している。

【普段ふだん】いつも。常々。日頃。例普段のままの格好で出かける。▼「不断」の当て字。絶え間なく続くの意では「不断」を用いる(「不断の努力」)。⇩つねに

【平常へいじょう】いつもの状態。例元旦から平常どおり営業します。対非常

【平生へいぜい】ふだん。いつも。例部屋は平生の心がけで清潔に保たれている。

【平素へいそ】ふだん。常日頃。例平素からのお引き立てに感謝します。

【毎回まいかい】そのたびに。一回ごとに。例毎回小テストを実施する。

【毎度まいど】そのたびごと。たびたび。例毎度お騒がせいたしております。

いとなむ 営む

【運営（うんえい）】会や組織をとりしきり仕事を進める。例理事会の運営委員を募集する。

【運用（うんよう）】規則・お金・ものなどをうまく働かせて使う。例資金の効果的な運用を図る。

【営業（えいぎょう）】事業を営む。仕事をする。例祝日も平常どおり営業します。

【経営（けいえい）】営利を目的として計画的に事業を営む。例アパート経営に必要な知識。

【兼営（けんえい）】本業のほかに別の事業を兼ねる。例画廊と喫茶店を兼営する。

●経営する主体

【官営（かんえい）】政府が経営すること。例官営林を勝手に伐採してはいけない。類官業　対民営

【県営（けんえい）】県が事業を経営すること。例県営アパートに入居する予定だ。

【公営（こうえい）】政府や公共団体が事業を経営すること。例公営ギャンブルを廃止する。対私営・民営

【国営（こくえい）】国が事業を経営すること。例ＮＨＫは国営放送ではない。対民営

【市営（しえい）】市が事業を経営すること。例市営のバスが走っている。

【私営（しえい）】個人が経営すること。例私営鉄道を利用する。対公営

【自営（じえい）】独立して自分で経営すること。例自営業は休みがとりにくい。

【直営（ちょくえい）】直接経営すること。例ホテル直営のパン屋。

【都営（とえい）】東京都が経営すること。例都営住宅の抽選に当たる。

【民営（みんえい）】民間が経営すること。例国鉄の分割民営化。対官営・公営・国営

いのる 祈る

●願う　類望む

【希望（きぼう）】願い望む。例皆が幸福であることを希望します。

●念じる

【祈願（きがん）】神や仏に祈る。例高校合格を祈願する。

【祈禱（きとう）】神や仏に願いがかなうように祈る。例厄

払いの祈禱をしてもらう。▼「禱」は、長く訴える意。「祈」は、目指す事柄に近づきたいと祈ること。

【祈念（きねん）】神や仏に願いをかけること。例大願成就を祈念する。

【誓願（せいがん）】誓いを立て神仏に願う。例平和を誓願する。類願かけ

【黙禱（もくとう）】目を閉じて黙って祈る。例終戦記念日に黙禱する。

いやがる　嫌がる

類嫌う・厭う（いとう）

【厭世（えんせい）】世の中がいやになる。例厭世観を抱きながら生きる。対楽天

【忌避（きひ）】いみきらって避ける。例徴兵を忌避する。

【嫌悪（けんお）】嫌って憎むこと。例自己嫌悪に陥るような失敗をする。

【食傷（しょくしょう）】同じことに何度もあっていやになる。例同工異曲のテレビ番組に食傷気味である。

【憎悪（ぞうお）】憎み嫌うこと。例憎悪の念を抱く。憎悪の目で見る。

いやしい　卑しい

◉ひどく汚く貧しい　類みすぼらしい　⇩まずしい（貧しい）

【貧弱（ひんじゃく）】見ばえのしないさま。例少量贈るのではあまりに貧弱だ。

【貧相（ひんそう）】顔つき・身なりがいかにも貧しいさま。例顔つきが貧相になった。対福相

◉品が悪い　類下卑（げび）た

【下等（かとう）】品質や品性が劣ること。例装飾品の趣味が下等だ。類低級（⇩ひくい）対上等

【下品（げひん）】人柄・様子・品格などが劣る。例このアニメは絵が下品だ。対上品

【下劣（れげつ）】人柄や考え方がいやしい。例非常識な人は下劣に見える。

【野卑（やひ）】言動が下品なこと。例野卑な会話に耳をふさぐ。

◉心が汚い、欲が深い　類さもしい・浅ましい・がめつい

【強欲（ごうよく）】非常に欲が深いこと。例人の取り分にも手を出す強欲な奴。類貪欲（どんよく）・貪婪（どんらん）・胴欲（どうよく）

いる1 居る

【健在(けんざい)】元気で暮らしていること。例両親とも健在です。

【在(いざ)】その場所にいる。例在日。在ワシントン。在不在を確かめる。

【在留(ざいりゅう)】一時的に外国に住むこと。例ニューヨーク在留邦人。

【実在(じつざい)】実際にいること。例この小説には実在のモデルがいる。対架空 ⇩ある1

【存在(そんざい)】物があること。人がいること。例この研究では欠くことのできない存在。⇩ある1

【滞在(たいざい)】その場所にしばらく留(とど)まっている。例しばらくロンドンに滞在する予定です。

【滞留(たいりゅう)】旅先でしばらく留まる。例滞留を余儀なくされた。

【逗留(とうりゅう)】旅先で長く留まる。例思いがけず長逗留となった。

●特定の場所にいる

【在校(ざいこう)】学校内にいる。学校に籍をおいている。例春休みの間、校長は午前中在校しています。類在学

【在室(ざいしつ)】部屋にいる。例今日は一日在室の予定です。

【在社(ざいしゃ)】会社内にいる。会社に籍をおいている。例午後は在社の予定です。

【在宅(ざいたく)】自分の家にいること。例在宅勤務が可能な仕事。

いる2 要る

【所要(しょよう)】必要とすること。例所要時間は三分。類要する
▼「所用」は用事のこと。

【入用(にゅうよう)】あることをするのに必要である。例至急旅費が入用になった。類入り用 対不要

【必需(ひつじゅ)】なくてはならない。例クーラーは夏の必需品である。

【必須(ひっす)】必ずいること。なくてはならない。例医学部受験の必須科目。

【必要(ひつよう)】必ずいること。例雪道にはチェーンが必要だ。対不必要・不要

【不可欠(ふかけつ)】そのことを欠かせない。例醤油は日

本の味に不可欠である。

いれる[1] 入れる

対出す・除く

【移入（いにゅう）】移し入れる。例作品に感情移入する。

【格納（かくのう）】納め入れる。しまいこむ。例航空機の格納庫で火災が発生した。

【吸入（きゅうにゅう）】吸い入れる。吸いこむ。例酸素吸入が必要な状態に陥る。

【混入（こんにゅう）】まじって入る。まぜて入れる。例水道水に青酸カリが混入しているのではと大騒ぎになった。

【挿入（そうにゅう）】中にさし入れる。さしこむ。例しおりを本の間に挿入する。

【注入（ちゅうにゅう）】注ぎ入れる。例植木鉢に栄養剤を注入する。

【投函（とうかん）】特に郵便物をポストに入れる。例午前中に投函すれば明日中に着く。

【投入（とうにゅう）】投げ入れる。つぎ込む。例莫大（ばくだい）な資本を投入して造られた施設。

【導入（どうにゅう）】導き入れる。取り入れる。例ＯＡ機器を導入して人員を削減する。

【入棺（にゅうかん）】遺体を棺に入れること。例故人が好んだ物を一緒に入棺する。

【入庫（にゅうこ）】品物や車を倉庫、車庫に入れること。例車両は後ろ向きに入庫してください。対出庫

【入手（にゅうしゅ）】手に入れる。例極秘情報を入手し、特ダネにする。類獲得・取得・落手

【入力（にゅうりょく）】コンピュータに情報やデータを入れること。例パソコンに入力した資料。対出力

【納棺（のうかん）】遺体を棺に納めること。例しめやかに納棺の儀式をとり行う。

【搬入（はんにゅう）】（大きな物を）運び入れる。例作品の搬入は前日までに願います。対搬出

【輸入（ゆにゅう）】外国から商品などを買い入れる。例日本は多くの農産物を輸入している。対輸出

いれる[2] 容れる

⇩うけいれる（受け入れる）

いろいろ 色色

類あれこれ・あれやこれや・様様（さまざま）・諸諸（もろもろ）・

【各種かくしゅ】とりどり いろいろの種類。例当方では各種取りそろえております。各種学校。

【各様かくよう】いろいろであること。例各人各様の提案を出した。

【種種しゅじゅ】いろいろ。さまざま。例派兵以外にも種々の援助策が考えられる。

【諸般しょはん】いろいろ。さまざま。例諸般の事情から運営をあきらめる。

【多彩たさい】色とりどりで美しい。種類が多くはなやかである。例多彩な顔ぶれが会を盛り上げた。

【多種たしゅ】種類が多い。例多種の酒がそろえてある。多種多様。

【多様たよう】いろいろな種類がある。様々な様子。例多様な人間像に刺激を受けた。

いわう 祝う

類言祝ことほぐ・喜ぶ・賀がする

【慶賀けいが】めでたいことを喜び祝う。例誠に慶賀の至りに存じます。類慶祝・大慶

【参賀さんが】皇居に行き祝いの気持ちを表すこと。例宮中の一般参賀を希望する。

【祝賀しゅくが】祝って喜ぶ。例創立百周年の祝賀パーティー。

【祝勝しゅくしょう】勝利を祝う。例優勝パレードと祝勝会に参加する。

【祝福しゅくふく】人の幸福を喜び祝う。例二人の門出を祝福する。

【年賀ねんが】新年を祝う。例年賀状を出す習慣を改める。

うえる 植える

【移植いしょく】①植物を他の場所に移し植える。例鉢から庭土に移植した木。②体の組織の一部や器官を取り出して他の部分や他の患者に移しかえる。例生体肝移植が行われた。

【植字しょくじ】活字を原稿通り組む。例この辞典の文字も写真植字による文字である。

【植樹しょくじゅ】木を植える。例この木は卒業記念に植樹したものだ。

【植毛しょくもう】毛を植える。例自然な植毛を売り物にす

るかつら。

【植林（しょくりん）】山野に苗木を植え森林を育てる。例むやみに杉ばかり植林してはならない。

【定植（ていしょく）】苗床から苗を移し植える。例たばこの苗を定植する。

うかぶ 浮かぶ

対沈む

【浮上（ふじょう）】水の上に浮かび上がる。例潜水艦がゆっくり浮上する。

【浮揚（ふよう）】（水上に）浮かび上がること。例プールにごみが浮揚している。

うく 浮く

対沈む

◉物が不安定な状態でいる 類漂う

【浮動（ふどう）】安定しないでふわふわ揺れ動く。例都市部の浮動票が頼りである。対固定

【浮遊（ふゆう）】水面・空中に浮かび漂う。例水中に浮遊するプランクトン。▼「浮游」とも。

うけいれる 受け入れる

類受け付ける・引き受ける・聞き入れる・容（い）れる・呑（の）む・オーケーする 対拒む・退（しりぞ）ける・断る

【応諾（おうだく）】依頼を引き受ける。例彼が快く応諾してくれて助かった。

【許諾（きょだく）】依頼を引き受ける。例苦労して先方の許諾を得る。類許可

【受諾（じゅだく）】申し入れを引き受ける。例ポツダム宣言を受諾した。▼「諾」は、ゆっくりと答える意。対拒絶・拒否

【受容（じゅよう）】受け入れる。例文化の受容力を高める。

【承引（しょういん）】頼みを引き受ける。例なにとぞご承引くださいますようお願い申し上げます。

【承諾（しょうだく）】依頼されて引き受ける。例相手の承諾がなかなか得られない。対拒絶

【承知（しょうち）】了解する、受け入れる。例単身での海外赴任をいやいや承知した。対不承知

【承認（しょうにん）】（相手の言い分を）正当、もっともであると認める。例父の承認を得て彼との交際

を始めた。対不承認

【承服しょうふく】承知して受け入れること。例その契約には承服しかねる。▼「服」は、ぴたりと従い、離れない意。

【了承りょうしょう】(相手の事情を)理解して受け入れること。例どうぞ御了承くださいませ。

うけつぐ　受け継ぐ

類引き継ぐ

【継承けいしょう】地位や財産などを受け継ぐ。例莫大ばくだいな遺産を継承した。王位継承。

【後継こうけい】(前任者の)後を継ぐ。例伝統工芸の後継者不足は深刻な問題である。

【襲名しゅうめい】先代の名を受け継ぐ。例襲名披露をとり行う。▼「襲」は、衣服をかさねる意から転じて、地位や方法などをそっくり受け継ぐ意。

【世襲せしゅう】親から子へと職業や地位などが受け継がれる。例家元を世襲する。歌舞伎の世襲制度。

【相続そうぞく】親の財産などを受け継ぐ。例父親の遺産を相続する。

【踏襲とうしゅう】従来の手法などをそのまま受け継ぐ。例先代の方針を踏襲する。

うけとる　受け取る

【査収さしゅう】よく調べて受け取る。例下記の書類を同封いたしますので、ご査収ください。

【収賄しゅうわい】賄賂わいろを受け取る。例受託収賄罪で起訴される。対贈賄

【受給じゅきゅう】恩給・給料・配給などを受け取る。例年金の受給の年齢が改正される。

【受納じゅのう】贈り物などを受け取る。例公務員は中元や歳暮を受納してはいけない。

【受容じゅよう】受け入れる。例大陸からの文化を受容した日本。

【受理じゅり】書類などを受けつける。例締め切り後の願書は受理しない。

【受領じゅりょう】金品などを受け取る。例受領印を押してもらう。

【笑納しょうのう】贈り物にどうぞお納めくださいと添えることば。▽謙譲語。例粗品ですが御笑納

くださ い。

【落手（らくしゅ）】(手紙で)手紙・贈られた品を受け取る。例お手紙正に落手しました。類落掌（らくしょう）

【領収（りょうしゅう）】お金などを受け取る。例領収書をもらってきてください。

うけもつ　受け持つ　類担う

【管轄（かんかつ）】役所などが権限によって管理する。また、その範囲。例市が管轄する建物。

【所轄（しょかつ）】物事や土地などを管理する。またその範囲。例所轄の税務署に確定申告する。

【所管（しょかん）】行政事務などを管理する。また、その範囲。例この件を所管するのは文部科学省だ。▼「管」は枠をはめてまるくまとめる意。

【担当（たんとう）】仕事・役目などを受け持つ。例彼が広報を担当している。類受け持ち

【担任（たんにん）】任務を受け持つ。主に学級や教科などを教師が受け持つこと。例複数担任制の導入。類受け持ち

【分掌（ぶんしょう）】手分けして受け持つ。例事務の分掌規定を見直す。

【分担（ぶんたん）】手分けして受け持つ。例幹事の仕事を分担する。類手分け

うける　受ける

【受益（じゅえき）】利益を受けること。例受益者が負担すべきだ。

【受刑（じゅけい）】罪を犯し刑を受けること。例受刑者を収容する。

【受験（じゅけん）】試験を受けること。例私立の小学校を受験する。

【受講（じゅこう）】講習や講座を受けること。例日本語教師養成講座を受講する。

【受賞（じゅしょう）】賞をもらうこと。例金賞を受賞した酒。

【受信（じゅしん）】放送・通信などを受けること。例衛星放送を受信する。

【受診（じゅしん）】検診を受けること。例定期的に受診する。

【受難（じゅなん）】苦しいめにあうこと。例キリストの受難を描いた絵。

うごかす 動かす

◉**位置を変える** ⇩うごく

◉**感動する** ⇩うつ

うごく 動く

◉**じっとしていない** 対止まる

【異動(いどう)】地位や所属などが変わる。例人事異動で担当者が変わる。

【移動(いどう)】位置・場所が変わる。例移動式の書架を設置する。類移る・移転

【運動(うんどう)】体を動かす。例健康のために適度に運動する。

【可動(かどう)】動かすことができる。例可動橋を渡る。

【激動(げきどう)】激しく揺れ動き変わること。例昭和から平成へ激動の一年。

【作動(さどう)】機械やしくみが働く。例防火扉が作動してボヤですんだ。

【始動(しどう)】動き始める。働き始める。例原発一号機が始動する。類起動

【自動(じどう)】自ら動く。例全自動洗濯機を買う。対手動

【手動(しゅどう)】機械などを、動力を使わず手で動かすこと。例手動式シャッター。対自動

【上下動(じょうげどう)】上下に揺れ動く。例地震性の上下動を観測した。

【振動(しんどう)】揺れ動く。規則的に繰り返し動く。例隣の建設工事で著しい振動が発生する。振り子が振動する。

【震動(しんどう)】地震などで震え動く。例杭(くい)打ち作業で地面が震動する。

【胎動(たいどう)】胎児が動くこと。転じて、内部の変化が表面化してくること。例胎動を感じる。

【他動(たどう)】他に働きかけること。例他動詞は目的語を要する。対自動・手動

【反動(はんどう)】反対に働く力。反作用。逆の傾向。例急ブレーキの反動でひっくりかえった。食事制限の反動で暴飲暴食した。

【微動(びどう)】かすかに動くこと。例微動だにしない直立した警官。

【脈動(みゃくどう)】脈打つようないきいきした動き。例ニューヨークで世界の脈動を感じる。

【鳴動（めいどう）】音を立てて動くこと。例一晩中鳴動する活火山。

【躍動（やくどう）】若々しく元気よく動くこと。例躍動する若さを表現したい。

【流動（りゅうどう）】一か所に動きが定まらないこと。例事態はまだ流動的である。

【連動（れんどう）】ある動きにつれて他も動くこと。例円安に連動して株も暴落する。

◉平静でなくなる 類変わる

【動揺（どうよう）】ショックをうける。ぐらっと動くこと。例心の動揺を隠す。

【変動（へんどう）】短い間にはげしく変わること。例物価が激しく変動する。

うしなう 失う ⇩なくす

うたう 歌う

類唱（とな）える・詠ずる

【詠唱（えいしょう）】節をつけて大勢で歌うこと。例賛美歌を詠唱する。▼「詠」は、声をながく引いて調子をつけてうたう意。

【歌唱（かしょう）】声を出して歌を歌うこと。例歌唱力のあるテノール歌手。

【合唱（がっしょう）】一緒に合わせて歌うこと。例年末に「第九」を合唱する。

【吟詠（ぎんえい）】詩歌を節をつけて歌うこと。例独特の吟詠法で聴衆を魅了した。

【吟唱（ぎんしょう）】詩歌を声をあげ、節をつけて歌うこと。例自作の詩を吟唱する。▼「吟誦」とも。

【詩吟（しぎん）】漢詩を節をつけて歌うこと。例彼は詩吟の先生だ。

【斉唱（せいしょう）】いっせいに歌うこと。例国歌斉唱を義務づける。▼「斉」はきちんとそろう意。

【独唱（どくしょう）】ひとりで歌うこと。例選ばれて独唱した。

【輪唱（りんしょう）】一つの曲を順々に間をおいて追いかけて歌うこと。例三部に分かれて輪唱する。

【朗詠（ろうえい）】声に出して詠むこと。例和歌を朗詠して聞かせる。

うたがう 疑う

類怪しむ・訝（いぶか）る

【懐疑（かいぎ）】うたがいをもつこと。例失恋して以来、懐疑的になった。▼「懐」は、心中に囲みおく意。

【疑義(ぎぎ)】意味がはっきりしないこと。例疑義をさしはさんで口論となる。

【疑心(ぎしん)】ものをうたがう心。例疑心暗鬼に陥っている。

【疑念(ぎねん)】本当かどうかうたがう心。例次から次へと疑念が生じる。

【疑問(ぎもん)】うたがわしいこと。例この方法に疑問を抱き始める。

【疑惑(ぎわく)】何かありそうだとうたがうこと。例事件は疑惑に包まれている。

【嫌疑(けんぎ)】悪事をしたのではないかというたがい。例脱税の嫌疑がかけられている。▼「嫌」には、悪い方へ悪い方へと考えて疑う意がある。

【猜疑(さいぎ)】ねたみうたがうこと。例猜疑心の強い人間。▼「猜」は、うたがい深いこと。

【不審(ふしん)】あやしいと思うこと。例現場付近で不審な人物を見かけた。

【容疑(ようぎ)】罪を犯したうたがいがあること。例容疑者呼ばわりは迷惑だ。

うちあける
打ち明ける

類ぶちまける

【告白(こくはく)】隠していたことを打ち明けること。例思いきって愛を告白した。▼「白」は、申し述べる意。

【自供(じきょう)】容疑者などが自分の犯行をのべること。例犯人の自供どおり死体が見つかった。▼「供」は、うやうやしく捧げ持つ意。

【自白(じはく)】自分から事実をのべること。例厳しい取り調べで自白を強要する。

【吐露(とろ)】隠さずに打ち明けること。例酔ったいきおいで真情を吐露した。

【白状(はくじょう)】隠していることをありのままに言うこと。例ガラスを割ったのはだれか、白状しなさい。

【披瀝(ひれき)】心の中のことを打ち明けること。例立場上、胸中を披瀝することができない。▼「披」は、手で押しひらく意。「瀝」は、水滴が次々と続いて垂れる意。

うちこむ【打ち込む】 ⇩ねっする（熱する）

うつ[1] 打つ

◉たたきつける 類あてる

【一撃（いちげき）】一度でうち倒すこと。例敵に一撃を食わせる。

【殴打（おうだ）】なぐること。例顔面を殴打する。

【強打（きょうだ）】強くうつこと。例交通事故で頭を強打した。

【打撃（だげき）】物を強くうちたたくこと。例試合前の打撃練習を見る。▼「打」は、とんと打つ意。「撃」は、堅い物を音をたてて打ちあてる意。

【打撲（だぼく）】うったり、なぐったりすること。例全身に打撲傷を受ける。

【痛打（つうだ）】激しい打撃。野球で強烈な打球。例完封目前の投手に痛打を浴びせる。

【猛打（もうだ）】野球で、打撃のおおいにふるうこと。例下位打線の猛打で得点を重ねた。

【乱打（らんだ）】むやみに打つこと。例投手の不調で乱打戦になった。

【連打（れんだ）】続けざまに打つこと。例右フックを連打する。

●051

◉感動を与える 類心を動かす

【感激（かんげき）】深く心が動かされること。例四十年ぶりに感激の対面を果たす。

【感心（かんしん）】深く心に感じて立派だと思うこと。例幼いのによく手伝う子だと感心する。

【感動（かんどう）】物事に深く感じて心が動くこと。例この映画の最後の場面は感動的だ。

【感銘（かんめい）】深く感じて心に刻みこまれること。例彼の演説は感銘を与えるものだった。

うつ[2] 討つ・伐つ

類征する・平らげる・たいじる

【征伐（せいばつ）】服従しない者をうち滅ぼすこと。例賊を征伐する。鬼征伐。▼「征」は、目指した所までまっすぐに進む意。上の者が下の者をうつときに用いる。「伐」は、人が武器で切り開く意。類征討（せいとう）

【退治（たいじ）】害を与えるものをうち平らげること。例シロアリを退治する。

【討伐（とうばつ）】反抗するものを攻めうつこと。例反乱軍を討伐する。▼「討」は、ことばですみずみまで責め立てる意。

うつ[3]
撃つ

類放つ

【射撃（しゃげき）】銃砲に弾丸をこめて目標をねらいうつこと。例射撃の腕を試す。▼「射」は、発矢する(弓をいる)意でねらった的にあてること。「撃」は、音をたててうちあてる意。

【銃撃（じゅうげき）】小銃・機関銃でうつこと。例国境付近で銃撃戦が絶えない。

【狙撃（そげき）】ねらいうつこと。例大統領を狙撃する。

【発射（はっしゃ）】弾丸・ロケット・ミサイルなどをうちだすこと。例ミサイルを発射する。

【発砲（はっぽう）】銃砲をうつこと。例警官があやまって発砲した。

【乱射（らんしゃ）】ねらいも定めずに、むやみにねらいうつこと。例機関銃を乱射して脅す。

うっかり

類つい

【迂闊（うかつ）】注意をおこたること。例立場上、迂闊に返事はできない。▼「うっかり」の意は中国の原義にはない。

【不注意（ふちゅうい）】配慮や注意力が欠けていること。例不注意からおこるミスは極力避ける。

【不用意（ふようい）】心配りが足らないこと。例不用意に漏らした言葉で傷つける。

うつくしい
美しい

類うるわしい

【華美（かび）】はなやかで美しいこと。例華美な服装は控える。

【華麗（かれい）】はなやかで美しいこと。はでやか。例華麗なワルツの曲を弾く。

【綺麗（きれい）】美しく立派なさま。例きれいな字を書く人。

【絢爛（けんらん）】きらびやかで美しいこと。例豪華絢爛な舞台衣装。▼「絢」は、糸をめぐらした、きらびやかなさま。

【秀麗（しゅうれい）】すぐれてうるわしいこと。例眉目（びもく）秀麗な歌舞伎俳優。

【壮麗（そうれい）】おごそかで美しいこと。例中世建築の壮麗な姿を見せる教会。

【端正（たんせい）】姿などが整っていて美しいこと。例端正な顔立ちの武者人形。

【端麗（たんれい）】整っていて美しいこと。例容姿端麗の秘書を伴う。

【美麗（びれい）】うるわしくあでやかなこと。例美麗な男装の宝塚のトップスター。

【優美（ゆうび）】上品で美しいこと。例優美な曲線が現代建築を象徴する。

【妖美（ようび）】人を惑わすあやしい美しさ。例ゆかた姿に妖美が漂う。

【流麗（りゅうれい）】文章などがのびのびとして美しいこと。例受賞作品は流麗な文体が特徴だ。

うつす I

写す

◉**（影や光を）そっくり投影する** 類撮る

【撮影（さつえい）】写真・映画をとること。例オーロラを撮影するために待機する。

【実写（じっしゃ）】実況や実景をフィルムにうつしとること。例イカの生態を実写する。

【特撮（とくさつ）】高度な技術やトリックによって映画をとること。例SF映画には高度な特撮技術が必要だ。▼「特撮」は、「特殊撮影」の略。例文中の特撮技術のことをSFX(special effects)ということも多い。

【特写（とくしゃ）】特別に写真にとること。例人気女優を特写したグラビア。

◉**物や文字の形をそのまま現す** 類書き取る・コピーする

【誤写（ごしゃ）】うつしまちがえること。例ここは誤写した可能性が高い。

【写経（しゃきょう）】経文（きょうもん）を書き写すこと。例写経をして心の平静を保つ。

【写本（しゃほん）】本を書きうつすこと。例写本は残っているが、原本は現存しない。

【書写（しょしゃ）】書きうつすこと。例手本を書写する。

【転写（てんしゃ）】文章や図などをそのまま他にうつし取ること。例原本から図版を転写する。

【透写(とうしゃ)】すかして書きうつすこと。例透写するための紙。

【謄写(とうしゃ)】書きうつすこと。例原本を正確に謄写する。▼「謄」は、紙を原本の上にのせて文字を書き写す意。

【複写(ふくしゃ)】①一度うつしてあるものをさらにうつし取ること。②同一の文書を二枚以上うつして作ること。例カーボン紙で複写した伝票。

うつす[2] 映す

【投影(とうえい)】かげをうつすこと。例車窓が赤富士を投影する。

【反映(はんえい)】光が反射してうつることから、影響が他のものに現れること。例世相を反映する映画を作る。

うったえる 訴える

◉他人に願う

【哀願(あいがん)】相手の同情にうったえて願うこと。例施

設に入りたくないと哀願する老人。

【哀訴(あいそ)】なげきうったえること。例祖国に帰りたいと哀訴する中国残留婦人。

◉裁判所に申し出る

【起訴(きそ)】検察官が裁判所へ訴訟を起こすこと。例航空機事故が不起訴になる。

【抗告(こうこく)】裁判所の決定・命令に対して、上級の裁判所に不服を申し立てること。例即時抗告の申し立てをする。

【公訴(こうそ)】刑事事件について、検察官が裁判所に起訴状を提出し、裁判を求めること。例公訴を棄却する。

【控訴(こうそ)】第一審の判決に不服があるとき、終審の裁判所に対して審理を求めること。例高等裁判所に控訴する。

【告訴(こくそ)】被害者などが捜査機関に対し犯罪事実を申告して、捜査と訴追を求めること。例検察庁に告訴する。

【告発(こくはつ)】被害者以外の人が捜査機関に対し犯罪事実を申告して、捜査と訴追を求めること。例内部告発により大麻所持が明るみにでる。

【直訴(じきそ)】正式の手続きをふまずに、直接君主や長官に訴えること。例小学生が大統領に直訴する。

【上告(じょうこく)】第二審の判決に不服があるとき、終審の裁判所に対して審理を求めること。例最高裁に上告した。

【上訴(じょうそ)】判決に対する不服を上級裁判所に申し立てること。例上訴を重ねる。

【訴訟(そしょう)】うったえること。裁判所に裁判を請求すること。例相手の対応によっては訴訟も辞さない。

【提訴(ていそ)】訴訟を起こすこと。例人事院に提訴する。

うっとうしい
鬱陶しい

類物憂(ものう)い

【暗澹(あんたん)】先行きの見通しがたたず、暗い気持ちでいるさま。例先を思うと暗澹たる気持ちになる。

【陰鬱(いんうつ)】陰気でうっとうしいこと。例陰鬱な面持ちをしている。

【鬱鬱(うつうつ)】気分がふさいでいるさま。例その日は終始鬱々としていた。

【沈鬱(ちんうつ)】気分が沈みふさぎこむこと。例沈鬱な表情で語り始めた。

【憂鬱(ゆううつ)】気持ちが晴れないこと。例花粉症の人には憂鬱な季節の到来。

うつる
移る

●位置が変わる 類動く

【移住(いじゅう)】よその土地へ移り住むこと。例老後は海外へ移住したい。

【移籍(いせき)】籍を他へ移すこと。例フリーエージェントで念願のチームへ移籍した選手。

【移転(いてん)】位置や住所を移すこと。例店舗改築のため左記に移転しました。

【異動(いどう)】会社などで、地位や勤務が変わること。例人事異動の季節。

【移動(いどう)】位置が変わること。移り動くこと。例キャンピングカーで移動する。

【移民(いみん)】他国に移って住むこと。例ブラジルへ移民する。

【遷都(せんと)】都を他の地に移すこと。例地方への遷都が論議され始める。

【転移（てんい）】病気の場所が移ること。例がんが肺に転移している。

【転出（てんしゅつ）】今いる土地から他の土地へ移り住むこと。例役所で転出証明を発行してもらう。

【転地（てんち）】住む土地を変えること。例転地療養したほうがよい。

【転入（てんにゅう）】他の土地から移ってくること。例他県からの転入者が増える。

【入植（にゅうしょく）】植民地・開拓地に移り住むこと。例北海道へ入植した人々。

◉時が過ぎていく 類変わる

【移行（いこう）】別の状態に移り変わること。例新制度への移行措置。

【推移（すいい）】月日や状態が移り変わること。例病状の推移を見守る。▼「推」は、手で押して動かす意。

【転変（てんぺん）】（すべてのものが）移り変わること。例有為転変は世の習い。

【変遷（へんせん）】時とともに移り変わること。例言葉の変遷をたどる。

【流転（るてん）】たえず移り変わっていくこと。例万物流転。

うながす 促す

類せっつく

【催促（さいそく）】早くするようにとせっつくこと。例原稿を催促する編集者。

【促進（そくしん）】物事がすみやかに運ぶようにうながすこと。例バイオテクノロジーで成長の促進を図る。

【督促（とくそく）】せきたてること。例税務署から督促状がきた。▼「督」は見守り引き締める意。

うぬぼれる 自惚れる ⇩ほこる（誇る）

うばう 奪う

類取る・盗む

【強奪（ごうだつ）】暴力でむりやりに奪い取ること。例三億円強奪事件。

【争奪（そうだつ）】争って奪い取ること。例○○杯争奪戦に参加する。

【奪回（だっかい）】奪いかえすこと。例女王の座の奪回をめざす。

【奪還（だっかん）】奪いかえすこと。例宮殿を反乱軍の手から奪還する。

【奪取（だっしゅ）】力ずくで奪い取ること。例タイトルを奪取したい。

【剝奪（はくだつ）】力ずくで取り上げること。例金メダルを剝奪する。

【略奪（りゃくだつ）】暴力で奪い取ること。例金塊を略奪する。

うまい 1

旨い・甘い・美味い

類おいしい

【甘美（かんび）】甘くておいしいこと。例甘美な果実に思わず手を出す。

【滋味（じみ）】うまい味わい。例滋味あふれた料理でもてなす。

【珍味（ちんみ）】めずらしい味の食べ物。例珍味として評判のホヤ。

【美味（びみ）】飲食物の味がいいこと。例身がしまって美味な冬の魚。

【芳醇（ほうじゅん）】酒の香りが高く。味のよいこと。例芳醇なワインの香り。

うまい 2

巧い

類巧みだ・ナイスだ

【器用（きよう）】細かい仕事がうまいこと。例どんな仕事も器用にこなす。

【巧者（こうしゃ）】物事や技芸がたくみなこと。例相撲巧者で名高い力士。

【巧妙（こうみょう）】非常にたくみなこと。例巧妙な手口で法の網をくぐる。

【上手（じょうず）】物事をするのがたくみなこと。例お世辞が上手になる。

【絶妙（ぜつみょう）】比べるものがないほどたくみなこと。例絶妙なタッチで風景を描く。

【達者（たっしゃ）】ある分野の能力にすぐれていること。例芸達者な脇役である。

【堪能（たんのう）】その道にすぐれていること。例英語・仏語に堪能な帰国子女。

【得意（とくい）】自信があり、熟練していること。例テニスはあまり得意ではない。

【老練（ろうれん）】経験を積んで、物事にたくみなこと。例老練な俳優の存在が大きい。

◉都合がいい　類よい　⇩よい

うまる　埋まる

⇩うめる

◉うずまる　類うずもれる

【埋没（まいぼつ）】うずもれて見えなくなること。例ダムの湖底に埋没した村。

◉いっぱいになる　類満ちる

【満員（まんいん）】いっぱいに人が入っていること。例会場は若いファンで満員となった。

【満席（まんせき）】座席が全部ふさがること。例本日のグリーン車は満席です。

うまれる　生まれる

◉子が生まれる　⇩うむ

【出生（しゅっしょう）】うまれ出ること。例出生率がさらに低下した。

【新生（しんせい）】新しく生まれること。例新生児用の衣類を購入する。

【生誕（せいたん）】生まれること。例キリスト生誕の地。

【誕生（たんじょう）】新しく生まれでること。例双子の女の子が誕生した。

【嫡出（ちゃくしゅつ）】正妻が子供を生むこと。例嫡出子と非嫡出子の差別をなくすべきだ。対庶出（しょしゅつ）

◉事が起こる　類生じる・できる

【生成（せいせい）】（物が）生じること。おこること。例火山が生成するメカニズム。

【発生（はっせい）】おこること。生じること。例オゾンホールが発生した。

うむ　産む

⇩うまれる

◉子をうむ

【安産（あんざん）】無事に出産すること。例水天宮で安産を祈願する。

【産卵（さんらん）】卵をうむこと。例サケが産卵する。

【死産（しざん）】赤ん坊が死んで生まれること。例初めての子は死産だった。

【出産（しゅっさん）】赤ん坊をうむこと。例夫立ち会いで出産する。

【初産（しょさん）】はじめてのお産。例初産の孫に対面する。

【早産（そうざん）】▼「ういざん」とも読む。胎児が月足らずで生まれること。例早産の可能性がある。

【多産（たさん）】赤ん坊をたくさんうむこと。例母の家系は多産である。

【難産（なんざん）】お産のとき、難儀して赤ん坊がなかなか生まれないこと。例母も祖母も難産であったと聞く。

【分娩（ぶんべん）】赤ん坊をうむこと。例分娩室へは歩いて入った。

【流産（りゅうざん）】胎児が七カ月以内に死んで出ること。例不注意から流産した。

◉物を作り出す

【海産（かいさん）】海からとれること。例海産物屋を営んでいる。

【原産（げんさん）】その土地で初めてある種類のものが産出したこと。例茶は中国が原産である。

【減産（げんさん）】生産をへらすこと。例ミカンの減産を迫られる。

【国産（こくさん）】自国で生産されたもの。例国産のレモンは安心して使える。

【再生（さいせい）】もう一度生産すること。例再生紙の利用がなかなか伸びない。

【産出（さんしゅつ）】その土地で作られること。例産出量は多いのに収入が少ない。

【水産（すいさん）】川・海など水中でとれること。例水産加工がさかんなところ。

【生産（せいさん）】必要な品物を作り出すこと。例生産者と消費者が手をつないで流通のむだを省く。

【増産（ぞうさん）】生産額をふやすこと。例輸出用の半導体を増産する。

【特産（とくさん）】そこでしかとれない物。例大分特産のかぼすを使った料理。

【量産（りょうさん）】「大量生産」の略。例量産体制を確立したい。

うめる

埋める

類補う・満たす・カバーする　⇩うまる

【補充（ほじゅう）】足りないものをおぎなうこと。例欠員を補充して定員を満たす。▼「充」は、乳児が成長することを示し、中身が伸長していっぱいになる意を含む。

【補塡（ほてん）】おぎなってうめること。例自腹を切って赤字を補填する。▼「塡」は、すきまにいっぱい詰めて満たす意。

うやまう　敬う

類尊ぶ・崇(あが)める

【畏敬(いけい)】おそれうやまうこと。例民衆に畏敬の念を起こさせる。

【敬愛(けいあい)】うやまい愛すること。例国民に敬愛される政治家はいないといっても過言ではない。

【敬意(けいい)】うやまう気持ち。例ベテランの意見に敬意を表す。

【傾倒(けいとう)】心から尊敬すること。例ビートルズに傾倒した世代。

【敬服(けいふく)】うやまい従うこと。例彼の行為は敬服に値する。

【私淑(ししゅく)】ある人をひそかにうやまい手本とすること。例父の私淑する師。▼「淑」は、控えめで清らかな意。

【心酔(しんすい)】心から尊敬すること。例新党の党首に心酔している。

【崇拝(すうはい)】あがめうやまうこと。例打撃の神様として崇拝された。

【尊敬(そんけい)】とうとんでうやまうこと。例尊敬する人物の志を継ぐ。

うらぎる　裏切る

類背く

【違約(いやく)】約束をたがえること。例違約金を請求する。

【背信(はいしん)】信頼にそむくこと。例彼の背信行為を許さない。

【背反(はいはん)】そむくこと。例命令に背反する。

【謀反(むほん)】家来が主君にそむき、挙兵すること。例腹心の部下が謀反を起こす。▼「謀叛」とも。

うりだす　売り出す

【発売(はつばい)】売り出すこと。例ただ今、好評発売中。

【放出(ほうしゅつ)】手持ちの品物を一度にだすこと。例閉店のため在庫を大放出します。

うる
売る

◉品物を渡す代わりに代金を受け取る

【競売（きょうばい）】 買い手に値をつけさせ、いちばん高い値段の人に売ること。例競売にかけられた名画を落札する。▼法律では「けいばい」と読む。「けい」は「競」の漢音。

【市販（しはん）】 店で売ること。例市販されていない薬を手に入れる。

【専売（せんばい）】 一手に売ること。例専売される商品は限られている。

【即売（そくばい）】 展示した品をその場で売ること。例和服の展示即売会に出かける。

【直売（ちょくばい）】 生産者が直接売ること。例野菜を直売している農家。

【転売（てんばい）】 買った物をまた他に売ること。例土地の転売で儲けた不動産屋。

【特売（とくばい）】 特別に安く売ること。例直輸入品の特売コーナーがこんでいる。

【売却（ばいきゃく）】 売りはらうこと。例売却済みの絵に印をつける。

【販売（はんばい）】 売りさばくこと。例酒類を販売するには許可がいる。

【密売（みつばい）】 ひそかに売ること。例覚醒剤の密売で逮捕される。

【廉売（れんばい）】 安売り。値段を安くして売ること。例店じまいで廉売している。

◉名を世間に広める

【売名（ばいめい）】 名前を広めようと努めること。例売名行為を軽蔑する。

うるさい
煩い・五月蝿い

◉音がやかましい 類騒がしい・やかましい・騒騒しい

【喧噪（けんそう）】 やかましいこと。例都会の喧噪に疲れる。

【騒然（そうぜん）】 おおぜいがうるさくすること。例教師不在で騒然としている教室。

◉わずらわしい 類いやだ

【煩累（はんるい）】 わずらわしくうるさいこと。例周囲に煩累を及ぼす。

【面倒（めんどう）】 わずらわしく手数がかかること。例面倒なことに巻き込まれた。

えがく　描く

【写実（しゃじつ）】実際のままにうつすこと。例写実に徹した作風。

【写生（しゃせい）】事物・景色を見てありのままにうつし取ること。例残雪の山々を写生する。

【素描（そびょう）】だいたいのところを、ざっとえがくこと。デッサン。例人物を素描するのが得意だ。

【点描（てんびょう）】人や物事の特徴を簡単にえがくこと。例銀座の歴史を点描する。

【描写（びょうしゃ）】あるがままの姿をえがきうつすこと。例裁判の様子を描写する。

【描出（びょうしゅつ）】えがき出すこと。例都会人の孤独を描出した小説。

【模写（もしゃ）】あるものをまねてうつすこと。例館内で作品を模写することを禁じる。▼「摸写」とも。

えらい　偉い

【偉大（いだい）】すぐれてりっぱなこと。例偉大な人物として教科書に載る。

【高邁（こうまい）】けだかくすぐれていること。例高邁な理想を掲げる。▼「邁」は、どんどん勇ましく進む意。

【崇高（すうこう）】けだかくて、とうといこと。例崇高な精神に支えられた活動。▼「崇」は、山型に高い有様から、高く仰ぐ意。

えらぶ　選ぶ

類選（え）る・セレクトする・選（よ）る

【改選（かいせん）】あらためて選挙すること。例議員の半数は改選される。

【厳選（げんせん）】厳しい判断基準をもとにえらぶこと。例厳選された食材で料理をつくる。

【公選（こうせん）】国民または、住民の投票によって選挙すること。例首相も公選制にすべきだ。

【互選（ごせん）】おたがいの中からえらぶこと。例議長を委員の中から互選する。

【再選（さいせん）】同じ人を再びえらび出すこと。例県知事に再選される。

【自選（じせん）】自分の作品をえらぶこと。例自選した作品を詩集にする。

【人選（じんせん）】適当な人材をえらび出すこと。例人選を誤り、企画は失敗に終わった。

【精選（せいせん）】念入りによいものをえらぶこと。例頻出問題ばかりを精選した。

【選挙（せんきょ）】投票して、多人数の中からえらぶこと。例生徒会役員を選挙する。

【選考（せんこう）】よく調べて適任者やすぐれた作品をえらぶこと。例アカデミー賞を選考する。

【選出（せんしゅつ）】えらびだすこと。例福島県民に選出された代議士。

【選択（せんたく）】適当なものをえらぶこと。例日本史か世界史を選択する。

【選定（せんてい）】えらんで決めること。例夏休みの課題図書に選定された。

【選抜（せんばつ）】多くの中からえらびぬくこと。例各学年から選抜されたリレー選手。

【択一（たくいつ）】二つ以上のものの中から、一つをえらぶこと。例仕事と結婚の二者択一を迫られる。

【抽選（ちゅうせん）】くじびきによってえらぶこと。例抽選で三百名様にプレゼント。

【特選（とくせん）】特にすぐれているとしてえらぶこと。例特選品フェアを開催する。

【予選（よせん）】次の選別のためにあらかじめえらぶこと。例予選で敗退するとは番狂わせだ。

える
得る

類つかむ

【獲得（かくとく）】手に入れること。例巨額の優勝賞金を獲得する。

【既得（きとく）】すでに手に入れていること。例既得権を行使する。

【収得（しゅうとく）】自分のものとすること。例株式を収得する。

【取得（しゅとく）】自分の所有とすること。例調理士の免許を取得したい。

【所得（しょとく）】自分の所有となること。また、収入。例不労所得への課税は重い。

えんじる
演じる

【客演（きゃくえん）】よその劇団やオーケストラに招かれて演

じること。例名ピアニストの客演。

【共演（きょうえん）】共に演じること。例人気スターが共演する。

【好演（こうえん）】よく演じること。例まれにみる好演に、拍手が鳴りやまない。

【実演（じつえん）】実際に演じてみせること。例料理を実演する。

【主演（しゅえん）】主役を演じること。例新人に主演させる。

【出演（しゅつえん）】映画や舞台などに出て演じること。例初めて映画に出演する。

【助演（じょえん）】わき役を演じること。例助演のベテラン俳優。

【独演（どくえん）】ひとりで演じること。例落語家の独演会。

【熱演（ねつえん）】熱心に演じること。例声が枯れんばかりの熱演ぶり。

【来演（らいえん）】その土地に来て演じること。例ひさびさの来演。

【力演（りきえん）】力をこめて演じること。例主役の力演にひきこまれる。

おいしい 美味しい ⇩うまい

おう I
追う

◉先にある目標物の後をたどる、ついていく 類追いかける・つける

【急追（きゅうつい）】急いでおいかけること。例パトカーが暴走族を急追した。

【追随（ついずい）】追いしたがうこと。例他社の追随を許さない。▼「随」は、時勢や成り行きに従って進む意。

【追跡（ついせき）】あとをおうこと。例不審な車を追跡する。

【追走（ついそう）】追いかけて走ること。例ランナーを追走する中継車。

【尾行（びこう）】あとをつけること。例気づかれずにうまく尾行する。

◉相手に近づいてそれを追い払う 類追い出す

【追放（ついほう）】しめだすこと。例麻薬所持で国外に追放される。

【放逐（ほうちく）】一定の地域や組織から追い払うこと。例不良運転手を放逐する。▼「逐」は、追いつめる意。

おう[2] 負う

類引き受ける・担(にな)う・持つ

【負荷(ふか)】任務を負うこと。荷物をかつぐこと。例負荷が重すぎる。

【負担(ふたん)】荷物・義務をもつこと。例費用の一部を負担する。

おうじる 応じる

類応(こた)える

【呼応(こおう)】片方が呼べばもう一方がこたえること。例「こそ」は已然形と呼応する。

【順応(じゅんのう)】まわりの状況に応じて変わること。例順応性の高い植物。

【対応(たいおう)】それぞれの場合に応じて変わること。例各国の対応が注目される。

【適応(てきおう)】まわりに適したように変わること。例深海に適応した魚。

おおい 多い

【過多(かた)】多すぎること。例コレステロール過多で注意される。

【最多(さいた)】もっとも多いこと。例幕内最多優勝を記録する。

【沢山(たくさん)】数や量が多いこと。例今の時代に子沢山は珍しい。

【多数(たすう)】数が多いこと。例火砕流災害で多数の死者が出た。

【多多(たた)】たくさんあること。例腹の立つことは多々ある。

【多大(ただい)】きわめて多いこと。例株の暴落で多大な痛手を受けた。

【多分(たぶん)】量の多いこと。例多分のお心遣いをいただいた。

【莫大(ばくだい)】数や量が、比べるものがないほど多いこと。例莫大な遺産を手にする。

【無尽(むじん)】つきることがないこと。例地球の資源は無尽蔵ではない。

【無数(むすう)】数えきれないほど多いこと。例無数のガン細胞にむしばまれる。

おおきい 大きい

◉形が大きい

【大形(おおがた)】形の大きいこと。例大形のポスターを部屋に貼る。

【大型(おおがた)】型が大きいこと。例大型バスをチャーターする。

【巨大(きょだい)】はるかに大きいこと。例巨大な遺跡が発掘された。▼「巨」は、両端が隔たっているさまを表す。

【広大(こうだい)】広く大きいこと。例広大な原野。

【最大(さいだい)】最も大きいこと。例アジアで最大のデパート。

【壮大(そうだい)】大きくてりっぱな様子。例壮大なスケールの映画セット。▼「壮」は、堂々としたさまを表す。

【大規模(だいきぼ)】規模の大きいこと。例大規模な調査を行う。

【特大(とくだい)】特別に大きいこと。例特大のポスターを貼る。

【雄大(ゆうだい)】大きくてすばらしい様子。例雄大な景色に圧倒される。▼「雄」は、肩を張って威勢のよいさまを表す。

◉程度が甚だしい

【一大(いちだい)】一つの大きなこと。例結婚は人生の一大イベントだ。

【遠大(えんだい)】計画などの規模が大きく、先々の見通しがたっていること。例遠大な志を抱く。

【過大(かだい)】実際より大きすぎること。例彼を過大評価するな。

【最大(さいだい)】最も程度が大きいこと。例観測史上最大の地震。

【重大(じゅうだい)】大変重要なこと。例重大な問題に直面する。

【甚大(じんだい)】程度が甚だしく大きいこと。例長雨で作物は甚大な被害を受けた。

【絶大(ぜつだい)】とびぬけて大きいこと。例彼は皆からの絶大な信頼を得ている。▼「絶」には、非常にの意がある。

【大大的(だいだいてき)】おおがかりなこと。例店内を大々的に改造する。

【超弩級(ちょうどきゅう)】並外れて大きいこと。例超弩級の台風がやってくる。

◉数が多い

【最大（さいだい）】 数が最も大きいこと。例最大公約数を求めよ。

【莫大（ばくだい）】 それ以上に大きいものはないこと。例莫大な借金をかかえている会社。▼「莫」は、太陽の光がくさむらに隠されるさまを示す。隠れて見えないことから、「ない」という否定を表す。

【膨大（ぼうだい）】 量がふくれあがって多いこと。例膨大な資料に目を通す。▼「膨」は、太鼓が張るように肉体がふくれるさまを表す。

おかしい

【異様（いよう）】 他と違って、変わったようす。例一瞬、異様な雰囲気になった。

【奇異（きい）】 変わったようす。例彼女の言動を奇異に感じた。

【奇抜（きばつ）】 他とひどく違っていること。例彼女の奇抜な装いは人目をひいた。

【奇妙（きみょう）】 ふつうとは異なっているさま。例奇妙な

声を聞いた。

【珍妙（ちんみょう）】 どことなく風変わりなこと。例忘年会で珍妙な腹芸を披露した。

【不思議（ふしぎ）】 どう考えても分からないこと。例彼は昨日から不思議な行動をとっている。

【変（へん）】 おかしいこと。普通でないこと。例音が大きくて頭が変になりそうだ。

【妙（みょう）】 おかしいこと。不思議。例連夜、妙な夢を見る。

おかす I 犯す

◉（人の道に反して）罪科になることをする

【共犯（きょうはん）】 二人以上の人間が一緒に罪をおかす。例共犯者がいるかどうか調べる。

【再犯（さいはん）】 前に一度罪をおかした者が、また罪をおかすこと。例仮釈放中に再犯で逮捕される。

【初犯（しょはん）】 はじめて罪をおかすこと。例初犯なので、すぐに釈放された。

【知能犯（ちのうはん）】 詐欺・横領など、ずるく立ち回って行う犯罪。例これは知能犯のしわざだ。

【犯行（はんこう）】犯罪となる行為。例内部事情に詳しい者の犯行と断定する。

【犯罪（はんざい）】法律にそむいた行為。例未成年の犯罪が増えている。

◉女性に対して暴力的に肉体関係を結ぶ

【強姦（ごうかん）】暴力で女性をおかすこと。例強姦する目的で犯人は侵入した。対和姦

【暴行（ぼうこう）】暴力を加えること。例婦女暴行。

おかす[2] 侵す

【蹂躙（じゅうりん）】暴力や金の力で、他人の権利をふみにじること。例人権蹂躙に怒る。▼「蹂」「躙」はともに、ふみにじる意。

【侵害（しんがい）】相手の利益や権利を、不当におかして害を与えること。例著作権の侵害で訴えられた。

【侵攻（しんこう）】敵国の土地に攻め入ること。例敵国の植民地に侵攻する。

【侵食（しんしょく）】他人の土地や物をおかし、くいこむこと。例隣国の市場を侵食する。

【侵入（しんにゅう）】不法に他人の物や土地に入りこむこと。例コンピュータウイルスが侵入する。

【侵犯（しんぱん）】他の権利・領土などをうばい、損害を与えること。例領空侵犯の疑いで、調査が始まった。

【侵略（しんりゃく）】他の国に攻め入り、領土を奪うこと。例侵略か侵攻か、記述に慎重になる。▼「略」は、田畑を区切る意。

おがむ 拝む

◉（神仏に）礼拝する

【合掌（がっしょう）】手を合わせておがむこと。例死体を前にして思わず合掌する。

【参拝（さんぱい）】神社や寺にお参りすること。例武蔵野御陵に参拝する一行。

【拝礼（はいれい）】神や仏をおがむこと。例神前でうやうやしく拝礼する老人。

【礼拝（れいはい）】キリスト教で、神をおがむこと。例礼拝堂で静かに祈る。

◉「見る」の謙譲語

【拝観（はいかん）】神社仏閣や、また、そこの宝物を見せてもらうこと。例国宝を拝観する。

【拝見（はいけん）】見せてもらうこと。例お手紙拝見いたしました。

おぎなう　補う

類埋める・カバーする

【増補（ぞうほ）】以前のものの不十分なところをおぎなうこと。例改訂増補版が十年ぶりに出た。

【補遺（いほ）】書きもらしを、あとでおぎなうこと。例辞書の補遺を作る。

【補給（ほきゅう）】不足しているものをおぎなうこと。例疲労が激しいので、水分を補給する。

【補欠（ほけつ）】欠員をおぎなうこと。例補欠でも合格には違いない。

【補充（ほじゅう）】不足しているものをみたすこと。例欠員を公募して補充する。

【補助（ほじょ）】不足をおぎない助けること。例結婚資金を親に補助してもらう。

【補償（ほしょう）】損害をつぐなうこと。例事故にあった遺族に補償金を払う。

【補正（ほせい）】十分でないところをあとで訂正すること。例補正予算案を提出する。

【補足（ほそく）】つけ足しおぎなうこと。例補足説明しないと分かりにくい。

【補填（ほてん）】不足している部分をそれでおぎなうこと。例赤字を臨時収入で補填する。類塡補（てんぽ）

おきる　起きる

◉目を覚ます

【起床（きしょう）】目をさまし、床からおきること。例毎朝六時に起床する。

◉ある物事が生じる　類発する

【偶発（ぐうはつ）】偶然おきること。例類似した事故が各地で偶発する。

【群発（ぐんぱつ）】（地震が）一定の期間次々とおこること。例今回の群発性地震の原因を調査する。

【再燃（さいねん）】一度おさまったものがまた問題になること。例民主化運動が再燃する。

【再発（さいはつ）】治っていた病気などがまたおきること。例発作が再発すると危険だ。

【出来（しゅったい）】あるできごとがおきること。例大事件出来。

【生起（せいき）】事件などがおきること。例宗教問題から争乱が生起した。

【続発（ぞくはつ）】続けておきること。例雪によるスリップ事故が続発する。

【多発（たはつ）】多く発生すること。例この交差点は右折事故が多発している。

【突発（とっぱつ）】突然おきること。例突発的な症状に驚く。

【派生（はせい）】もとから分かれて生じること。例災害をきっかけに新しい問題が派生した。

【発祥（はっしょう）】初めておきること。例黄河文明発祥の地を訪ねる。▼「祥」は、神の意向が姿や形にあらわれる意。

【発生（はっせい）】好ましくない事件や事故がおきること。例爆発事故が発生して避難する。

【頻発（ひんぱつ）】事件などが何度もおきること。例ひき逃げ事故が頻発する。

【併発（へいはつ）】二つ以上のことが同時におきること。例風邪から肺炎を併発する。

【勃発（ぼっぱつ）】急におきること。例湾岸戦争が勃発した。▼「勃」は、押し開いて頭を出す意。

【連発（れんぱつ）】つぎつぎにおきること。例事故が連発する。

おく 置く

【安置（あんち）】神仏の像・宝物などを決まった場所におくこと。例遺体を近くの寺に安置する。

【常設（じょうせつ）】いつも設けていること。例常設展のコーナーは奥にある。

【設置（せっち）】設備や機関をおくこと。例スプリンクラーを設置する。

【定置（ていち）】定まった場所におくこと。例定置網漁船。

【倒置（とうち）】強調するために、語の順序を入れかえること。例主語と述語を倒置する。

【配置（はいち）】地位・場所に人や物をおくこと。例閑職へ配置転換を言い渡される。

【放置（ほうち）】おいたままにすること。例道端に自転車を放置する。

おくる I 送る

◉**目指す場所に届くようにする** 類出す

【移送（いそう）】ある場所から他の場所へ移し送ること。例証拠品を管轄署に移送する。

【回送かいそう】車などが、車庫に戻るためにからのまま走ること。例回送電車がホームに停車している。

【護送ごそう】大金や犯人などにつきそい見張りながら送り届ける、移動すること。例容疑者を護送する。

【送金そうきん】お金を送ること。例電信扱いで送金する。

【送電そうでん】電気を送ること。例豪雪の影響で送電線が切断された。

【送付そうふ】書類や品物を送り届けること。例履歴書を指定日までに送付する。

【送風そうふう】風を送ること。例送風装置を設備する。

【直送ちょくそう】直接相手に送ること。例産地直送の新鮮なカニ。

【転送てんそう】受け取ったものをそのまま他に送ること。例引っ越し先に転送を申し出る。

【配送はいそう】品物の配達と発送をすること。例お中元の時期は、配送所が多忙をきわめる。

【発送はっそう】荷物や郵便物を送ること。例招待状を発送する。

【別送べっそう】別にして送ること。例われものは別送します。

【返送へんそう】送りかえすこと。例誤配された手紙を返送する。

【郵送ゆうそう】郵便で送ること。例書類を自宅宛に郵送してもらう。

◉行かせる

【特派とくは】類遣つかわす・遣やる 特別に派遣すること。例海外特派員を希望する。

【派遣はけん】命令で、ある場所へ出かけること。例災害救助隊を派遣する。

【派出はしゅつ】仕事のために他の場所へ出向かせること。例派出所に立つ警察官。

◉見送る

【歓送かんそう】出発を祝い送りだすこと。例盛大に歓送会を催す。

【壮行そうこう】出発する人をはげまし見送ること。例壮行会で健闘を祈る。

【送別そうべつ】転任・旅行する人を見送ること。例送別の辞を述べる。

おくる[2]

贈る ⇩あげる1

おくれる 遅れる

類滞る・愚図つく

【延滞（えんたい）】税金などの支払いが期日を過ぎても払われないこと。例延滞すると利息が高くつく。

【遅延（ちえん）】完成や終了がおくれること。例終演時刻が遅延している。

【遅刻（ちこく）】定まった時刻におくれること。例遅刻すると罰則がある。

【停滞（ていたい）】進行がうまくゆかず、もたもたすること。例作業が停滞している。

おこす 起こす

◉新しく事を発する 類生じる

【触発（しょくはつ）】あることに刺激されて行動をおこすこと。例師の一言に触発された。

【併発（へいはつ）】あわせておこすこと。例腹膜炎を併発している。

【蜂起（ほうき）】多くの者が暴動・反乱をおこすこと。例武装蜂起した学生が広場に集まる。

【発起（ほっき）】何人かで行動をおこすこと。例サークルの発起人となる。

【誘発（ゆうはつ）】あることがきっかけで、他のことがおこること。例武力紛争を誘発した一件。

◉土を掘りかえす 類耕す

【耕運（こううん）】田をたがやし、草をとること。例耕運機で能率を上げる。▼「耕耘」とも書く。

おごそか 厳か

類いかめしい

【厳粛（げんしゅく）】まじめな雰囲気のさま。例教会でひざまずくと厳粛な気持ちになる。▼「厳」は、いかつい言葉でやかましく取り締まる意。

【厳然（げんぜん）】きびしいさま。例厳然たる態度で訴えを退けた。

【粛然（しゅくぜん）】つつしんだ気持ちで静まりかえるさま。例粛然として襟を正す。▼「粛」は、心の引き締まるさま。

【森厳（しんげん）】おごそかでいかめしいさま。例森厳な奥ノ院の境内。▼「森」は、こんもりと暗いさま。

【荘厳そうごん】宗教的な建物などが、人に感動を与えるさま。例数百年間、荘厳さを保つ教会。

【荘重そうちょう】重々しく強い感動を与えるさま。例荘重な音楽が会場をつつむ。▼「荘」は、形が整って勢いが盛んである意。

おこなう 行う

類する・やる

【開催かいさい】催しや会合を開くこと。例冬季五輪が長野で開催される。

【強行きょうこう】無理を押し通して強引に行うこと。例野党の反対を押し切って強行採決した。

【挙行きょこう】行事・儀式をおこなうこと。例表彰式は予定通り挙行された。

【挙式きょしき】結婚式をおこなうこと。例挙式の日取りを相談する。

【決行けっこう】予定通りにおこなうこと。例雨天でも大会は決行する。

【兼行けんこう】①夜も昼も急いで仕上げること。例昼夜兼行で働いて仕送りする。②二つ以上のことを一人でやること。例一身兼行。

【現行げんこう】現在おこなわれていること。例制度として今おこなわれていること。例現行の規則では取り締まれない。

【施行しこう】実際におこなうこと。例法律を施行する。▼「せこう」とも。

【執行しっこう】とりおこなうこと。例刑の執行を三年猶予された。

【実行じっこう】実際におこなうこと。例実行力のある若者。

【実施じっし】実際にやること。例謝恩セール実施中です。

【実践じっせん】自分で実際に行動すること。例理論よりも実践だ。

【先行せんこう】先におこなうこと。例時流に先行する芸術。

【潜行せんこう】人の目にふれないように行動すること。例ゲリラは地下に潜行しているようだ。

【代行だいこう】かわりにおこなうこと。例業務を代行する会社ができた。

【断行だんこう】どんなことがあってもおこなうこと。例私はあくまで所信を断行する。

【並行へいこう】同時におこなわれること。例体育館では二種目を並行している。

【履行(りこう)】約束どおりにやること。例契約不履行で慰謝料を払う。▼「履」は、おもむろに踏み歩く意。

【励行(れいこう)】約束や規律を守るように努力すること。例乾布摩擦を励行する。

おこる 興る

類立ち上がる・もたげる

【興隆(こうりゅう)】勢いがあり栄えること。例大英帝国が興隆した時代。▼「興」は、四本の手で一緒に持ち上げる意。

【再興(さいこう)】一度衰えたものが、ふたたび盛んになること。例劇団の再興を誓う。

【新興(しんこう)】あたらしくおこること。例新興宗教に入信する。

【台頭(たいとう)】勢力を増してくること。例軍国主義が台頭する。

【復興(ふっこう)】いったん衰退したものが、またおこること。例戦後の日本の復興には目を見張るものがある。

【勃興(ぼっこう)】急激に盛んになること。例新勢力が勃興する。

おさえる 抑える

類圧する・セーブする

【圧迫(あっぱく)】強い力でおさえること。例黒人を圧迫する人種差別政策。

【威圧(いあつ)】威力でおさえつけること。例威圧的な態度で応対する。

【自制(じせい)】自己をおさえること。例自制心を失った若者の犯行。▼「制」は、はみ出るところを切り捨てる意。

【制圧(せいあつ)】強い力で相手をおさえること。例民主化運動を制圧した政府。

【節制(せっせい)】食欲を抑え、飲酒・喫煙などをひかえること。例節制した生活こそ長生きの秘訣(ひけつ)である。

【弾圧(だんあつ)】武力などで反対勢力をおさえつけること。例経営側が組合運動を弾圧する。▼「弾」は、弦をはじく意から、悪事等をあばきたてる意。

【抑圧よくあつ】意識・行動などをおさえつけること。例自由な発言を抑圧する風潮が心配だ。

【抑止よくし】そうならないようにおさえること。例核保有は抑止力になるか。

【抑制よくせい】勢いをおさえ、ある限界を越えないよう、勢いをおさえること。例これ以上の円高は抑制すべきだ。

おさない 幼い

【年少ねんしょう】年がいかないこと。例年少ながら礼儀正しい子供。

●年端としはもいかない 類稚いとけない

【幼少ようしょう】まだまだおさないこと。例彼は幼少時代を施設で過ごした。

【未熟みじゅく】十分でないこと。一人前でないこと。例人間が未熟ゆえ、不快感を隠せない。

●未熟である 類青い

【幼稚ようち】考えや、行動がおさないこと。例大学生にしては発想が幼稚すぎる。

おさまる 収まる

【収拾しゅうしゅう】手のつけられない状態を、うまくまとめること。例弁護士が仲介して問題は収拾した。

【収束しゅうそく】分かれていたものがまとまること。例事態は収束しつつある。

おさめるI 収める

【収拾しゅうしゅう】混乱した状態を片づけること。例現場の混乱を収拾するのに手間取る。

●乱れを整える

【収納しゅうのう】物を片づけること。例押し入れ収納のコツ。▼「収」は、散在しているものを一か所に集める意。「納」は、入れるべきところに入れ込む意。

●しまう 類入れる

【収容しゅうよう】人や物を施設に入れること。例五千人を収容する会場。

【収録しゅうろく】①書籍・雑誌に記事としてのせること。

例今月号に特集として収録する。②実際に行われている所で録画したり録音すること。例郷土芸能をビデオに収録した。

おさめる[2] 治める

●ある区域の行政を統率安定させる 類牛耳(ぎゅうじ)る・統(す)べる

【管轄(かんかつ)】国の期間の権限によって支配すること。例管轄外だと取り合わない役所。▼「轄」は、車輪をおさえとめるくさびの意。とりしまること。

【管理(かんり)】うまく運営がいくように気をつけ心をくだくこと。例マンションの管理組合。

【君臨(くんりん)】君主として国をおさめること。例財界に長く君臨する長老。

【支配(しはい)】上にたち、思いどおりに動かすこと。例長いこと白人に支配されてきたアフリカの国々。

【治世(ちせい)】君主として世を治めること。例徳川幕府が三百年間治世し続けた。

【統轄(とうかつ)】中心にあり、一つにまとめること。例美術部門を統轄する。

【統御(とうぎょ)】力で全体をまとめ、思いどおりに動かすこと。例各支店のオンラインを統御する。

【統帥(とうすい)】すべての軍隊を指揮すること。例連合艦隊の統帥権を与えられる。

【統治(とうち)】主権者が国や人々を支配すること。例イギリスに統治されていたアジアの国。

●乱れを収束・安定させる 類平らげる

【鎮圧(ちんあつ)】騒ぎや乱をしずめること。例デモ隊は機動隊に鎮圧された。

【鎮痛(ちんつう)】痛みをやわらげ抑えること。例鎮痛剤を投与する。

【平定(へいてい)】賊などを武力で服従させること。例木曽義仲は北陸地方を平定した。

おさめる[3] 修める

●行いを正しくする 類養う

【修道(しゅうどう)】宗教の修行をすること。例修道女となる決意をする。▼「修」は、学問・技芸などを自分のものとして形を整える意。

【修養(しゅうよう)】学問をおさめ、精神をきたえて人格を高めること。例精神修養のため、座禅を組む。

【修行しゅぎょう】仏教僧が悟りを得るために苦行をすること。例修行僧に出会う。

●学芸を身につける 類マスターする

【研修けんしゅう】その道に必要な技能や知識を身につけるために特別に勉強すること。例海外研修を命じられる。

【修学しゅうがく】知識を習うこと。例修学を目的として来日する。

【修業しゅうぎょう】ある課程の学業や技芸を習い、身につけること。例修業証書を手にする。

【修得しゅうとく】習いおぼえること。例必要な単位を一年間で修得した。

【修行しゅぎょう】学問・技芸などをみがくために努力すること。例十年修行してようやく一人前だ。武者修行。

【修業しゅぎょう】学問や技術を身につけること。例板前修業。花嫁修業。

【専修せんしゅう】あることだけに限って研究すること。例専修学校に進学する。

【必修ひっしゅう】かならず履修しなければならないこと。例国文法は必修科目である。

【履修りしゅう】規定の科目や課程を学び終えること。例三十二単位を履修する。

おさめる[4] 納める

●しかるべき場所にしまう 類入れる

【格納かくのう】倉庫に物をしまうこと。例弾薬は格納庫にある。

【収納しゅうのう】物を棚や押し入れなどに入れておくこと。例洋服を収納する場所がない。

【納棺のうかん】棺箱に遺体をおさめること。例しめやかに納棺の儀をとり行う。

●金品を受け取る ⇨うけとる

●受け取り手のもとに渡す

【完納かんのう】おさめるべき金品を全部おさめること。例今年度の会費を完納した。

【全納ぜんのう】全額おさめること。例保険料を全納した。

【前納ぜんのう】前もっておさめること。例駐車場の料金を二年分前納した。

【滞納たいのう】おさめるべき金を支払わないこと。例学費を滞納して、呼び出される。

【納入のうにゅう】役所などに金品をおさめること。例市民税を納入する。

【納品（のうひん）】品物をおさめること。例それはすでに納品してあるはずだ。

【納付（のうふ）】役所にお金を払うこと。例納付書を再発行してもらう。

【別納（べつのう）】ふつうと違って別におさめること。例料金別納郵便の扱いにしてもらう。

【奉納（ほうのう）】神仏にそなえる意で舞や踊りなどをすること。例奉納相撲を催す。

おしえる 教える

●自分の知識を伝えてのみこませる・人を同化する

類導く・コーチする

【教育（きょういく）】教えはぐくむこと。例日本語を教育する資格。

【教示（きょうじ）】わかりやすく教えること。例具体的な方法を教示する。

【教授（きょうじゅ）】学問・技を教えること。例個人教授を依頼する。

【指導（しどう）】直接教えること。例自分で考えるように指導する。

【指南（しなん）】知識が身につくように教えること。例剣術を指南する役目。

【伝授（でんじゅ）】伝え教えること。例わが家の味を娘に伝授する。

●そそのかす

【教唆（きょうさ）】人に悪事をはたらくようにそそのかすこと。例未成年者を教唆して非行に走らせた。▼「唆」は、他人にけしかける意。

おしはかる 推し量る

類察する

【憶測（おくそく）】あてずっぽうにおしはかること。例憶測でものを言ってはならない。▼「憶」は、口に出さずに心の内に思いを積んでおく意。「臆」とも書く。

【邪推（じゃすい）】ひがんで悪いようにおしはかること。例二人の仲を邪推する。▼「邪」はくい違いの意。

【推察（すいさつ）】事情などをおしはかり察すること。例相手の事情を推察する。▼「察」はすみずみまで目をきかす意。

【推測（すいそく）】知っていることをもとにしておしはかること。例この考えはまだ推測の域を出ていない。

【推定（すいてい）】分かっていることをもとにおしはかって決めること。例この松は樹齢百年と推定される。

【推理（すいり）】分かっていることから新たな事実を導き出すこと。例事件の謎を推理する番組が毎日のように続いた。

【推量（すいりょう）】おしはかること。例当て推量でものを言うな。

【推論（すいろん）】おしはかり、論を進めること。例事実から推論してみよう。

【忖度（そんたく）】人の心情をおしはかること。例こちらの気持ちなど全く忖度してくれない。
▼「忖」は、指で長さをはかるように、相手の気持ちを思いやること。

【拝察（はいさつ）】察すること。▽謙譲語。例心中拝察いたします。

【明察（めいさつ）】ずばりと察すること。尊敬語としても使う。例ご明察恐れ入ります。

【類推（るいすい）】似たものからおしはかること。例自分の経験から類推する。

おしむ 惜しむ

【愛惜（あいせき）】別れたくない気持ちが強いこと。例長く住んだ家に愛惜の念がわく。

【惜別（せきべつ）】別れをおしむこと。例恋人への惜別の情を歌う。

【痛惜（つうせき）】心から残念だと思うこと。例日本の過去の行為を痛惜する。

おそう 襲う

【奇襲（きしゅう）】不意に相手をねらうこと。例奇襲作戦に驚く。

【急襲（きゅうしゅう）】思いがけず急におそうこと。例敵陣営を背後から急襲する。

【空襲（くうしゅう）】航空機から爆弾などを投下すること。例空襲で町は火の海と化す。

【襲撃（しゅうげき）】不意に敵をせめること。例夜明けを待たずに敵を襲撃する。

【襲来（しゅうらい）】天災や敵がおそってくること。例この付近一帯を竜巻が襲来した。

参考「襲」には、家来や地位をそっくり引き継ぐ意もあり、「世襲・襲名・踏襲」などを造語する。

おそれる　恐れる

●危険を前もって心配し、警戒する　類怖がる

【危惧(きぐ)】将来のことなどをあれこれ心配すること。例軍国主義の台頭を危惧する。

【恐怖(きょうふ)】自分に災難がふりかかると不安に思うこと。例彼は高所恐怖症である。

【憂慮(ゆうりょ)】重大なことになるのを心配すること。例日本の将来を憂慮する。

●うやまい、つつしむ

【畏怖(いふ)】こわくてそばに寄れないこと。例神を畏怖する。

【恐縮(きょうしゅく)】厚意を申し訳なく思うこと。例お手紙いただき、恐縮です。

おそろしい　恐ろしい

類怖い・おっかない

【険悪(けんあく)】何か不吉なことがおこりそうなようす。例両者の間に険悪な空気が漂う。

【不気味(ぶきみ)】気味が悪いようす。例静かすぎて不気味でさえある。▼「無気味」とも書く。

おだやかだ　穏やかだ

●静かで落ちついている　類安らかだ・つつがない

【安泰(あんたい)】国などが落ちついて無事であること。例国家が安泰であることを願う。

【安穏(あんのん)】おだやかで平和なさま。例何の心配事もなく安穏に暮らす。

【平安(へいあん)】何事もなくおだやかなこと。例戦争が終わって平安な日々を迎える。

【平穏(へいおん)】何事もおきずに静かなようす。例一家が平穏無事に暮らす。

【平静(へいせい)】いつもと同じように落ち着いていること。例心を平静に保つのに苦労した。

おちつく 落ち着く

●穏当である 類おとなしい・丸い

【円満（えんまん）】波風が立たず、うまくいくようす。例事件は円満に解決した。

【穏健（おんけん）】極端でなくて、しっかりしていること。例彼は党内でも穏健で通っている。

【温厚（おんこう）】まじめでおだやかなさま。例彼の温厚な人柄を評価する。

【穏便（おんびん）】波風を立てず、おだやかなさま。例穏便に事を済ませてほしい。▼「便」には角張らないの意がある。

【温和（おんわ）】気温や性格がおだやかなさま。例温和な気候に心ものんびりする。▼「温」は、中に熱がこもるようにあたたかい意。

【穏和（おんわ）】性格がおだやかなさま。例彼は穏和なので好かれる。▼「穏」は、感情などを外に出さない意。

【柔和（にゅうわ）】やさしくおだやかなさま。例引退してからは柔和な顔つきになった。

●住居を定める

【安住（あんじゅう）】心配事もなく、そこに住まうこと。例与えられた地位に安住している。

【定住（ていじゅう）】一定の場所に住まうこと。例ようやく故郷に定住する気になった。

●しかるべく落着する 類帰する

【帰結（きけつ）】いろいろの過程などを経て結論に達すること。例紆余曲折を経て、ようやく議論は帰結した。

【帰着（きちゃく）】いろいろな経過をたどりそこに行きつくこと。例それは結局、金の問題に帰着する。

【決着（けっちゃく）】ものごとのきまりがつくこと。例犯人逮捕で一連の事件が決着する。

【沈静（ちんせい）】落ち着いて静かになること。例インフレが沈静にむかう。

【落着（らくちゃく）】ものごとのけりがつくこと。例これにて一件落着。もめごともようやく落着した。⇩かたづける

●気性・態度などが落ち着く

【鎮静（ちんせい）】気分が静まり落ち着くこと。例高ぶった神経を鎮静させる薬。

おちる
落ちる

●物の位置が上から下へ急に変わる

【直下（ちょっか）】すぐ下に落ちること。例直下型地震を警戒する。

【墜落（ついらく）】飛行機や高い所にいた人が、空中を落下すること。例墜落現場。

【滴下（てきか）】したたり落ちること。例目薬を滴下させる。

【転落（てんらく）】ころがり落ちること。例首位から三位に転落する。

【落石（らくせき）】石が山の上から落ちてくること。例落石の危険がある。

【落馬（らくば）】馬から落ちること。例落馬すればするほど乗馬は上達する。

【落下（らっか）】高所から下に落ちること。例隕石（いんせき）の落下点に駆けつける。

●ある所から離れる 類欠ける・抜ける

【脱落（だつらく）】①印刷物で文章や語句が抜けていること。例十数行が脱落したまま本になった。②仲間から離れること。例会のなかから脱落者がでたのは初めてだ。

【落丁（らくちょう）】書物の何ページかが抜けていること。例落丁本はお取り替えいたします。

●成り下がる 類落ちぶれる

【堕落（だらく）】不健全な状態になること。例堕落した生活を送る。

【転落（てんらく）】悪い状態におちいること。例転落の一途をたどった人生。

【敗残（はいざん）】生存競争にやぶれ、落ちぶれること。例敗残の身を嘆く。

おとす
落とす

【撃墜（げきつい）】航空機などをうち落とすこと。例偵察機を撃墜する。

【投下（とうか）】上から下へ投げおろすこと。例原子爆弾を投下する。

おどす
脅す

【威嚇（いかく）】威力を示しておどすこと。類脅（おびや）かす・脅（おど）かす 例犬が牙をむいて威嚇する。▼「嚇」は、赤くなって怒鳴る様子を表す。

【威喝（いかつ）】大声を出しておどかすこと。例群衆を威喝する。▼「喝」は、大声で人をおしとどめる意。

【脅威（きょうい）】威力によりおびやかすこと。例核保有国の脅威。

【恐喝（きょうかつ）】おどして金品などをゆすること。例恐喝の疑いで逮捕される。

【脅迫（きょうはく）】おどして思い通りにさせること。例脅迫されて宝物を手渡す。

【強迫（きょうはく）】おどして思い通りにさせること。例女性関係で強迫される。▼「脅迫」は刑法用語。「強迫」は民法用語。

【示威（じい）】威力を示すこと。例軍隊による示威行進。

おとずれる　訪れる

⇩くる

●相手を訪ねる　類訪ねる

【訪日（ほうにち）】日本を訪れること。例大統領の訪日は延期になる。類来日・来朝　対離日

【訪問（ほうもん）】人の家を訪ねていくこと。例仲人宅を二人で訪問する。

【来訪（らいほう）】人がたずねてくること。例お暇の折、ご来訪ください。▼また、どこに来るかによって、来院・来演・来館・来観・来室・来社・来場・来店などと造語できる。類来宅

【来遊（らいゆう）】その土地に遊びにくること。例ご来遊楽しみにしております。

【歴訪（れきほう）】ある目的のために、国や人を次々と訪ねること。例アセアン諸国を一週間にわたって歴訪した大使。▼「歴」は、順序よく歩いて通ること。

●来る

【到来（とうらい）】チャンスがやってくること。例またとない機会が到来した。

おとなしい　大人しい

類物静かだ

【温順（おんじゅん）】すなおでおだやかなさま。例温順な人柄に魅力を感じる。

【柔順（じゅうじゅん）】おとなしくて言うことをよく聞くさま。例柔順な性格なのでいじめられやすい。

【従順（じゅうじゅん）】素直で人にさからわないさま。例従順な生徒は教えやすい。

おどる　踊る

類舞う

【舞踏（ぶとう）】ダンス。西洋の踊り。例軽い足取りで舞踏する女性。

【乱舞（らんぶ）】①入り乱れながらおどること。②(うれしさで)おどり狂うこと。例合格のうれしさで乱舞する。

【輪舞（りんぶ）】輪になっておどること。例輪舞する少女たち。

おとろえる　衰える

●勢いが弱まる　類弱まる

【減退（げんたい）】力やはたらきなどがおとろえ弱まること。例勝負への執念が減退する。

【消沈（しょうちん）】元気がなくなること。例意気消沈した面

持ち。

【衰弱（すいじゃく）】体力がおとろえて弱まること。例心身ともに衰弱してしまう。

【衰退（すいたい）】おとろえて、前より一層悪くなること。例幕府の力が衰退してきた。

【衰微（すいび）】さかんだったものがおとろえてくること。例下町の人情が衰微しつつある。

【退化（たいか）】進歩が止まってしまうこと。例歩かないと足が退化する。

●落ちぶれる　類廃（すた）れる

【凋落（ちょうらく）】今までさかんだったものが、落ちぶれること。例日本の漁業は凋落の一途をたどっている。▼「凋」は、生気を失ってだらりとたれ下がる意。

【没落（ぼつらく）】今まで栄えていたものがおとろえて、落ちぶれること。例貴族が没落した原因を探る。

おどろく　驚く

●意外なことにびっくりする

【驚愕（きょうがく）】非常におどろくこと。例同志の裏切りに

驚愕する。▼「愕」は、逆の事態におどろく意。

【仰天（ぎょうてん）】とてもおどろくこと。例あまりに急な話なので、びっくり仰天した。

【震駭（しんがい）】おどろきのあまり、ふるえあがること。例軍の発砲は、人民を震駭させた。▼「駭」は、驚いて緊張すること。

【動転（どうてん）】おどろいて、落ち着きをなくすこと。例人身事故を目撃し、気が動転している。

●感心する

【驚異（きょうい）】おどろきに価するすばらしいこと。例驚異的な成長を遂げる。

【驚嘆（きょうたん）】すぐれた行いやできごとに、はっとおどろくこと。例的確な読みに驚嘆する。

おなじだ
同じだ

類等しい・イコール

【合同（ごうどう）】一組の図形が一致すること。例三角形の合同を証明する。

【対等（たいとう）】二つのものが等しいこと。例大人と対等に子供を扱う。

【同一（どういつ）】同じこと。等しいこと。例全ての条件を同一にして比較する。

【同然（どうぜん）】同じこと。例このままいけば勝ったも同然だ。

【同等（どうとう）】同じ等級。例臨時職員も同等に扱う。

【同様（どうよう）】よく似ていて、差がないこと。例修理したら新品同様になった。

【同列（どうれつ）】同じ程度や地位であること。例AとBは同列には論じられない。

おぼえる
覚える

【暗記（あんき）】見ないですらすら口に出すこと。例九九を暗記する小学生。

【暗譜（あんぷ）】楽譜をおぼえていること。例全曲を暗譜して演奏した。

【記憶（きおく）】過去のできごとや一度おぼえたことを、のちに思い出すこと。例過去のことゆえ、記憶していない。

【習得（しゅうとく）】習っておぼえること。例言葉を習得したチンパンジー。▼「習」は、繰り返して身につける意。

おもい　重い

類大きい

【過重（かじゅう）】負担が大きすぎること。例過重な責任にたえられない。

【重大（じゅうだい）】行為の責任が重くて大きいこと。例彼の犯した罪は重大である。

【重度（じゅうど）】症状の程度がとても重いこと。例事故で重度の障害をもつようになる。

【深刻（しんこく）】現実やようすがけわしいこと。例事態は深刻である。

おもいがけない　思いがけない

類図らずも

【意外（いがい）】考えていたことと実際がちがうこと。例意外に体力のない現代っ子。

【意表（いひょう）】他の人が思いついたり考えつかないこと。例背後から攻めて敵の意表を突く。

【心外（しんがい）】思ってもいないことを言われて裏切られたような気がすること。例そのように評価されるのは心外だ。

【不意（ふい）】予期しないさま。例不意に飛び出した少年に気づくのが遅れた。

【不測（ふそく）】予測できないこと。例不測の事態が発生した模様だ。

【不慮（ふりょ）】思いがけないこと。例不慮の事故で下半身がマヒする。

おもいだす　思い出す

【一顧（いっこ）】ちょっとふりかえってみる、考えること。例恩知らずな連中など一顧の価値もない。

【回顧（かいこ）】昔を思い出すこと。例一喜劇人の人生を回顧する。▼「顧」は、狭い枠の中だけで頭をめぐらすこと。

【回想（かいそう）】思いかえすこと。例回想場面の多いドラマ。▼「想」は、心の内に対象物の姿を浮かべる意。

【想起（そうき）】思いおこすこと。例終戦直後の苦しいころを想起する。

【追憶（ついおく）】過去を思いなつかしむこと。例恋愛時代のことを追憶する。

【追想（ついそう）】過去や故人を思い、しのぶこと。例古い日記を読み返し、当時を追想する。

おもう 思う

類考える

【決心（けっしん）】心に決めること。例結婚しようと決心する。

【推測（すいそく）】こうではないかと思うこと。例彼らの差し金だろうと推測する。

【認識（にんしき）】ものごとの本質を見分けること。例実力はこの程度だと認識した。

【判断（はんだん）】ものごとの是非をきめること。例この状況での登頂は無理だと判断した。

【予期（よき）】あらかじめそうなると期待すること。例予期せぬ出来事にあわてる。

【予想（よそう）】あらかじめこうなると考えること。例今年は転勤になると予想する。

おもわず 思わず

【不覚（ふかく）】思わずそうなるさま。例不覚の涙がとめどもなくこぼれる。

【不用意（ふようい）】うっかりすること。例不用意な発言をしてしまう。

およぐ 泳ぐ

【遠泳（えんえい）】遠くまで泳ぐこと。例ふんどしで遠泳する。

【競泳（きょうえい）】水泳の競争。例競泳用の水着を買った。

【水泳（すいえい）】水中を泳ぐこと。例水泳が得意な生徒。

【遊泳（ゆうえい）】およぐこと。例遊泳禁止の赤旗が立っている。

【力泳（りきえい）】力のかぎり泳ぐこと。例新記録をめざして力泳する。

およそ 凡そ

◉**ほぼ・ほとんど** 類概（おおむ）ね

【大概（たいがい）】ほとんど。十中八九。例大概の子供は塾に通っている。

【大体（だいたい）】ほとんど。例事件の大体は察しがついている。

【大抵たいてい】大部分。例木曜以外はたいてい家にいる。▼「抵」は該当する意。

【大略たいりゃく】ほとんど。あらまし。例秘書が大略を心得ている。

◉数量の見当を示す 類ばかり・くらい・ほど・アバウト
【見当けんとう】だいたいこうだろうと判断すること。例会費は三千円見当だ。

【前後ぜんご】(助詞のように用いて)ぐらい。例七十歳前後の紳士が訪ねてきた。

【内外ないがい】およその程度であることを表す言葉。例プレゼントの交換は二千円内外とする。

【約やく】およそ。数量の程度を表す。例完成まで約十年を要した。

およぶ 及ぶ

◉離れた所に届く 類広まる・行き渡る
【徹底てってい】すみずみまでゆきわたること。例社員教育が徹底している。
【波及はきゅう】波のように次々と広がること。例政界に汚職が波及する。
【普及ふきゅう】一般に広くゆきわたること。例パソコンは家庭にも普及してきている。
◉同じ程度に達する 類敵かなう・追い付く
【匹敵ひってき】相手と対等であること。例料理はプロに匹敵する腕前だ。▼「匹」は、二つペアで一組を成す意。
◉ある教育に達する 類上る
【到達とうたつ】そこまで達すること。例契約件数が目標数に到達した。

おりる[1] 下りる ⇩さがる(下がる)・くだる(下る)

おりる[2] 降りる

▼「おりる」は、注意を払いながら下まで行き着く意。これに対し、「くだる」は、上から下へ勢いに従って一気に移動する意。一方、「さがる」は、一点は固定されていながらも下方に垂れる意。「降りる」「下りる」の表記が一般的だが、「下りる」の類語は「さがる」「くだる」の意に近いので、本書では「下りる」と

しては採用しない。

◉高い所から低い所へ移る

【滑降（かっこう）】すべりおりること。例残雪の斜面を滑降する。

【下山（げざん）】山をおりること。例天候が悪くならないうちに下山する。

【降壇（こうだん）】壇上からおりること。例議長がゆっくりと降壇する。

◉乗り物から離れる

【下車（げしゃ）】乗り物からおりること。例周遊券で何回も途中下車する。

【下船（げせん）】船からおりること。例乗組員は全員下船した。

【下馬（げば）】馬からおりること。例山門からは下馬して歩く。

【降車（こうしゃ）】自動車や電車からおりること。例降車口に向かう。

◉職を退く 類辞める

【引退（いんたい）】第一線から退くこと。例バレリーナの引退公演が開かれた。

【降板（こうばん）】野球で、投手がマウンドからおりること。例長打を浴びて降板した投手。

【退任（たいにん）】任務を退くこと。例責任をとって顧問を退任した。

◉地上に生ずる

【降霜（こうそう）】霜がおりること。例予想外の降霜で作物が全滅した。

おる｜居る　⇨いる（居る）

おれる｜折れる

◉まがる 類屈曲する

【屈折（くっせつ）】折れ曲がること。例光りは水中で屈折する。

◉（道などが）横に曲がる 類曲がる

【右折（うせつ）】右に曲がること。例左側通行では右折しにくい。

【左折（させつ）】左に曲がること。例大通りを左折して直進せよ。

◉（節の所から）切れて離れる 類折る

【骨折（こっせつ）】骨を折ること。例スキーで骨折する。

◉ひっこめる 類屈する

【妥協（だきょう）】異なった意見に折り合いをつけること。

例強引に説得されて妥協した。▼「妥」は、下に落ちつかせる意。

おろかだ

愚かだ

類愚かしい・拙(つたな)い・浅はかだ

【愚(ぐ)】ばかげていること。例愚にもつかないことを言う。

【愚劣(ぐれつ)】おろかでばかげていること。例愚劣な行いは許せない。

【短慮(たんりょ)】あさはかな考え。例自殺を図るのは短慮である。

【馬鹿(かば)】常識に欠けるさま。例人の迷惑を考えない馬鹿な連中。

【不肖(ふしょう)】父親に似ず不出来なこと。例不肖の息子をもって恥ずかしい。▼「肖」は、原型に似た小形のものの意。

【無知(むち)】知識に欠けること。例あまりに無知な母親に怒りを覚える。類世間知らず

おろそかだ

疎かだ

類ぞんざいだ・なおざりだ・いい加減だ

【粗雑(そざつ)】いいかげんなこと。例趣味に熱中して、仕事を粗雑にする。

【粗末(そまつ)】ひどく扱うこと。例家庭を粗末にする夫は減っている。

【疎漏(そろう)】大ざっぱで抜けたところがあること。例疎漏な工事が事故の原因とされている。

おわる

終わる

類仕舞う・済む・畳む

【完結(かんけつ)】すっかりおわって、まとまった形になること。例一話完結型のドラマ。

【完了(かんりょう)】完全におわること。例準備が完了する。▼「了」は物事のけりをつける意。

【終演(しゅうえん)】演目が終わること。例終演予定時刻は九時です。

【終業(しゅうぎょう)】①その日の業務をおえること。例本日は終業しました。②その学期をおえること。

例終業式の日に成績表をもらう。

【終局(しゅうきょく)】戦争・交渉などがおわること。例争議も終局に近づいた。

【終結(しゅうけつ)】最後の段階を迎えること。例冷戦が終結された。▼「終」は最後までゆきついて止める、「結」は中身が出ないように締める意。

【終止(しゅうし)】おわること。例独身生活に終止符を打つ。

【終戦(しゅうせん)】戦争がおわること。例終戦記念日に黙禱(もくとう)する。

【終息(しゅうそく)】すっかりおわること。例火山活動の終息を宣言する。

【終盤(しゅうばん)】勝負がおわりに近づくこと。例選挙戦も終盤にさしかかる。

【修了(しゅうりょう)】学業や課程をおえること。例大学院を修了する。

【終了(しゅうりょう)】予定どおりおわること。例試合が終了する。

【閉会(へいかい)】会合がおわること。例閉会の辞を述べる。

【閉館(へいかん)】建物がしまること。例冬期は三十分早く閉館する。

【閉廷(へいてい)】公判をとじること。例閉廷を宣言する。

【閉店(へいてん)】店をしめること。例閉店時間を延長する。

【閉幕(へいまく)】幕をおろすこと。おわること。例オリンピックは無事閉幕する。

【満期(まんき)】期日をみたすこと。例定期預金が満期になった。

【満了(まんりょう)】期間がいっぱいになること。例市長の任期満了にともない、選挙が行われる。

か行

かう 1 買う

【購入（こうにゅう）】必要なものを買い入れること。例生協で共同購入する。▼「購」は、売り手と買い手が納得して取り引きする意。

【購買（こうばい）】買い入れること。例好景気を反映した購買力の高まり。

【買収（ばいしゅう）】買い取ること。例外国企業を買収する計画。

【売買（ばいばい）】売ったり買ったりすること。例株を売買して儲（もう）ける。

かう 2 飼う

【飼育（しいく）】動物などを飼って育てること。例パンダを飼育するのは気を遣う。

【飼養（しよう）】動物を飼い養うこと。例地鶏を飼養して卵を売る。

かえす 返す

類戻す

【完済（かんさい）】残らず返すこと。例家のローンを完済した。

【還付（かんぷ）】政府がお金や土地をもとの持ち主に返すこと。例源泉徴収された分を還付請求する。▼「還」は、まるくまわって戻る意。

【償還（しょうかん）】金銭の債務を返すこと。例償還期限に達した国債。

【返還（へんかん）】もとの持ち主に返すこと。例先場所の優勝力士が賜杯を返還する。▼「返」は、来た道を戻る、はねかえる意。

【返却（へんきゃく）】借りた物や預った物を持ち主に返すこと。例図書館に本を返却する。

【返金（へんきん）】借りた金を返すこと。例毎月一定額を返金する。

【返済（へんさい）】借りた金や物を返すこと。例奨学金を返済する。

【返上（へんじょう）】お返しすること。返すこと。例汚名を返上すべく努力する。

【返杯（へんぱい）】さされた杯の酒を飲んで相手に返すこと。例返杯を受ける。

【返品（へんぴん）】いったん買った品物を返すこと。例返品は一週間以内に願います。

【返本（へんぽん）】買った本を返すこと。例売れないとすぐに返本する。

【奉還（ほうかん）】つつしんでお返しすること。例徳川慶喜（よしのぶ）による大政奉還。

かえりみる1 省みる

類振り返る

【自省（じせい）】自分で自分をかえりみること。例軽率な言動を自省する。▼「省」は、目を細めて細かに見る意。

【内省（ないせい）】自分の心中をかえりみること。例内省的な性格の持ち主。

【反省（はんせい）】自分の行いをかえりみること。例いくら注意しても反省の色がみられない。

【猛省（もうせい）】深くかえりみること。例経営側に猛省を

●093

促したい。

かえりみる2 顧みる

類振り返る・思い出す

◉過去を振り返る

【回顧（かいこ）】昔のことをふり返ること。例全盛期を回顧する。▼「顧」は、枠を構え、その範囲内で頭をめぐらすこと。

【回想（かいそう）】過去のことを思い起こすこと。例遠い昔を回想する。

【追憶（ついおく）】過ぎ去った昔を思い出すこと。例追憶にふける。類追懐・追想・思い出

◉気を遣う

【顧慮（こりょ）】考えに入れること。例上司の意向を顧慮する。

【配慮（はいりょ）】心を配ること。例彼女は他人への配慮がない。

かえる1 変える

類改める

【改変（かいへん）】内容を改めること。例組織の改変を検討

する。▼「変」は、通常とは違った状態になる意。

【変革（へんかく）】組織・制度などを変え改めること。例社会を変革する指導者。

【変更（へんこう）】予定・決定などを変えること。例旅程を変更することはできない。

【変装（へんそう）】顔かたちや服装を変えること。例変装して市街を歩く。

かえる[2] 替える

類取り替える・チェンジする ⇩かわる

【代替（だいたい）】他のものでかえること。例代替エネルギー資源。▼「代」は、別の人や物がその役をする意。「替」は、次々と入れかわる意。

【更迭（こうてつ）】ある役にある人を入れかえること。例大臣を更迭する。▼「更」は、たるみをひきしめて別物のようにする意。「迭」は、そこから抜いて、別のものにさしかえる意。

かえる[3] 換える

【換気（かんき）】空気を入れかえること。例台所の換気に気をつける。▼「換」は、中身を取り出して別の物を入れる意。

【換金（かんきん）】品物を売り、現金にかえること。例トラベラーズチェックを換金する。

【交換（こうかん）】とりかえること。ひきかえること。例名刺を交換する。

【転換（てんかん）】いままでの方針・傾向などを、別の方向にかえること。例政策の転換を余儀なくされる。

【変換（へんかん）】かえること。とりかえること。例仮名漢字変換の機能が向上した。

かえる[4] 帰る

類戻る

【帰還（きかん）】戦地から帰ること。例ベトナムから帰還した兵士たち。▼「帰」は、定位置に落ちつく意。「還」は、まるくまわって戻る意。

【帰郷きょう】郷里に帰ること。例同窓会出席のために帰郷する。

【帰港きこう】出発した港に帰ること。例一年ぶりに帰港した南極観測船。

【帰国きこく】外国から自分の国に帰ること。例海外から帰国した生徒を集める。

【帰省きせい】故郷に帰ること。例盆と正月に帰省するのも一苦労だ。▼「省」には、親の安否をねんごろにたずねる意がある。

【帰宅きたく】自分の家に帰ること。例急いで帰宅する。

【帰朝きちょう】外国から日本に帰ってくること。例外相の帰朝報告。

【帰任きにん】一時離れていた任地に戻ること。例海外支社から本社へ帰任する。

【生還せいかん】生きて帰ってくること。例冬山登山での遭難者が奇跡的に生還した。

かかげる 掲げる

【掲載けいさい】新聞・雑誌などにのせること。例広告掲載紙を送る。

【掲示けいじ】文書などに書いて、かかげ示すこと。例試験合格者名を掲示する。

【掲揚けいよう】高い所へあげること。例国旗を掲揚する。

【前掲ぜんけい】前にかかげ述べたこと。例前掲論文を参照のこと。

かがやく 輝く ⇨ひかる(光る)・すぐれる(優れる)

かかる 掛かる

類始める・(手を)つける

【着手ちゃくしゅ】とりはかること。例何から着手しようかと迷う。

【着工ちゃっこう】工事にとりかかること。例建設の着工が一か月遅れている。

かかわる 係わる・関わる

類関する

【関係かんけい】つながりを持つこと。例両国の友好関係にひびが入る。

【関与かんよ】物事にかかわること。たずさわること。

【関連】例汚職事件に関与した政治家。かかわりやつながりがあること。例結婚に関連した質問。▼「関連」は列をなしたつながり、「関係」はA対Bのつながり、「関与」は参加することによるつながりを示す。

【交渉】かかわりあうこと。例引退後、政界とは没交渉である。

【相関】二つ以上のものが互いにかかわりを持つこと。例生徒の服装と成績の相関関係。

かきまわす 掻き回す ⇩みだす(乱す)

かぎる 限る

類留める

【局限】範囲を一部にかぎること。例捜索範囲を局限する。

【限定】範囲や数量をかぎること。例限定五百部販売の画集。

【制限】限界を定めること。例年齢を制限するのは差別だ。

かく 書く

類記す

【加筆】文章や絵に手を入れて直すこと。例校正の段階で加筆する。

【記載】書いてのせること。例防火管理台帳に記載する。

【記述】文章で書きしるすこと。例会話の内容を記述しておく。

【起草】草案や原稿を書きおこすこと。例憲法を起草する委員となる。

【記入】文字を書き入れること。例住所と氏名を記入する欄。

【自書】自分で書くこと。例投票用紙に自書できることが条件。

【自署】自分で自分の氏名を記すこと。例氏名を自署すること。

【執筆】筆をとること。書くこと。例自伝を執筆中である。

【自筆】自分で書くこと。また、本人が書いたもの。例自筆の遺言状が見つかる。

【代書(だいしょ)】本人に代わって書くこと。例書類を代書してもらう。

【代筆(だいひつ)】本人に代わって書くこと。例手紙を秘書に代筆させる。

【特記(とっき)】特別に書きしるすこと。例特記すべき出来事。

【板書(ばんしょ)】黒板に書くこと。例声が出ないので板書して講義する。

【筆記(ひっき)】書きしるすこと。例筆記用具の持ち込み可。

【付記(ふき)】本文に付け加えて書きしるすこと。例巻末に付記したいことがある。

【補筆(ほひつ)】おぎなって書くこと。例赤で補筆した部分。

【明記(めいき)】はっきりと書きしるすこと。例執筆者名を明記して責任を持つ。

【臨書(りんしょ)】手本を見て書くこと。例臨書するのが上達のこつだ。

かくす 隠す

【隠匿(いんとく)】人目に触れないように隠すこと。例隠匿

して心がいたむ。

【機密(きみつ)】大切な秘密。例それは軍事上の機密である。

【秘匿(ひとく)】隠して秘密にすること。例取材源を秘匿する義務がある。

【秘密(ひみつ)】隠して人に知らせないこと。例この決定は外部には秘密にすること。

かくれる 隠れる

【潜在(せんざい)】内に潜んで隠れていること。例潜在する意識によって動く。対顕在 類潜む

【潜伏(せんぷく)】人に見つからないように隠れること。例犯人は国内に潜伏している模様だ。

【伏在(ふくざい)】表に現れず、内に隠れて存在すること。例伏在する真実をさぐる。

かける1 欠ける

【欠員(けついん)】定員に足りないこと。例彼の引退により欠員が生じた。

【欠陥（けっかん）】欠けて足りないところ。例政策の欠陥を指摘する。

【欠如（けつじょ）】欠けて足りないこと。例倫理観が欠如している政治家。

【欠点（けってん）】不十分・不完全なところ。例彼は気の短いのが欠点だ。

【欠番（けつばん）】その番号に当たるものが欠けていること。例巨人軍の三番は永久欠番である。

【欠本（けっぽん）】そろいのものである巻が欠けていること。例一冊欠本のある全集。

かける[2] 掛ける

●関係づける 類掛け合わせる

【交雑（こうざつ）】異なる遺伝子型を持つ生物の雌雄を掛け合わせること。例豚と猪（いのしし）を交雑する。

【交配（こうはい）】動植物の雌雄を掛け合わせること。例改良種同士を交配する。

●乗じる

【三乗（さんじょう）】同じ数を三回掛け合わせること。例三の三乗は二十七である。

【相乗（そうじょう）】二つ以上の数を掛け合わせること。例相乗効果をねらった企画。

【二乗（にじょう）】同じ数を二つ掛け合わせること。例四を二乗すると十六になる。▼「じじょう」とも読む。

【累乗（るいじょう）】同じ数を次々に掛け合わせること。例累乗の指数。

かこむ 囲む

類取り巻く

【囲繞（いにょう）】まわりを取り囲むこと。例都市を囲繞する城壁。囲繞景観。▼「いじょう」とも読む。

【包囲（ほうい）】四方から取り囲むこと。例デモ隊が大使館を包囲する。

かさなる 重なる

●同じものが幾重にも層をなす

【五重（ごじゅう）】同じものが五つ重なること。例五重の塔を見学する。

【三重（さんじゅう）】同じものが三つ重なること。例三重のおせち料理。

【重畳（ちょうじょう）】幾重にも重なること。例石が重畳している千畳敷海岸。

【二重（にじゅう）】同じものが二つ重なること。例帯を二重に巻く。

◉同じことが更に加わる

類加わる・繰り返す・積む・ダブる（俗語）

【重婚（じゅうこん）】配偶者がいる者が重ねて結婚すること。例重婚すると罰せられる。

【重出（じゅうしゅつ）】繰り返して出る、出すこと。例同じ記述が重出している。

【重複（ちょうふく）】同じ物が重なること。例重複して説明する。▼「じゅうふく」とも読む。

【累加（るいか）】重なり加わること。例消費税に累加される特別地方消費税。▼「累」は、次々とつながり重なる意。

【累積（るいせき）】重なり積もること。例莫大（ばくだい）な累積債務に悩む国。

かざる 飾る

【修飾（しゅうしょく）】よく見えるようにかざること。特に、文

法で、ある語句が下の語句を細かく限定すること。例体言を修飾する連体詞。

【潤色（じゅんしょく）】おもしろくするために、事実とは違うことを付加したり、大げさにいうこと。例原文をかなり潤色した。▼「潤」はしみでた水分でつやが出る意。

【装飾（そうしょく）】美しく見えるように飾り立てること。例夏らしく装飾したゲストルーム。

【粉飾（ふんしょく）】うわべをかざること。例粉飾した話を聞かされた。粉飾決算。

【文飾（ぶんしょく）】文章をかざること。例美辞麗句で文飾を施す。

かしこい 賢い

【賢明（けんめい）】情勢に明るく、問題を手際よく処理できるさま。例その場合は黙っているのが賢明だろう。

【聡明（そうめい）】理解が早く頭がよいさま。例聡明な女性。

【利口（りこう）】頭がよいこと。例利口に立ち回る。▼「利」には、すらりと事が運ぶ意があり、「利口」はもともと口の利き方が巧

いことを表す。

【利発（りはつ）】その年の子としてはかしこいさま。例利発な子供ほど伸び悩む。▼「利口発明」の略。

かす　貸す

【貸借（たいしゃく）】貸しと借り。例貸借対照表をよく調べる。

【貸与（たいよ）】貸し与えること。例奨学金を特別に貸与する。

【賃貸（ちんたい）】相手に自分の所有物を貸して、お金を払ってもらうこと。例空室を賃貸する。

【転貸（てんたい）】借りた物をまた貸しすること。例転貸した車が事故を起こす。

【融資（ゆうし）】金融機関からお金を借りること。例銀行は融資を渋っている。

【融通（ゆうずう）】金や物を貸借しあうこと。例三十万円ほど融通してほしい。

かぞえる　数える

◉数を数える　類カウントする

【勘定（かんじょう）】数えること。例集まった人数を勘定する。

【起算（きさん）】数え始めること。例加入した日から起算する。

【計算（けいさん）】式の数値をだすこと。例消費税分を計算するのは面倒だ。

【計上（けいじょう）】あるできごとを計算の中に組み入れること。例交際費も予算に計上する。

【算出（さんしゅつ）】計算して数値をだすこと。例日本円で算出する。

【算定（さんてい）】計算して数字で示すこと。例現在の価格で計算する。

◉数に入れる　類数え上げる

【枚挙（まいきょ）】一つ一つ数え上げること。例失敗例は枚挙にいとまがない。

【列挙（れっきょ）】省略しないで一つ一つならべ上げること。例長所を列挙して賛成する。

かたい I　硬い

【硬質（こうしつ）】材質のかたいこと。例硬質の鉛筆を使う。

【硬水（こうすい）】マグネシウムや石灰質が多く溶けている水。例ヨーロッパは硬水である。対軟水

【生硬（せいこう）】表現が未熟で、練れていないようす。例書き慣れないため、文章が生硬だ。▼「硬」は、石のようで動きがとれない意。

かたい[2] 堅い

●物が形をくずさない 類強い

【強固（きょうこ）】強くしっかりして簡単に動かされないさま。例強固な地盤で掘りにくい。▼「固」は、ひからびて一定の形にかたまっている意。

【堅固（けんご）】しっかりしていて攻撃などに負けないさま。例堅固な守備で決勝まで勝ち進む。

【盤石（ばんじゃく）】大きな岩のように動かないこと。例盤石の備えで敵を迎え撃つ。▼「磐石」とも。

●きちんとしている

【堅実（けんじつ）】しっかりしていて手堅いこと。例堅実な生活ぶりに安心する。▼「堅」は、中まで詰まっていて形をかえられない意。

【健全（けんぜん）】肉体・精神などがしっかりしていて正しいこと。例健全な肉体に健全な魂が宿る。

【律義（りちぎ）】まじめで、自分の信条に忠実なこと。例彼は律義な人だ。

かたづける 片付ける

●片方に寄せる 類仕舞う

【始末（しまつ）】かたづけること。例不用な物を始末する。

【整理（せいり）】きちんとかたづけること。例気持ちを整理してから語る。▼「理」は、すじめをつける意。「整理」は、具体的なもの、抽象的なもの両方に用いる。

【整頓（せいとん）】ちらかっているものをきれいにすること。例部屋の整頓を心がける。▼「頓」は、ずしんと腰を落ちつける意。「整頓」は抽象的なものには用いない。

●どちらかに決める 類手を打つ ⇩おちつく

【解決（かいけつ）】問題・事件をといてかたづけること。例金で解決できる問題ではない。

【決着（けっちゃく）】きまりがつくこと。例延長戦に決着をつける。

【始末（しまつ）】きまりをつけること。例けんかの始末をつける。

【処置(しょち)】とりはからうこと。例時と場合に応じた処置をとる。

【処分(しょぶん)】かたづけること。例思い切って古着を処分する。

【処理(しょり)】しまつすること。例電算機で処理する。

【善後(ぜんご)】あとしまつをよくすること。例事件の善後策を講じる。

【善処(ぜんしょ)】よきにはからうこと。例政治家の答弁ではありませんが、本件に関しては善処いたします。

【対処(たいしょ)】ものごとの変化に応じてふさわしい処置をすること。例この事態にどう対処すべきか。

【落着(らくちゃく)】落ちつくこと。例争議もようやく落着した。

◉**縁づかせる**

【結婚(けっこん)】男女が一緒になること。例娘を結婚させようと焦る母親。

かたまる 固まる

【凝結(ぎょうけつ)】液体に分散していたものが結合してかたまること。例水蒸気が凝結する。

【凝固(ぎょうこ)】液体や気体が固体になること。例血液が凝固する。

【凝集(ぎょうしゅう)】集まって固まること。例血液の凝集力を利用する。

かたむく 傾く

類かしぐ・偏(かたよ)る

【右傾(うけい)】右側にかたむくこと。また、保守的になること。例最近の著者は右傾している。

【傾斜(けいしゃ)】ななめにかたむくこと。例寸法がわずかにくるって棚が傾斜している。

【左傾(さけい)】左側にかたむくこと。また、革新的になること。例あの評論家はマスコミが左傾化していると書きたてる。

かたむける 傾ける

類打ち込む・注ぐ

【傾注(けいちゅう)】一つのことに心をうばわれること。例政治改革に全力を傾注する。

【傾倒(けいとう)】そのものに心を奪われること。例クラシック音楽に傾倒する。

【専心(せんしん)】集中してそのことをすること。例一意専心、相撲道に励む。

【専念(せんねん)】そのことにかかりきりになること。例しばらく子育てに専念する。

【熱中(ねっちゅう)】一つのことだけに心を集中させること。例ボランティア活動に熱中する。

【没頭(ぼっとう)】ほかのことを忘れてそのことに熱心になること。例夜遅くまで実験に没頭する。

かたよる 偏る

【偏向(へんこう)】一方にかたよっていること。例偏向した教育を受ける。

【偏在(へんざい)】ある場所にだけ存在すること。例富が偏在している社会。

【偏重(へんちょう)】あるものだけを重んじること。例対米措置を偏重する日本。

かつ 勝つ

【圧勝(あっしょう)】圧倒的な強さで勝つこと。例第一シードの選手が圧勝した。

【快勝(かいしょう)】みごとに勝つこと。例初戦は二桁(けた)得点で快勝した。

【完勝(かんしょう)】完全に勝つこと。例注目の一戦にAチームは完勝した。

【常勝(じょうしょう)】常に勝つこと。例常勝する監督に秘訣(ひけつ)をきく。

【勝訴(しょうそ)】訴訟に勝つこと。例被告側が勝訴するのは難しい。

【勝利(しょうり)】戦争・試合に勝つこと。例王座決定戦に勝利する。

【辛勝(しんしょう)】やっとのことで勝つこと。例チャンピオンは判定で辛勝した。

【先勝(せんしょう)】第一戦にまず勝つこと。例夢の球宴ではパ・リーグが先勝した。

【全勝(ぜんしょう)】全試合に勝つこと。例横綱には全勝する力があるはずだ。

【制覇(せいは)】試合や戦いで勝つこと。例春夏連続で全国制覇した。

【大勝（たいしょう）】大差で勝つこと。例参院選で野党が大勝した。

【必勝（ひっしょう）】かならず勝つこと。例一発勝負に必勝を期して戦う。

【優勝（ゆうしょう）】競技などで第一位になること。例体操で日本勢が優勝した。

【楽勝（らくしょう）】かんたんに勝つこと。例この分だと味方の楽勝だろう。

【連勝（れんしょう）】続けて勝つこと。例連戦連勝で切り抜ける。

【連覇（れんぱ）】続けて優勝すること。例九連覇の偉業を成し遂げる。

かなしい　悲しい

【悲惨（ひさん）】かなしくいたましいさま。例爆撃直後の悲惨な光景。▼「惨」は、心を針で刺してしみ込むような辛い思いの意。

【悲愴（ひそう）】かなしみで心が痛むさま。例悲愴な覚悟で試合に臨む。▼「愴」は、心が傷つく意。

【悲痛（ひつう）】かなしいできごとで心に大きな痛手をうけること。例事故に遭った家族の悲痛な表情が放映される。

【沈痛（ちんつう）】悲しみや心配で痛々しいさま。例被災者は沈痛な面持ちで復旧作業をしている。

かなしむ　悲しむ

類嘆く

【傷心（しょうしん）】心をいためること。例親友に裏切られ、傷心する。

【悲嘆（ひたん）】悲しいできごとをなげくこと。例不合格の通知が届き、悲嘆に暮れる。

かならず　必ず

類きっと・確かに

【必至（ひっし）】かならずそういう事態が来ること。例内戦になるのは必至だ。

【必定（ひつじょう）】かならずそうなること。例売れ行きが落ちるのは必定だ。

【必然（ひつぜん）】かならずそうなるときまっていること。

例彼の失脚は歴史の必然だ。

かなり

類よほど

【相当（そうとう）】程度が普通よりかけはなれていること。例この決定には相当の覚悟が必要だ。

【大分（だいぶ）】かなりの程度。例大分時間がかかりそうだ。

かねる

兼ねる

【兼業（けんぎょう）】本業のほかに副業をもつこと。例兼業農家の割合は増える一方だ。

【兼任（けんにん）】本来の職業のほかに他のものをかねること。例外相は首相が兼任している。

【兼務（けんむ）】業務をかねること。例私は書記と会計を兼務した。

【兼用（けんよう）】一つの物が二つ以上に用いられること。例父と兼用のパソコンを使う。

かばう

庇う

類守る

【援護（えんご）】困っている人を助けること。例地震の被災者を援護する。

【庇護（ひご）】かばい守ること。例両親の庇護のもとにすくすくと育つ。▼「庇」は、ひさしの意で下の物を覆い守ることから転じて、かばう意。

【弁護（べんご）】自分や他人の利益を主張してゆずらないこと。例必死に息子を弁護する母親。

【保護（ほご）】危ないことから守ること。例日本の米作りを保護する政策。

【擁護（ようご）】かばい守ること。例現行憲法を擁護する運動。▼「擁」は、両腕でかかえ込む意。

かぶせる

被せる

◉**なすりつける**

【転嫁（てんか）】責任を他になすりつけること。例責任を転嫁する。

◉**覆う**

【被覆（ひふく）】おおいかぶせること。例導線を被覆する。

かまう　構う

◉**かかわる**

【関与（かんよ）】関係すること。かかわること。例他人のことには関与しない。

◉**干渉する・気にかける**

【介意（かいい）】気にかけること。例学校の成績は全く介意しない。▼「介」は、両側から中のものをはさむ意。

【留意（りゅうい）】気にとめること。例くれぐれも健康に留意してください。

かまえる　構える　⇩たてる（建てる）

かよう　通う

◉**定まった二つの場所を行き来する**

【往復（おうふく）】行ってかえること。例臨時列車が休日に三往復している。

【往来（おうらい）】行き来すること。例島と本土とを往来する船。

【通院（つういん）】病院に通うこと。例退院後も通院しなければならない。

【通学（つうがく）】学校に通うこと。例オートバイで通学してはいけない。

【通勤（つうきん）】つとめに通うこと。例新幹線で通勤する。

◉**通じる・届く**　⇩とおる（通る）

からかう

類冷やかす・なぶる・もてあそぶ

【愚弄（ぐろう）】からかうこと。例あろうことかズブの素人に愚弄されるとは。▼「弄」は、手中で玉をもてあそぶ意。

【翻弄（ほんろう）】相手をもてあそぶこと。例次々と策を繰り出し相手を翻弄する。▼「翻」は、ひらひらする意。

【野次（やじ）】ひやかすこと。例立候補者の演説を野次る聴衆。

【揶揄（やゆ）】からかうこと。例金満ニッポンを揶揄する漫画。▼「揶」は、はぐらかす意。

「揄」は、中身をぬき出す意で、ごまかすこと。

かりる 借りる

【借用(しゃくよう)】借りて使うこと。例すぐに借用証書を書く。

【借金(しゃっきん)】お金を借りること。例借金したことを都合よく忘れる人。

【借景(しゃっけい)】景色を庭の一部のように利用すること。例借景庭園で有名な寺。

【前借(ぜんしゃく)】前もって借りること。例退職金を前借りするための手続き。類前借り

【賃借(ちんしゃく)】お金をはらって借りること。例新築の家を賃借することに決めた。

【転借(てんしゃく)】人の借りた物をまた借りること。例友人から転借した車で事故を起こす。

【拝借(はいしゃく)】「借りる」のへりくだった言い方。▽謙譲語。例お言葉に甘えて拝借します。

かるい 軽い

【軽快(けいかい)】かるくて速いこと。例軽快なリズムに身体が動く。

【軽度(けいど)】ものごとの程度が軽いこと。例幸い軽度のやけどですんだ。

【軽量(けいりょう)】目方が少ないこと。例幕内で最軽量の力士。

かるがるしい 軽軽しい

類そそっかしい・軽はずみだ

【軽軽(けいけい)】かるがるしいさま。例軽々に論ずべきことではない。

【軽率(けいそつ)】慎重でないこと。例軽率な行動を慎むように指示する。

【軽薄(けいはく)】言動が軽はずみなさま。例彼の態度は軽薄に映る。

【粗忽(そこつ)】不注意からおこるまちがい。例粗忽ぶりを披露してしまう。▼「忽」は、心がうつろで見過ごすこと。

【浮薄(ふはく)】あさはかなこと。例軽佻(けいちょう)浮薄な気風を改める。

かれる　涸れる

【渇水（かっすい）】水がかれること。例渇水期の対策が急がれる。

【枯渇（こかつ）】水がかれてかわくこと。例ダムの水が空梅雨で枯渇した。▼「涸渇」とも書く。

かわる1　代わる

【交代（こうたい）】かわること。例政界の世代交代を願う。▼「代」は別の人や物がその役をする意。

【交替（こうたい）】入れかわること。例交替勤務制。▼「替」は、次々と入れかわる意。

【代休（だいきゅう）】休日に出勤・出席した分の休み。例多忙で代休がとれない。

【代行（だいこう）】かわりにおこなうこと。例半年間、学長を代行する。

【代講（だいこう）】講義・講演を本人にかわっておこなうこと。例他の先生が代講した。

【代謝（たいしゃ）】新しいものが古いものと入れかわること。例新陳代謝する身体。

【代弁（だいべん）】本人にかわって弁償すること（代辨）、また意見を述べること（代辯）。例代弁者をたてる。

【代理（だいり）】本人にかわって処理すること。例父の代理で参りました。

かわる2　変わる

◉主体の性質や中身が別のものとなる

【一転（いってん）】ものごとががらりとかわってしまうこと。例心機一転出直す。

【一変（いっぺん）】がらりとかわること。例相対性理論は宇宙観を一変させた。

【異変（いへん）】変化。例潮の流れに異変が生じる

【逆転（ぎゃくてん）】反対に回ること。例形勢は逆転した。

【激変（げきへん）】はげしくかわること。例環境が激変する。

【急転（きゅうてん）】急にかわること。例事件は急転直下、解決した。

【急変（きゅうへん）】急にかわること。例病人の容体が急変する。

【転化（てんか）】他のものにかわること。例蔗糖（しょとう）が果糖とぶどう糖に転化する。

【転成（てんせい）】転じて他のものになること。例品詞の転成。

【豹変（ひょうへん）】ものごとが一変すること。例君子豹変す。▼元来は、徳のある君子は過失を改めて善に移る変わり方がはっきりしているということだが、豹が素早く動作を変えることから、日本では節操がないという悪い意味で用いられる。

【変異（へんい）】①かわった出来事。②同種の生物の個体間に現れる性質・形態の違い。例突然変異。

【変化（へんか）】性質や状態などがかわること。例世界情勢が変化する。

【変質（へんしつ）】性質がかわること。例直射日光に当てると変質する。

【変動（へんどう）】かわり動くこと。例株価が激しく変動する。

◉姿・形がかわる

【変形（へんけい）】形がかわること。例熱にも変形しない容器。

【変身（へんしん）】体を他のものにかえること。例変身願望はだれにでもある。

【変態（へんたい）】形をかえること。例カエルは変態動物である。

【変貌（へんぼう）】姿をかえること。例マンション林立で変貌を遂げた町。▼「貌」は、全体像、あらましの姿(概容)のこと。

【変容（へんよう）】姿・ようすをかえること。例二度の噴火で山が変容した。

◉うつりかわる

【推移（すいい）】時がたつにつれてかわること。例事態の推移を見守る。

【転変（てんぺん）】物がうつりかわること。例有為（うい）転変の世。

【変遷（へんせん）】うつりかわること。例字体の変遷を探る。▼「遷」は、中身だけが抜け出て他に移る意。

【流転（るてん）】一つにとどまらずにうつりかわること。例万物流転。

かんがえる
考える

【一考（いっこう）】少し考えること。例社長はその件を一考するよう命じた。

【意図（いと）】こうしようと考えること。例自分の意図したとおりに事が運ぶ。

【考察（こうさつ）】 明らかにするために十分に考え調べること。例緻密（ちみつ）に考察していくべきことがら。

【考慮（こうりょ）】 そのことをよく考えること。例まだ未成年であることを考慮した。

【再考（さいこう）】 ふたたび考えること。例再考を促されて自信をなくした。

【思案（しあん）】 思い案じること。例事実をどう打ち明けようかと思案する。恋は思案のほか。

【思考（しこう）】 考えること。例寝不足で思考力がなくなっている。

【思索（しさく）】 秩序立てて考えを進めていくこと。例彼は一日中思索にふけっている。

【熟考（じゅっこう）】 じっくり考えること。例自分の進路を熟考して決める。

【熟慮（じゅくりょ）】 よく考えをめぐらすこと。例これは熟慮断行した計画である。

【思慮（しりょ）】 注意深く考えること。例思慮分別。彼女は思慮深い人だ。

【瞑想（めいそう）】 目をとじて考えること。例ヨガで瞑想にふける。▼「瞑」は、まぶたを合わせる意。

【黙想（もくそう）】 だまって考えること。例始業のベルが鳴るまで黙想している。

かんじる 感じる

【感慨（かんがい）】 しみじみと感じること。例定年を迎えて感慨にふける。▼「慨」は、胸がいっぱいになる意。

【感激（かんげき）】 強く心を動かすこと。例思いがけない贈り物に感激した。

【感心（かんしん）】 心に深く感じること。例彼女の仕事ぶりに感心する。

【感動（かんどう）】 深く感じて、心を動かすこと。例主人公の生き方に感動する。

【感銘（かんめい）】 深く感じて忘れないこと。例彼女の闘病記は、読者に感銘を与えた。▼「銘」は、名を鋳込む意。心に刻みつけるときにも用いる。

【共感（きょうかん）】 考え・主張に感じること。例多くの視聴者の共感を呼んだ作品。

【実感（じっかん）】 実物に接したように生き生きと感じること。例優勝の実感がわいてくる。

【直感(ちょっかん)】ただちに感覚的にとらえること。例怪しいと直感して通報した。

【痛感(つうかん)】強く心に感じること。例基礎研究の重要性を痛感する。

【同感(どうかん)】その人と同じように考えること。例彼の意見に同感である。

【予感(よかん)】何となく感じること。例逆転されるような予感がした。

かんする 関する ⇩かかわる(係わる)

きえる 消える

類うせる

【雲散霧消(うんさんむしょう)】雲が消え霧(きり)が消えるようにあとかたもなくなってしまうこと。例積もり積もった不満が雲散霧消した。

【消失(しょうしつ)】消えてなくなること。例期限がきて権利が消失した。

【消滅(しょうめつ)】消えてなくなること。例発疹は自然に消滅するだろう。

【鎮火(ちんか)】火が消えてしずまること。例山火事は十時間後に鎮火した。

【霧散(むさん)】霧が消えるように、あとかたもなく消えること。例新証言により、疑惑が霧散する。

きく I 聞く

▼「聞」は、受動的に耳に入ること。

◉(聴覚で)音や声を感じとる

【側聞(そくぶん)】うわさできくこと。例側聞するところによれば……。

【伝聞(でんぶん)】伝えきくこと。例伝聞したにすぎない話。

◉(答えを求めて)たずねる 類問う・尋ねる

【質疑(しつぎ)】疑いを問いただすこと。例質疑応答は休憩後とします。

【質問(しつもん)】疑問・理由を問いただすこと。例次から次へと質問する。

【尋問(じんもん)】たずね問うこと。例刑事は厳しく尋問した。

◉(相手の言葉を)うけ入れる

【承知(しょうち)】聞き入れること。例姑(しゅうとめ)の言い分を承知した。

きく2 聴く

▼「聴」は、意識してまともに耳を向けること。

【傾聴（けいちょう）】耳をかたむけてよくきくこと。例高僧の言葉を傾聴する人々。

【試聴（しちょう）】試しにきくこと。例CDを試聴する。

【清聴（せいちょう）】自分の話を他人がきくことの敬称。▽尊敬語。例ご清聴を感謝します。

【静聴（せいちょう）】静かにきくこと。例先生の話を静聴する。

【聴講（ちょうこう）】講義をきくこと。例他学科の授業を聴講したい。

【聴視（ちょうし）】きいたりみたりすること。例テレビの聴視料を支払う。

【聴取（ちょうしゅ）】ききとること。例警察で事情を聴取された。

【拝聴（はいちょう）】人の話をきくこと。うかがう。▽謙譲語。例講演を拝聴し、感銘を受けました。

【来聴（らいちょう）】ききにくること。例雨の中のご来聴ありがとうございます。

きく3 効く

【効果（こうか）】ききめ。例選挙報道のアナウンス効果。

▼「効」は、結果を出す意。

【効能（こうのう）】はたらき。ききめ。例薬の効能書を読む。

【効用（こうよう）】ききめ。例森林浴の効用を宣伝する。

【効力（こうりょく）】効果を発揮する力。例この契約は三年間効力を有する。

【時効（じこう）】一定の期間がすぎて効力がなくなること。例未解決の事件が次々と時効になる。

【失効（しっこう）】効力がなくなること。例半年以内に申請しないと失効する。

【即効（そっこう）】すぐにききめがあること。例頭痛の即効薬を探す。

【特効（とっこう）】とくにきくこと。例ストレス解消の特効薬。

【発効（はっこう）】その時からききめを表すこと。例新年度より発効の規則。

【有効（ゆうこう）】ききめがあるようす。役に立つようす。例もっとも有効な手を考えよう。類有益 対無効

きずく 築く

◉造る 類建てる

【改築かいちく】建物の一部を建て直すこと。例ビルの改築工事が始まる。

【建設けんせつ】ものごとを新しくおこしてつくること。例新しい駅舎を建設中だ。

【建造けんぞう】建物や船などをつくること。例歴史的建造物を保存する。

【建築けんちく】建物をつくること。例最近は木造建築が見直されている。

【構築こうちく】基礎からしっかりきずくこと。例職住近接型都市を構築する計画。

【新築しんちく】新しく家をつくること。例ご新築おめでとうございます。

【造営ぞうえい】宮殿・社殿を建てること。例宝物殿を造営するための費用。

【増築ぞうちく】建増しをすること。例子供部屋を増築することにした。

【築城ちくじょう】城をきずくこと。例山頂に築城することの利点。

【築造ちくぞう】城・堤防などの堅固なものをつくること。例周囲に城壁を築造する。

【普請ふしん】家を建てること。また、家を直すこと。例安普請ゆえ階上の足音が響く。

◉打ち立てる

【確立かくりつ】しっかり打ち立てること。例作家としての名声を確立する。

【建設けんせつ】新しくつくること。例建設的な意見が出るのを望む。

【樹立じゅりつ】しっかり打ち立てること。例数々の記録を樹立する。

きたえる 鍛える

類トレーニングする

【訓練くんれん】繰り返しきたえること。例この優勝は日頃の訓練の賜物だ。

【修練しゅうれん】精神・技術をきたえること。例名人になるには心の修練も必要だ。

【鍛練たんれん】金属を打ちきたえるように、心身をきたえること。例自己を鍛練する。

【練習れんしゅう】繰り返し習うこと。例サッカーの練習に通う。

【錬成(れんせい)】心身をきたえ育てあげること。例少年が錬成されてゆく。

【錬磨(れんま)】きたえみがくこと。例百戦錬磨のつわもの。▼それぞれ「修錬」「鍛錬」「練成」「練磨」とも書く。

きたない　汚い

◉**けがれている**

【不衛生(ふえいせい)】きたないこと。例避難民は不衛生な環境に置かれている。

【不潔(ふけつ)】よごれてきたないこと。例不潔な川から病気が発生した。

【不浄(ふじょう)】けがれていること。例左手を不浄の手とする宗教。

◉**見苦しい**

【下品(げひん)】品がないこと。例下品な言葉遣いを改めさせる。

【下劣(げれつ)】品がなくいやしいさま。例下劣な会話には加わらない。

【醜悪(しゅうあく)】みにくく、けがらわしいこと。例老いて

醜悪な姿をさらしたくない。

◉**いさぎよくない**

【卑怯(ひきょう)】勇気のないこと。例卑怯なふるまいに腹を立てる。

【卑劣(ひれつ)】行いなどがいやしいこと。例卑劣な手段を使って相手を蹴落とす。

きちんと

◉**乱れていない**　類ちゃんと

【規則的(きそくてき)】きちんとしているさま。例一日三食を規則的にとる。

【几帳面(きちょうめん)】性格・行動などがまじめできちんとしていること。例彼女は全ての面で几帳面だ。

【整然(せいぜん)】きちんと整っているさま。例椅子を整然と並べる。

◉**間違いがない**　類きっちり・確かだ

【確実(かくじつ)】確かでまちがっていないこと。例業務終了報告は確実にすること。

【正確(せいかく)】正しく確かなこと。例伝言は正確にお願いします。

きびしい

厳しい　類きつい

【過酷(かこく)】ふつうよりきびしいさま。例過酷な自然条件に打ち勝つ。

【苛烈(かれつ)】ひどい状態でがまんできないこと。例生き残りを賭(か)けた苛烈な競争。

【厳格(げんかく)】きびしくて容赦ないさま。例厳格な家庭に育った子供。

【厳重(げんじゅう)】きびしいこと。例飲酒運転を厳重に取り締まる。

【厳正(げんせい)】きびしくおごそかであること。例厳正な審査の結果選ばれる。

【峻厳(しゅんげん)】きわめてきびしいこと。例峻厳な戒律の下で修行する。▼「峻」は、たかくそびえる山の意から、そびえ立って険しいさまを表す。

きままだ

気儘だ

【適宜(てきぎ)】思うとおりにするさま。例食べ物は適宜ご持参ください。

【放埒(ほうらつ)】勝手気ままなこと。例放埒な生活から抜け出せない。

【奔放(ほんぽう)】ほしいままに行動すること。例自由奔放に生きてきた。

【漫然(まんぜん)】とりとめのないさま。例日々を漫然と暮らす。

きまる

決まる　類定まる

【確定(かくてい)】たしかに決まること。例T球団の二位が確定した。

【既決(きけつ)】すでに決まってしまったこと。例既決の罪人を刑務所に拘置する。対未決

【既定(きてい)】すでに決まっていること。例既定の案件は覆せない。対未定

【決定(けってい)】決まること。決めること。例自衛隊の派遣が決定する。

【内定(ないてい)】内々に決まること。例八月には採用が内定していた。

きめる　決める

類定める・決する

【英断（えいだん）】思い切ってものごとを決めること。例首相に英断を下してほしい。

【決意（けつい）】心に決めること。例引退を決意したら気が楽になった。

【決議（けつぎ）】会議などで、ある事柄を決めること。例二つの事項について決議する。

【決心（けっしん）】どんなことがあってもやりとげようと心に決めること。例生涯添い遂げようと固く決心した。

【決断（けつだん）】きっぱりと決めること。例社長は海外への進出を決断した。

【決定（けってい）】はっきりそうするように決めること。例志望校を決定するまでおおいに悩んだ。

【自決（じけつ）】自分で責任をもって決めること。例民族の自決権を認めよ。

【先決（せんけつ）】先に決めること。例仕事を見つけることが先決だ。

【即決（そっけつ）】すぐに決めること。例条件もろくに聞かずに即決した。

【独断（どくだん）】相談もしないでひとりで決めること。例彼は独断で事を運ぼうとする。

【判断（はんだん）】前後の事情から、どうしたらよいか決めること。例日本人自身が判断すべき問題である。

【断定（だんてい）】こうだと、はっきり決めつけること。例警察は、誘拐事件と断定した。

【予定（よてい）】あらかじめ決めておくこと。例講演者にはA氏を予定している。

きよい　清い

【綺麗（きれい）】美しいさま。例川をきれいにする運動。

【純粋（じゅんすい）】まじりけがなくてきれいなこと。例純粋な気持ちを持ち続ける。

【清潔（せいけつ）】よごれがなく、きれいなこと。例清潔な選挙を心がける。

【無垢（むく）】よごれていないこと。例純真無垢な子供の心を傷つける。

きよらか 清らか

類清い

【潔白（けっぱく）】心がきれいで、やましいところがないさま。例身の潔白を証明する。

【清浄（せいじょう）】よごれたところがなく、きれいなこと。例清浄綿で傷の衛生を保つ。

【清楚（せいそ）】飾りけがなくてさっぱりしたさま。例セーラー服は、清楚な印象を与える。▼「楚」は、まばらになった木の枝の意で、転じてすっきりしているさまを表す。

【清澄（せいちょう）】きよらかですみきったさま。例山の朝の清澄な空気を吸う。

【楚楚（そそ）】女性がきよらかで美しくみえるさま。例楚々とした和服姿。

きらう 嫌う

類忌む・厭（いと）う

▼「きらう」は、よくないと判断したものを積極的に切り捨てて退けること。これに対して、「いとう」は、好まないものから身をひいて避けること。

【厭世（えんせい）】生きることをいやと思うこと。例彼女は厭世観を抱いている。

【忌避（きひ）】いみきらい避けること。例徴兵を忌避する。

【嫌煙（けんえん）】たばこの煙をきらうこと。例嫌煙権が認められるようになった。

【嫌厭（けんえん）】きらわれ、いやがられること。例公衆道徳を心得ないと嫌厭される。▼「嫌」は、実行をしぶる意。「厭」は飽きてしまう意。

【嫌悪（けんお）】ひどくきらうこと。例学校を嫌悪している少年。

きる I 切る

【裁断（さいだん）】布・紙などを切ること。例ドレスの生地を間違って裁断してしまった。

【寸断（すんだん）】ずたずたに断ち切ること。例大地震で高速道路が寸断された。

【切断（せつだん）】つながりを断ち切ること。例事故で通信回路が切断された。

きる[2] 着る

類まとう・着ける・装う

【正装（せいそう）】儀式などに用いる正式の服装。例音楽会には正装していく。

【着用（ちゃくよう）】衣服を身につけること。例念のため救命胴衣を着用してください。

【和装（わそう）】着物をきること。例最近は和装の婦人も少なくなった。

【洋装（ようそう）】洋服をきること。例和服の美人もふだんは洋装で通す。

きれる 切れる

◉関係がなくなる 類絶つ

【絶縁（ぜつえん）】つながりをたつこと。例暴力団と絶縁せよ。

【絶交（ぜっこう）】つきあいをたつこと。例あれ以来、彼とは絶交している。

【断絶（だんぜつ）】関係がきれること。例親子の断絶が深まる。

◉すぐれている

【敏腕（びんわん）】すばやく上手に処理すること。例敏腕家。敏腕な弁護士に依頼する。

【有能（ゆうのう）】能力があること。例若手で有能な演出家。

【辣腕（らつわん）】ものごとをてきぱき処理すること。例辣腕検事の取り調べ。▼「辣」は、刺すようにぴりっとする意。

きわめて 極めて

【極（ごく）】きわめて。非常に。例ごく少数の人が反対している。

【至極（しごく）】きわめて。例お説は至極ごもっともです。

【大変（たいへん）】とても。非常に。例人口密度の大変高い都市。

【非常（ひじょう）】普通の度合いをこえていること。例非常に重大な出来事だ。

きんじる 禁じる

【禁煙（きんえん）】煙草を吸うのを禁じること。例社内は禁煙である。

【禁止（きんし）】することを禁じること。例飲酒運転は禁止されている。

【禁酒（きんしゅ）】酒を飲むことを禁じること。例医者から禁酒を命じられた。

【禁断（きんだん）】かたく禁じること。例麻薬の禁断症状。

【禁輸（きんゆ）】輸出入を禁じること。例禁輸品目。

【禁猟（きんりょう）】狩猟を禁じること。例ここは禁猟区だ。

【禁漁（きんりょう）】漁業を禁じること。例禁漁の魚を捕ると罰せられる。

【厳禁（げんきん）】きびしく禁じること。例火気厳禁。

【発禁（はっきん）】発行や発売を禁じること。例発禁処分を受けた本。

くさい 臭い

【悪臭（あくしゅう）】いやなにおい。例ゴミ箱から悪臭が漂う。

【異臭（いしゅう）】変なにおい。例異臭を放つペットは飼えない。

【汚臭（おしゅう）】くさいにおい。例トイレの汚臭を消す芳香剤。

【臭気（しゅうき）】くさくていやなにおい。例密閉した部屋

には独特の臭気がある。

くずれる 崩れる

【決壊（けっかい）】堤防などがくずれること。例ダムが決壊して大水が出る。

【損壊（そんかい）】こわれてくずれること。例公共施設も損壊してしまった。

【崩壊（ほうかい）】建物や組織などがこわれてくずれること。例自民党の一党支配が崩壊した。

【崩落（ほうらく）】くずれおちること。例地震で崖（がけ）が崩落した。

くだく 砕く

【砕氷（さいひょう）】氷をくだくこと。例砕氷船が南極へ向かう。

【粉砕（ふんさい）】①細かくくだくこと。②完全に打ち破ること。例金権政治を粉砕しよう。

くだらない　下らない

類つまらない・馬鹿(ばか)らしい

【愚劣(ぐれつ)】ばかげておとっていること。例愚劣な番組に抗議が殺到した。

【無意味(むいみ)】そうすることが価値のないこと。例無意味な会話に閉口する。

くだる　下る

◉液状の大便が出る

【下痢(げり)】水のような大便が出ること。例何が原因で下痢したのか分からない。

◉おりる

【下山(げざん)】山をおりること。例下山する途中で連絡が途絶えた。

くばる　配る

【配給(はいきゅう)】数量が限られているものを一定の割合でそれぞれに配ること。例米も砂糖も配給制だった時代。

【配達(はいたつ)】郵便・荷物などをあて名の所へ届けること。例午前中に年賀状を配達する。

【配置(はいち)】人をある地位や立場におくこと。例警官が数メートルおきに配置された。

【配当(はいとう)】会社や銀行などの利益を、株主に割り当てること。例株の配当を申告する。

【配付(はいふ)】関係者にくばること。例出席票を一人一枚配付する。

【配布(はいふ)】広くくばること。例街頭でチラシを配布する。

【配分(はいぶん)】割り当ててくばること。例余剰金を組合員に配分する。

【配慮(はいりょ)】心をくばること。例国民の期待を配慮しての組閣人事を行った。

【頒布(はんぷ)】たくさんの人にくばること。例記念の皿を頒布する。

関連語配管・配車・配線・配膳・配電・配本

くむ　組む

【共同（きょうどう）】二つ以上のものが一緒にものごとをすること。例日本と中国が共同で制作した映画。　類タイアップする

【結託（けったく）】(よくないことのために)力を合わせること。ぐるになること。例彼らが結託していじめているらしい。

【提携（ていけい）】協同で仕事をすること。例技術提携して新製品を開発する。

くやしい　悔しい・口惜しい

類口惜（くちお）しい

【遺憾（いかん）】思ったような結果が得られず、残念なこと。例事故を未然に防げなくて遺憾である。遺憾千万。

【残念（ざんねん）】希望がかなわず、がっかりすること。例受験に失敗して残念に思う。

【痛恨（つうこん）】とても残念に思うこと。例痛恨のエラーで逆転負けする。

【無念（むねん）】ひどいめにあってくやしがること。例思いを果たせず、さぞ無念だろう。

くらい　暗い

●光がなくて物理的に暗い

【暗黒（あんこく）】くらやみ。真っ暗なこと。例停電で周囲は暗黒の世界と化す。

【暗澹（あんたん）】暗くて恐ろしいさま。例暗澹とした空に稲妻が走る。▼「澹」は、落ち着いたさま。

【蒼然（そうぜん）】うっそうとして薄暗いこと。例暮色蒼然とした神社の境内。

●心が暗い、かげりがある　類湿っぽい

【暗然（あんぜん）】悲しくて心が重いさま。例友の訃報に接し、暗然とする。

【暗澹（あんたん）】見通しがたたず、先の暗いこと。例日本の将来を思うと、暗澹たる気持ちになる。

【陰鬱（いんうつ）】心が重くて晴れ晴れしないこと。例心配事があって陰鬱な表情になる。

【陰気（いんき）】暗くて晴れないさま。例陰気な話題を避

けようと努める。

【陰湿(いんしつ)】暗くじめじめしたさま。例陰湿な雰囲気が漂う部屋。

【陰性(いんせい)】くらい性質。例彼の性格は陰性だ。

◉不案内である　類疎い

【浅学(せんがく)】学問が未熟なこと。例浅学にもかかわらず質問する。

【無知(むち)】知識がないこと。例栄養に関してあまりに無知である。

くらべる　比べる

【参照(さんしょう)】他の資料と比べ合わせること。例別紙の表を参照のこと。

【照合(しょうごう)】てらしあわせること。例指紋を照合する。

【対照(たいしょう)】ちがいがないか確かめるのに比べること。例原簿と対照する。

【対比(たいひ)】二つのものをよく比べること。例新型と旧型を対比させてみる。

【比較(ひかく)】くらべること。例東京に比較すればここは地価が安い。▼「比」は、ぴたりとくっつけて並べて、「較」は、交差させてくらべること。

くる　来る

【遠来(えんらい)】遠くから来ること。例遠来の客をもてなす。

【外来(がいらい)】外から来ること。例外来診察は紹介者のみに限る。

【殺到(さっとう)】一度にたくさん来ること。例テレビ局に抗議の電話が殺到した。

【到来(とうらい)】機会がめぐってくること。例千載一遇のチャンスが到来する。

【渡来(とらい)】海を渡って来ること。例ポルトガルから渡来した文化。

【飛来(ひらい)】とんでくること。例白鳥が飛来する湖として有名。

【来航(らいこう)】船で外国からやってくること。例黒船が来航した港。

【来日(らいにち)】日本にやってくること。例映画の宣伝のために来日した俳優。

【来訪(らいほう)】たずねてくること。例毎週のように親類の来訪を受ける。

【来遊(らいゆう)】遊びに来ること。例海外からの来遊者が急増した。
関連語 来館・来場・来店

くるう 狂う

◉釣り合いを失う

【違和(いわ)】あまりに違うので、それだけがしっくりしないこと。例周囲の雰囲気に違和感を感じる。▼「異和感」と書くのは誤り。

【変調(へんちょう)】今までと調子がかわること。例このごろ体が変調を来している。

◉正常でなくなる 類血迷う

【逆上(ぎゃくじょう)】かっとなること。例逆上して人を刺す。

【狂気(きょうき)】正常でなくなること。例彼の行為は狂気の沙汰(さた)だ。

【狂乱(きょうらん)】理性を失い、異常な行動をとること。例事故の衝撃が大きく、半狂乱になる。

【発狂(はっきょう)】精神に異常を来たすこと。例悲しみのあまり、発狂した。

【乱心(らんしん)】心がみだれ気がちがうこと。例殿のご乱心。

くるしむ 苦しむ

類労する

【懊悩(おうのう)】うらみなやむこと。例できの悪い子供の将来を懊悩する。

【苦渋(くじゅう)】苦い経験をすること。例表情に苦渋の色がにじむ。

【苦心(くしん)】難問を解決しようと、あれこれ考えること。例苦心して書き上げた原稿。

【苦痛(くつう)】がまんできない痛みを感じること。例精神的な苦痛を与えられる。

【苦難(くなん)】苦しみと難儀。例この一年は苦難の年であった。

【苦悩(くのう)】苦しみなやむこと。例家庭と仕事の間で苦悩する。

【苦悶(くもん)】抜け出そうとしても出られず、苦しくてもだえること。例薬物中毒から更生するのに苦悶する。

【苦慮(くりょ)】難しいものごとを片づけようと苦労すること。例政府は対応に苦慮する。

【苦労(くろう)】骨折り。心づかい。例人手不足で苦労している。

【困苦（こんく）】困り苦しむこと。例被災者は困苦しながらも、島を離れない。

【辛苦（しんく）】つらいことにであい、苦しむこと。例会社が倒産して辛苦をなめる。

【貧苦（ひんく）】貧しくて苦しいこと。例貧苦に耐えながら夢を追う。

【悶悶（もんもん）】もだえ苦しむさま。例あのころ一人で悶々と悩んでいた。

くわえる　加える

類足す・プラスする

【加算（かさん）】数を加えること。例消費税を加算して請求する。

【加重（かじゅう）】重さを加えること。例さらに刑が加重された。

【加味（かみ）】ほかのものを加えること。例成績には出席率も加味する。

【追加（ついか）】追って加えること。例三人分の料理を追加する。

【添加（てんか）】ほかのものを添え加えること。例食品添加物を一切使わない。

【付加（ふか）】付け加えること。例条件をもう一つ付加する。

くわしい　詳しい

●事細かである　類詳らか（つまびらか）・細かい

【委細（いさい）】くわしくてこまかいこと。例「委細面談」と求人広告に載せる。

【子細（しさい）】こまごましたくわしい事情。例家庭事情を子細に語る。▼「仔細」とも。

【詳細（しょうさい）】くわしくてこまかいこと。例事の成り行きを詳細に報告する。

【精細（せいさい）】こまかい点までくわしいこと。例間取りを精細に描いてみる。

【精密（せいみつ）】こまかい点までくわしく正確なこと。例疑わしいので精密に検査しよう。

【明細（めいさい）】こまかい点までくわしく書き出してあること。例共益費の用途の明細を提出せよ。

●よく知っている

【精通（せいつう）】ものごとにくわしく通じていること。例東欧情勢に精通した人に話を聞く。

くわだてる　企てる

類もくろむ・画する

【画策（かくさく）】はかりごとを立てること。例会社を乗っ取ろうと画策する。▼「画」は、区切りをつけて描く意。

【企画（きかく）】くわだてること。計画すること。例新しい催し物を企画する。▼「企」は、つま先立ちして待ち望む意で、そこから企てる意味になった。

【企図（きと）】くわだてはかること。例アメリカ進出を企図する。

【計画（けいかく）】ものごとをするために、前もって考えておくこと。例手口から計画的な犯行と思われる。

くわわる　加わる

類入る

【加入（かにゅう）】仲間や組織に加わること。例生協に加入したい。

【加盟（かめい）】仲間に加わること。例国連に加盟することを表明する。

【参加（さんか）】仲間に加わること。例参加者全員に記念品を贈る。

【参画（さんかく）】企画に加わること。例新しい会社の設立に参画する。

【参戦（さんせん）】戦争に加わること。例わが国も参戦する。

【参与（さんよ）】組織や仕事に加わりあずかること。例経営には参与すべきではない。

けす　消す

◉盛んな勢いを発しているものをなくす

【消火（しょうか）】火を消すこと。例消火活動に手間取った。

【消去（しょうきょ）】消し去ること。例消去法で採点する。

【消雪（しょうせつ）】雪を消すこと。例消雪パイプで雪かき不要の場所。

【消灯（しょうとう）】明かりを消すこと。例病院は九時で消灯となる。

【抹殺（まっさつ）】消してなくすこと。例裏切り者は、この世から抹殺される。▼「抹」は手でこすって見えにくくする意。

【抹消（まっしょう）】塗り消すこと。消してなくすこと。例薬物使用で世界記録は抹消された。

◉撤回する
【解消（かいしょう）】前の約束や契約をとりやめて元の状態にすること。例婚約解消して出直す。
【解約（かいやく）】約束をとり消すこと。例定期預金を解約する。

けずる　削る

【削減（さくげん）】金額・量などをけずりへらすこと。例防衛費を削減すべきだ。

【削除（さくじょ）】削り取ること。例三字削除二字挿入。

【添削（てんさく）】文章の無駄などをけずり、手直しを加えること。例小論文の添削指導に時間を費やす。

こい　濃い

◉中に含まれる成分が多い
【濃厚（のうこう）】気配・様子が濃く厚いこと。例敗色濃厚な試合。

【濃密（のうみつ）】濃くてこまやかなこと。例濃密な描写が人気を呼ぶ。

◉密である
【緊密（きんみつ）】すきまがなく、ぴっしりしていること。類近い・親しい　例組織間のつながりが緊密だ。
【密接（みっせつ）】すきまがないほど、ぴったりしていること。例日韓両国の文化は密接な関係にある。

こうじる　講じる

類説く

【講演（こうえん）】大勢の前であるテーマについて話をすること。例高名な作家の講演を聞く。

【講義（こうぎ）】学術的な話を講じること。例古代王朝について講義する。

【講釈（こうしゃく）】語句や文章の意味などを説き聞かせること。例漢文を講釈する。

【進講（しんこう）】貴人の前で講じること。例万葉集を進講する役目を仰せつかった。

【代講（だいこう）】代わって講じること。例彼の代講で教壇に立つ。

【補講（ほこう）】補うための講義。例なまけたために補講を受けねばならなくなった。

こえる　越える

◉またいで通り過ぎる

【越境（えっきょう）】境界をこえること。例越境して有名な公立中学に入学する。

◉定まっている限度を上回る　類オーバーする

【超越（ちょうえつ）】ある限界・範囲をこえること。例人間の限界を超越した技量。▼「超」は、曲線を描くようにとびこえるさま。一定量をかけはなれて過ぎること。「越」は、足をひっかけ、またぐさま。特定の場所を過ぎること。

【超過（ちょうか）】一定の時間・数量をこえること。例駐車場出口で超過料金を支払う。

【突破（とっぱ）】のりこえること。例日本の人口が一億三千万人を突破した。

こおる　凍る

【凍結（とうけつ）】こおること。例路面が凍結する季節。

【氷結（ひょうけつ）】氷がこおること。例港が氷結して着岸できない。

【冷凍（れいとう）】食品を保存の目的でこおらせること。例こんにゃくは冷凍すると質が変わる。

こころぼそい　心細い

類こころもとない

【心配（しんぱい）】心を配ること。気がかりなこと。例お金が足りるかどうか心配になる。

【悲観的（ひかんてき）】悲しいと考え、失望するさま。例日本の将来を悲観的に考える。

【不安（ふあん）】心が安まらないさま。例一人で不安な一夜を過ごす。

こころみる　試みる

⇩ためす（試す）

こころよい　快い

【快感(かいかん)】気持ちよく感じること。例適度な運動は快感である。

【快適(かいてき)】調子がよくて気持ちのよいさま。例眺望がよくて快適な部屋。

【豪快(ごうかい)】力強くて気持ちのよいさま。例豪快な技で相手を投げ飛ばす。

【壮快(そうかい)】大きなことをやりとげて気持ちのよいこと。例壮快な突っ張り合いの相撲。

【爽快(そうかい)】さわやかなさま。例ぐっすり眠って気分爽快だ。

【痛快(つうかい)】胸のすくような、気持ちのよいさま。例小よく大を制して痛快だ。

【愉快(ゆかい)】楽しく快適なさま。例気の合う仲間と愉快な一日を過ごす。

こしかける　腰掛ける

類座る・着く

【着座(ちゃくざ)】座席につくこと。例開演時間まで着座して待つ。

【着席(ちゃくせき)】席につくこと。例どうぞご着席ください。

こす　越す

●過ごす

【越冬(えっとう)】冬をこすこと。例南極観測越冬隊に加わった。

【越年(えつねん)】年をこすこと。例越年稽古(けいこ)に参加する。

●引っ越す

⇩ひっこす(引っ越す)

こたえる　答える

●問われたことに言葉で応じる

【応酬(おうしゅう)】向こうが言ったことに、こちらもやり返すこと。例野次の応酬にあきれる。
▼「酬」は、酒をまんべんなく行き渡らせることで、相手に返杯する意。

【応答(おうとう)】質問にこたえること。例質疑応答の時間をとる。

【回答(かいとう)】文書でこたえること。例問い合わせに対して回答する。

【直答（じきとう）】直接こたえること。例殿様への直答は許されない。

【即答（そくとう）】すぐこたえること。例政界再編については即答できない。

【答申（とうしん）】官庁・上役からの質問にこたえること。例国語審議会が答申する。

【答弁（とうべん）】議会などで質問にこたえること。例首相の答弁は言語明瞭（めいりょう）意味不明。

【返事（へんじ）】呼びかけにこたえること。例手紙の返事は必ず出す。

【返答（へんとう）】こたえること。返事。例折り返しご返答願います。

◉（謎（なぞ）や問いかけを）解明する

【解答（かいとう）】問題を解いて答えを出すこと。例解答欄に記号を書け。

【誤答（ごとう）】誤った答え。例二回誤答すると失格となる。

【正答（せいとう）】正しい答え。例全問正答する自信がある。

ことに　殊に

類特に・とりわけ

【格別（かくべつ）】普通よりよいさま。ことに。例風呂上（ふろあ）がりのビールは格別うまい。

【特別（とくべつ）】普通とちがうさま。例君たちには特別難しい課題を与えた。

ことわる　断る

類拒む・蹴る

【一蹴（いっしゅう）】はねつけること。例宗教団体への勧誘を一蹴する。

【拒絶（きょぜつ）】きっぱり拒むこと。例手術を拒絶する。

【拒否（きょひ）】受け入れないこと。例訪問販売を拒否する。

【固辞（こじ）】固くことわること。例医師への謝礼を固辞する方針。

【御免（ごめん）】いやだということ。例子供の相手は御免だ。

【辞退（じたい）】自分にとって得になることをことわるこ

と。例不祥事を理由に出場を辞退した。

【謝絶（しゃぜつ）】ことわること。例面会謝絶の札がかかった病室。

このむ　好む

類好く・愛する

【愛煙（あいえん）】煙草を好むこと。例愛煙家には肩身のせまい世の中だ。

【愛好（あいこう）】ある物事を好むこと。例切手愛好家の集まり。

【嗜好（しこう）】たしなみ好むこと。例コーヒーは嗜好品だ。

こまかい　細かい

◉こまごましている

【些細（ささい）】ほんのわずかなさま。例些細なことまで指示する。

【瑣末（さまつ）】細かくてさして重要でないこと。例瑣末な事務に忙殺される。

【微細（びさい）】きわめて細かいこと。例取り引き先の微細な点まで調べる。

【微塵（みじん）】非常に細かいこと。例タマネギを微塵に切る。

◉詳しい　類具（つぶさ）に

【厳密（げんみつ）】細かいところまで注意するさま。例厳密に言えば一ミリの違いがある。

【細心（さいしん）】注意深く、細かいところまで行き届いているさま。例細心の注意を払っても失敗する。

【精密（せいみつ）】細かくくわしいさま。例人間ドックで精密検査を受けた。

【緻密（ちみつ）】細かくて手を抜いていないこと。例緻密な観察記録を残す。▼「緻」は、糸の目がつまっている意。

【綿密（めんみつ）】細かいところまでよく考え、落ちや手抜きのないさま。例綿密に組まれた旅程をこなす。

◉けちだ　類吝（しわ）い・みみっちい

【吝嗇（りんしょく）】金を使うのをきらう人。けち。例彼は吝嗇家で有名だ。▼「吝」は、物をおしむ意。「嗇」は、物をしまい込んで手放さないこと。

こまる　困る

類 窮する・弱る

【往生（おうじょう）】困り切ること。例 狭い出入り口ゆえ、荷出しに往生した。

【困窮（こんきゅう）】困り苦しむこと。例 困窮の極みに達している国。

【困苦（こんく）】困り苦しむこと。例 困苦欠乏に耐えて成人した。

【困惑（こんわく）】どうしたらよいか困って惑うこと。例 保証人を頼まれて困惑する。

【当惑（とうわく）】どうしたらよいか惑うこと。例 突然の訪問に当惑した表情を見せる。

【難儀（なんぎ）】苦しみ悩むこと。例 風邪が長引いて難儀した。▼「儀」は、礼節のある人の行為。物事が困難なことを表す「難儀」は日本語特有の用法。

【貧窮（ひんきゅう）】貧しくて生活が苦しいこと。例 山上憶良（やまのうえのおくら）の詠んだ貧窮問答歌。

【閉口（へいこう）】困りはてること。例 日本の蒸し暑さには閉口する。

【辟易（へきえき）】困ること。閉口すること。例 型通りの長演説には辟易した。▼「辟易」は、体を低くして退却するのが中国での原義。

【迷惑（めいわく）】いやな目にあったり、わずらわされること。例 恩を着せられては迷惑だ。

こむ　込む

類 ひしめく・ラッシュ

【混雑（こんざつ）】こみあうこと。例 通勤電車は混雑している。

【雑踏（ざっとう）】多くの人々でこみあうこと。例 帰省客で雑踏する駅の構内。

こらしめる　懲らしめる

類 罰する

【厳罰（げんばつ）】きびしく罰すること。例 厳罰に処する。

【懲戒（ちょうかい）】こらしめ戒めること。例 本日付で懲戒免職にする。

【懲罰（ちょうばつ）】こらしめ罰すること。例 懲罰を加える。

【天誅（てんちゅう）】天に代わって罰を加えること。例 天誅を下す。▼「誅」は、ばっさりと切り殺す意。

こる 凝る ⇩ねっする(熱する)

ころがる 転がる ⇩まわる(回る)

ころす 殺す

【暗殺あんさつ】政治・思想上から反対派の人をひそかに殺すこと。例大統領の暗殺計画が露見した。

【殴殺おうさつ】なぐり殺すこと。例張り込み中の刑事が殴殺された。

【虐殺ぎゃくさつ】むごたらしく殺すこと。例アウシュビッツの大量虐殺。

【絞殺こうさつ】首をしめて殺すこと。例現場では絞殺死体が見つかった。

【殺害さつがい】危害を加えて殺すこと。例中学生が同級生に殺害された。

【殺菌さっきん】菌を殺すこと。例煮沸して殺菌する。

【殺傷さっしょう】傷をおわせて殺すこと。例暴力団員の殺傷事件が続いている。

【殺人さつじん】人を殺すこと。例殺人未遂事件が起きる。

【殺虫さっちゅう】虫を殺すこと。例殺虫剤を使わないで農作物を栽培する。

【殺戮さつりく】大勢の人を殺すこと。例歴史に残る大量殺戮の場。

【惨殺ざんさつ】むごたらしく殺すこと。例別れた夫に惨殺された。

【刺殺しさつ】刃物でさし殺すこと。例凶器による刺殺事件が相次ぐ。

【射殺しゃさつ】銃・ピストルなどで撃ち殺すこと。例逃走中の虎は射殺された。

【銃殺じゅうさつ】銃で撃ち殺すこと。例銃殺される瞬間の映像。

【殺生せっしょう】人や生き物を殺すこと。例無益な殺生を戒める。

【他殺たさつ】他人に殺されること。例死因から他殺と推定する。

【誅殺ちゅうさつ】上の者が罪を犯したとして下の者を殺すこと。例裏切り者は誅殺すべきだ。

【毒殺どくさつ】毒で人を殺すこと。例後継候補が毒殺された。

【屠殺(とさつ)】家畜などを、肉や皮を取るために殺すこと。例牛を屠殺する。

【撲殺(ぼくさつ)】なぐり殺すこと。例暴走族に撲殺された記者。

こわれる
壊れる

【壊滅(かいめつ)】めちゃくちゃになって滅びること。例冷害で農家は壊滅的な打撃を受けた。

【決壊(けっかい)】堤防などが切れてこわれること。例洪水で堤防が決壊する。

【全壊(ぜんかい)】全部こわれること。例土石流で全壊した家屋。

【損壊(そんかい)】こわれてくずれること。例大雪による家屋の損壊状況。

【倒壊(とうかい)】建物がこわれてつぶれること。例地震によるビルの倒壊を心配する。

【破壊(はかい)】こわれること。例平穏な家庭を心ない報道によって破壊された。

【破棄(はき)】破りすてること。例婚約を一方的に破棄する。

【半壊(はんかい)】半分こわれること。例地面の陥没で半壊した家。

【崩壊(ほうかい)】くずれてこわれること。例バブル経済崩壊の原因。

さ行

さかえる　栄える

類賑(にぎ)わう

【共栄(きょうえい)】ともに栄えること。例大型店と地元商店の共存共栄を図る。

【繁栄(はんえい)】発展して栄えること。例産油国は今後一層繁栄するだろう。

【繁盛(はんじょう)】にぎわい栄えること。例あの店は味がいいので繁盛している。

さがす　探す・捜す

類探る

【検索(けんさく)】調べて捜すこと。例A町に関する資料を検索する。▼「索」は、手づるによってさがしもとめる意。

【詮索(せんさく)】調べたてること。例離婚の原因を周囲が詮索する。

【捜査(そうさ)】さがし調べること。例刑事は付近の聞き込み捜査を始めた。

【捜索(そうさく)】さがし求めること。例山岳救助隊が遭難者を捜索中である。

【探求(たんきゅう)】さがし求めること。例探求心のある人物。

【探究(たんきゅう)】真の姿・本質をみきわめること。例真理の探究。

参考「探求」は、具体的・物質的なものを探し求めること。「探究」は、真理・定義などの抽象的なものを探り究めようとする意。

【探索(たんさく)】さがし求めること。例森の中の洞窟(どうくつ)を探索する。

【物色(ぶっしょく)】人や物をさがすこと。例空き巣が次にねらう家を物色する。

【模索(もさく)】あれこれと手さぐりでさがすこと。例進むべき道を模索している若人。

参考「探す」は、あるかどうか分からないものをさがす。手を深く入れてさがす意。「捜す」は、あるはずのものをさがす。細くて狭いすみまで手を入れてさがす意。

さがる　下がる

【下降（かこう）】下に向かうこと。【例】成績が下降線をたどる。

【下落（げらく）】物の値段が下がること。【例】ミカンの価格が下落する。

【降下（こうか）】おりること。おろすこと。【例】飛行機が急降下した。

【低下（ていか）】低いほうへ下がること。【例】日本人のモラルは低下している。

【低落（ていらく）】さがること。【例】物価が低落する。

【南下（なんか）】南へ下がること。【例】低気圧が南下して荒れ模様となる。

【暴落（ぼうらく）】物価・株価が急に下がること。【例】株価が暴落する。

◉引き下がる　【類】退く

【後退（こうたい）】うしろに下がること。【例】三歩前進、二歩後退。

【退出（たいしゅつ）】その場から下がること。【例】面接室から退

出する。

さかん　盛ん

【旺盛（おうせい）】きわめてさかんなさま。【例】旺盛な食欲に目を丸くする。▼「旺」は、日の光が四方に大きく広がる意。

【活発（かっぱつ）】勢いや活気のあるさま。【例】生協では消費者運動が活発だ。

【軒昂（けんこう）】奮い立つさま。【例】意気軒昂として新天地に臨む。▼「軒」は、高くあがる意。「昂」は、太陽をふりあおぐため、頭をもたげたさまを表す。

【最盛（さいせい）】もっともさかんなこと。【例】最盛期の水揚げの半分しかない。

【盛況（せいきょう）】さかんなさま。【例】人気作家のサイン会は盛況だった。

【盛大（せいだい）】非常にさかんなさま。【例】支店をふやして盛大に商売する。

【全盛（ぜんせい）】いちばんさかんなこと。【例】グループサウンズ全盛期。▼「全」は、欠けることがない状態。

【隆盛(りゅうせい)】とても栄えること。例平家一族が隆盛を極めた時代。▼「隆」は、上へもりあがる意。

さぐる　探る

◉**未知の事柄を調べる**　類調べる・探す

【探究(たんきゅう)】さがしきわめること。例真理を探究する姿勢。▼「究」は、穴の奥深く、行きづまる所まで入り込む意。

【探検(たんけん)】未知の場所をさぐること。例人類未踏の地を探検する。

【探査(たんさ)】さぐり調べること。例ダイヤモンドを探査する機械。

【探索(たんさく)】さぐり求めること。例地図を片手に山頂付近を探索する。▼「索」は、手づるによって引き出すこと。

【探知(たんち)】さぐり知ること。例漁船は魚群探知機を積んでいる。

【探偵(たんてい)】事件の内容などをさぐること。例探偵小説に夢中になる。▼「偵」は様子を探る意。

【偵察(ていさつ)】敵のようすをさぐること。例警備隊が国境付近を偵察している。

◉**たずね求める**

【探勝(たんしょう)】名所をたずねること。例西沢渓谷を探勝する企画。▼「勝」には、すぐれた景色の意がある。

【探訪(たんぼう)】実態やようすをさぐること。例古い民家を探訪する記事。

参考和語「さぐる」は、指先の触覚で物を求めること。「探」は、手を深く入れてさぐる意。（⇩さがす）

さける I　避ける

類よける・遠ざける

【回避(かいひ)】さけること。例武力衝突だけは回避すべきである。

【敬遠(けいえん)】近づきにくいこと。近づかないこと。例彼女は才媛(さいえん)ゆえに敬遠されている。類敬して遠ざける

【避難(ひなん)】難をのがれて移ること。例津波警報が出たので避難した。

さける[2] 裂ける

【炸裂（さくれつ）】爆弾などが破裂すること。例チャンピオンのパンチが炸裂する。▼「炸」は、強い火力でさっとはじける意。

【破裂（はれつ）】破れてさけること。例水道管が破裂して道路は水浸しだ。

さげる 下げる

類降ろす

【降格（こうかく）】待遇・地位をさげること。例異例の降格人事が発表された。

【降職（こうしょく）】職位をさげること。例ミスを重ねて降職処分になる。

【降任（こうにん）】下級の任務にさげること。例支店長から本店課長に降任する。

さしあげる 差し上げる ⇩あげる

さしだす 差し出す

【供出（きょうしゅつ）】さしだすこと。▼米・麦などを政府に売り渡すこと。例国に供出する米。

【醵出（きょしゅつ）】ある目的のために金銭や物品を出し合うこと。例組合員が拠出する金額。▼「拠出」とも。

【提供（ていきょう）】相手の役に立つように自分の持つ金品などを差し出すこと。例目撃情報を提供してほしい。

さしつかえる 差し支える

類障る

【支障（ししょう）】さしさわり。さしつかえ。例人手不足は業務に支障を来たす。

【万障（ばんしょう）】さまざまなさしさわり。例万障繰り合わせて出席する。

さす[1] 指す

【指示（しじ）】さししめすこと。例視力検査で指示された字を読む。

【指定（してい）】これと定めること。例文法の教科書を指定する。

【指摘（してき）】問題点をこれだとさししめすこと。例小論文の誤字を指摘する。▼「摘」は、指先をまとめ、ぐいとちぎり、つまみとる意。

【指名（しめい）】名前をさししめすこと。例指名されて意見を述べる。

さす[2] 差す

類注ぐ・入れる

【注油（ちゅうゆ）】油をさすこと。例ミシン油を機械に注油する。

【点眼（てんがん）】目にさすこと。例目薬を朝と晩に点眼する。

さすらう

類さまよう・漂う

【漂泊（ひょうはく）】さすらい歩くこと。例日本各地を漂泊して歌を詠む。

【浮浪（ふろう）】職もなく定住しないでさすらうこと。例戦争で焼け出され、浮浪する兄妹。

【放浪（ほうろう）】あてもなくさまようこと。例放浪の旅に出る。

【流浪（るろう）】定住地がなく、さまようこと。例国を追われ流浪する民。▼「浪」は、清らかに流れる意から、とりとめのないさまを表す。

さそう 誘う

類誘う（いざなう）

【勧誘（かんゆう）】すすめさそうこと。例保険に入らないかと勧誘された。

【誘引（ゆういん）】さそい入れること。例ゴキブリを誘引する薬剤を置く。

【誘拐(ゆうかい)】人をたぶらかしてさそうこと。例幼児の誘拐事件が続発する。▼「拐」は、曲がりくねった方法でだます意。

【誘致(ゆうち)】招きよせること。例過疎化対策として企業の誘致を進める。

【誘惑(ゆうわく)】心をまどわせてさそうこと。例異性を誘惑する香り。

さだまる

定まる

類落ち着く

【安定(あんてい)】物事が落ちついていて、変動がないこと。例株価が安定する。

【一定(いってい)】一か所に定まること。例体温が一定していない。

【確定(かくてい)】確かに決まること。例上告は却下され、判決が確定した。

【固定(こてい)】一定の場所や状態にあって動かないこと。例固定金利。

さだめる

定める

類決める

【改定(かいてい)】あらため定めること。例運賃を改定する。

【公定(こうてい)】政府が定めること。例公定歩合を引き下げる。

【国定(こくてい)】国が定めること。例ここは国定公園の一部である。

【欽定(きんてい)】君主の命令で定めること。例欽定憲法。▼「欽」は、天子に関する物事につける尊敬の語で、「かしこまる」の意を持つ。

【所定(しょてい)】定まっていること。例荷物は所定の場所に置くこと。

【制定(せいてい)】法律・制度を定めること。例憲法を制定する。

【設定(せってい)】設け定めること。例場面を設定して芝居の稽古(けいこ)をする。

【法定(ほうてい)】法令で定めること。例法定伝染病の患者が出た。

さっぱり

【洒脱しゃだつ】さっぱりしていてあかぬけていること。例軽妙洒脱な語り口で人気がある。▼「洒」は、さらさらと水を流す意。「脱」には、あっさりと離れる意があり、さばけているさまを表す。

【淡泊たんぱく】さっぱりしているさま。例淡泊な性格で後腐れがない。▼「淡白」とも。

さとる 悟る

【会得えとく】よく理解して自分のものにすること。例こつを会得する。

【達観たっかん】物の道理を見とおすこと。例人生を達観している人物。

【直感ちょっかん】すぐにぴんと感じること。例二人の関係を直感して遠慮した。

【諦観ていかん】物事をよく見究めること。例世界の動きを諦観する。類諦視

【理解りかい】物事の筋道をさとること。例物を贈られるのは迷惑だと理解した。

さびしい 寂しい・淋しい

【閑散かんさん】静かでさびしいこと。例会場は閑散としていた。類静かだ・ひっそり

【寂寞せきばく】ものさびしく静かなこと。例火山噴火で寂寞たる荒地と化す。▼「寞」は、隠れて見えず、むなしいさま。

【寂寥せきりょう】ものさびしいさま。例休日の夜、寂寥感に襲われる。▼「寥」は、家の中ががうつろである意。

さまざまな 様様な

【各種かくしゅ】いろいろな種類。例各種とりそろえる。各種学校に通う若者たち。

【各般かくはん】さまざま。いろいろ。例各般の反応を伺う。▼「般」は、平らに広げる意。

【各様かくよう】さまざまなようす。例各人各様のやり方で自己を表現する。

【種種（しゅじゅ）】いろいろ。例種々の方法で減量に挑戦する。

【諸般（しょはん）】もろもろ。いろいろ。例諸般の事情でコンサートが中止になる。

【多種（たしゅ）】多くの種類。例便利な品を多種取りそろえる。

【多様（たよう）】いろいろ変化にとんでいること。例価値観が多様化している時代。

さまたげる 妨げる

【邪魔（じゃま）】わざとさまたげること。例受験勉強に邪魔が入る。

【妨害（ぼうがい）】わきからさまたげること。例選挙活動を妨害された。

さわがしい 騒がしい

類煩わしい・騒騒しい

【喧騒（けんそう）】やかましくさわがしいさま。例都会の喧騒が懐しい。

【囂囂（ごうごう）】人の声がうるさいこと。例喧々（けんけん）囂々。彼女の行動に非難囂々となる。

【騒然（そうぜん）】がやがややかましいこと。例主役が倒れ、客席が騒然となった。

しあわせ(だ) 幸せ(だ)

類幸い・ラッキー(だ)・ハッピー(だ)

【果報（かほう）】しあわせなめぐりあわせ。例自分は日本一の果報者だ。果報は寝て待て。

【幸運（こううん）】しあわせ。例たび重なる幸運。

【幸福（こうふく）】しあわせな状態。例思えば幸福な一生だった。

【至福（しふく）】この上なくしあわせなこと。例これぞまさに至福の時。

【多幸（たこう）】しあわせが多いこと。例ますますのご多幸をお祈りいたします。

しいる 強いる

【強行（きょうこう）】力ずくでおこなうこと。例予算案の可決を強行する。

【強制（きょうせい）】力ずくでやらせること。例強制されて偽証してしまった。

【強要（きょうよう）】むりにしいること。例多額の寄付を強要された。

しかる　叱る

類怒る・咎（とが）める

【一喝（いっかつ）】大きな声でしかること。例先生に一喝されて目が覚めた。

【叱責（しっせき）】失敗をとがめること。例部下の失敗を叱責する。

【叱咤（しった）】大声でしかること。例連帯責任として全員を叱咤した。叱咤激励。▼「咤」は、舌打ちする擬声音を表す。

しくじる

類仕損ねる・ミスする・エラーする

【失敗（しっぱい）】やりそこねること。例三回転ジャンプを失敗した。

【粗相（そそう）】あやまちをすること。例お客様に粗相のないよう注意せよ。

しずかだ　静かだ

類ひっそり・寂しい

【閑寂（かんじゃく）】ひっそりとして静かなこと。例昼でも閑寂な寺町を歩く。

【閑静（かんせい）】ひっそりと静かなこと。例この辺は閑静な高級住宅地だ。

【寂然（じゃくねん）】ひっそりと静かなさま。例落柿舎は寂然としたたたずまいだった。▼「せきぜん」とも言う。

【森閑（しんかん）】ひっそりと静まりかえった様子。例森閑とした山の中を歩く。▼「深閑」とも。

【静寂（せいじゃく）】静かでさびしいこと。例静寂な中に雪だけが降り続く。

【静粛（せいしゅく）】静かでひっそりしていること。例会場内での静粛を保つ。

しずむ　沈む

◉**水中に没する**　類没する

【水没（すいぼつ）】水の中にしずむこと。例故郷の村はダム建設で水没した。

【沈下(ちんか)】しずんで下がること。例地下水の汲(く)み上げで地盤が沈下した。

【沈没(ちんぼつ)】船などが、水の中にしずむこと。例台風で連絡船が沈没した。

◉気落ちする 類しょげる

【消沈(しょうちん)】気持ちがしずむこと。例相手にどなられ、意気消沈する。

しずめる 鎮める ⇩おさめる(治める)

したがう 従う

◉強力なものに屈服する 類なびく・服する

【帰順(きじゅん)】さからう気持ちを抑え、服従すること。例敵方に帰順する。

【恭順(きょうじゅん)】うやうやしく従うこと。例国王に恭順の意を表する。▼「恭」は、謹んで目上の人に物を捧げる意。

【心服(しんぷく)】心から従うこと。例生徒から心服されている教師。

【服従(ふくじゅう)】命令に従うこと。例盲導犬は飼い主の命令に服従する。

◉ものごとの成りゆきに沿っていく

【従軍(じゅうぐん)】軍にしたがい戦地に行くこと。例従軍画家として軍艦に乗り込む。

【随行(ずいこう)】目上の人につき従って行くこと。例首相の訪米に随行する記者団。▼「随」は、なるままに任せて進む意。

【追従(ついじゅう)】人のやったことや言ったことに従うこと。例大国に追従してばかりではいけない。▼「追従(ついしょう)」は、へつらうこと。

【追随(ついずい)】人につきしたがうこと。例先端技術は他国の追随を許さない。

◉仕事に携わる 類携わる

【従業(じゅうぎょう)】業務にしたがうこと。例従業員の教育を徹底する。

【従事(じゅうじ)】仕事にたずさわること。例海外でダムの建設に従事する。

したしい 親しい

類近しい

【懇意(こんい)】親しく打ちとけているさま。例彼女とはあれ以来懇意にしている。

【親愛（しんあい）】親しみを感じているさま。例尻尾（しっぽ）を振って親愛の情を示す犬。

【親近（しんきん）】親しみ近づくこと。例彼の生い立ちに親近感を覚える。

【親密（しんみつ）】親しいさま。例二人は親密な交際を続けている。

しっかり

●**丈夫である** 類強い・がっちり

【頑丈（がんじょう）】しっかりしてじょうぶなさま。例頑丈な作りの本棚を買う。

【強固（きょうこ）】強くしっかりしているさま。例この辺りの地盤は強固である。

【牢固（ろうこ）】じょうぶでしっかりしているさま。例牢固たる城壁が敵の侵入を阻む。

●**危なげない** 類堅い

【堅実（けんじつ）】手がたいさま。例堅実な商売で売り上げを伸ばす。

●**気が強い**

【気丈（きじょう）】非常時もいつもどおりにふるまうさま。

例父の死にも気丈に対応する娘。

しつこい

類しぶとい

【頑固（がんこ）】勢いがあること。ねばりがあること。例頑固な汚れは漂白する以外はない。

【執拗（しつよう）】うるさいくらいつきまとうこと。例執拗な取り調べに閉口する。▼「拗」は、しなやかだが、ひねくれているさま。

しぬ

死ぬ

【圧死（あっし）】押しつぶされて死ぬこと。例崩れた土砂の下敷きになって圧死した。

【安楽死（あんらくし）】助からない患者を、本人の希望により苦しまない方法で死なせること。例安楽死の是非を問う。

【永眠（えいみん）】永遠の眠りにつくこと。例本日未明に永眠しました。

【往生（おうじょう）】この世から極楽浄土に行くこと。例百歳を過ぎて大往生を遂げる。

【客死（かくし）】旅先で死亡すること。例父はフランスで客死した。

【餓死（がし）】食物がなくて死ぬこと。例世界では今でも多くの人が餓死している。

【急死（きゅうし）】元気でいた人が、急に死ぬこと。例出勤の途中に急死した。

【急逝（きゅうせい）】急に亡くなること。例友人が急逝した知らせが届く。

【獄死（ごくし）】獄中で死ぬこと。例無罪判決を得られないまま獄死した。

【惨死（ざんし）】むごたらしい死。例周囲には惨死体が転がったままだ。

【死去（しきょ）】死ぬこと。例旅先で母の死去の報を受ける。▼「死亡」より「死去」のほうが敬意を含んだ表現。

【死亡（しぼう）】死ぬこと。例大雨で二十人が死亡した。

【死没（しぼつ）】亡くなること。死ぬこと。例この戦闘での死没者は二百人に達した。

【殉職（じゅんしょく）】職務中に死ぬこと。例消火活動で殉職した消防士。

【焼死（しょうし）】焼け死ぬこと。例一家全員の焼死体が見つかった。

【水死（すいし）】水の事故で死ぬこと。例津波にさらわれて水死した。

【逝去（せいきょ）】人が亡くなること。例ご母堂様のご逝去を悼みます。▽尊敬語。▼目上の人の死を敬って言う。

【戦死（せんし）】戦争に参加して死ぬこと。例南方海上で戦死したとの知らせ。

【早世（そうせい）】年若くして死ぬこと。例早世を惜しまれる作曲家。

【即死（そくし）】事故などで、その現場で死ぬこと。例駆けつけたときには即死状態だった。

【他界（たかい）】死ぬこと。例祖父は二十年前に他界している。

【溺死（できし）】おぼれて死ぬこと。例浴槽で幼児が溺死する事故が増えている。

【凍死（とうし）】寒さのためにこごえ死ぬこと。例雪山で凍死した青年。

【爆死（ばくし）】爆発が原因で死ぬこと。例化学工場で爆死者が三人でた。

【病死（びょうし）】病気で死ぬこと。例妻は五年前に病死した。

【憤死（ふんし）】いきどおりながら死ぬこと。例悔しさのあまり憤死する。

【変死（へんし）】病死・老衰以外の死に方をすること。事故死・自殺など。例海岸に変死体があがった。

【轢死（れきし）】電車・自動車にひかれて死ぬこと。例猫の轢死体が多い。

しばし 暫し

類ちょっと・短い・束の間

【一瞬（いっしゅん）】またたくほどのほんのわずかの間。例一瞬にして態度が変わってしまった。

【瞬間（しゅんかん）】またたく間。例部屋をでた瞬間まぶしさに目がくらんだ。

【瞬時（しゅんじ）】少しの間。例瞬時にして今の状況を理解した。

【暫時（ざんじ）】しばらく。例暫時休憩とする。

しはらう 支払う

類払う

【決済（けっさい）】代金を支払って取り引きをすませること。

例手形で決済する。

【支出（ししゅつ）】お金を支払うこと。例予算外の費用を支出する。

【自弁（じべん）】自分でお金を払うこと。例交通費は自弁のこと。

【入金（にゅうきん）】お金を払い込むこと。例今月末までに入金してください。

しばる 縛る

【拘束（こうそく）】つかまえてしばること。例容疑者の身柄を拘束する。▼「拘」は、狭い枠内に押し込める意。「束」は、言動の自由を制限する意。

【制約（せいやく）】自由をおさえること。例寮生活では帰宅時間を制約される。

【束縛（そくばく）】自由を制限すること。例結婚は女性の社会進出を束縛し得る。

しぼる 搾る

【圧搾（あっさく）】強い力でしぼること。例大豆を圧搾して油をとる。

【搾乳（さくにゅう）】乳をしぼること。例搾乳機を使って牛乳を集める。

【搾油（さくゆ）】油をしぼること。例菜種から搾油する。

しまう　仕舞う

●かたをつける　⇩かたづける（片付ける）

●し終える　⇩おわる（終わる）

しまる　閉まる

【閉園（へいえん）】公園などがしまること。例動物園は四時で閉園する。

【閉館（へいかん）】図書館・映画館などがしまること。例美術館は午後六時に閉館する。

【閉店（へいてん）】商店などが店をしめること。例銀行は午後三時に閉店する。

【閉門（へいもん）】門をしめること。例あそこの神社は夜間は閉門している。

しめす　示す

類見せる・指す

【暗示（あんじ）】それとなくしめすこと。例日本の将来を暗示するできごと。

【顕示（けんじ）】はっきりしめすこと。例自己顕示欲の強い人。▼「顕」は、はっきりと本性を外に見せる意。

【公示（こうじ）】おおやけにしめすこと。例選挙の公示をする。

【誇示（こじ）】ほこりに思ってしめすこと。例自国の武力を誇示する。

【示威（じい）】気勢や威力をしめすこと。例示威運動。

【指示（しじ）】さししめすこと。例「それ」の指示する内容。

【指摘（してき）】さしてしめすこと。例大会運営の不備を指摘する。

【図示（ずし）】図にかいてしめすこと。例現在地を図示して説明する。

【提示（ていじ）】差し出してしめすこと。例税関でパスポートを提示する。

【内示 ないじ】内々にしめすこと。例転勤先を本人に内示する。
【表示 ひょうじ】表にしてしめすこと。例添加物の種類を表示する。
【標示 ひょうじ】しるしとしてしめすこと。例「松」「梅」と標示したテーブル。
【明示 めいじ】はっきりとしめすこと。例罐詰の製造年月日を明示する。
【黙示 もくし】暗黙にしめすこと。例ヨハネ黙示録。
【例示 れいじ】例をあげてしめすこと。例具体的に例示すると分かりやすい。

しめっぽい
湿っぽい

【陰湿 いんしつ】くらくてじめじめしたさま。例陰湿な話は止めよう。
【湿潤 しつじゅん】湿気をおびること。例日本の湿潤な気候は、外国の人にはなじめないようだ。
【多湿 たしつ】湿気が多いこと。例高温多湿な地方が稲作に適する。

しめる[1]
閉める 類閉じる

【閉店 へいてん】店をしめること。例閉店時刻を遅らせる。
【閉幕 へいまく】芝居・映画などが終わり、幕を閉じること。例閉幕予定時間は八時半である。
【閉門 へいもん】門をしめること。例平日は五時に閉門する。

しめる[2]
絞める

【絞殺 こうさつ】首をしめて殺すこと。例川で絞殺死体が見つかった。
【絞首 こうしゅ】首をしめること。例絞首刑を言い渡される。

しめる[3]
占める

【占拠 せんきょ】場所を確保して立てこもること。例反乱軍が宮殿を占拠した。
【占領 せんりょう】場所を占有すること。例学生たちが座席

【独占（どくせん）】を占領している。ひとりじめすること。例水泳競技で金メダルを独占する。

しめる4 締める

●切り詰める 類節する

【緊縮（きんしゅく）】ひきしめること。例緊縮財政で乗り切る。

【倹約（けんやく）】きりつめること。例我が家は倹約を旨とする。▼「倹」は、散漫にせず引き締めた生活ぶりを意味する。

【節水（せっすい）】水を節約すること。例こまめに節水を心がける。▼「節」には、ふしめを越えないようにおさえる意がある。

【節電（せつでん）】電気を節約すること。例節電にご協力ください。

【節約（せつやく）】むだをなくすこと。例通勤時間を節約したい。

●寄せ合わせる 類合わせる・トータル

【合算（がっさん）】合わせて計算すること。例前期分と後期分を合算する。

【合計（ごうけい）】足すこと。合わせること。例合計でおいくらですか。

しゃべる 喋る

【口外（こうがい）】口にすること。例このことは決して口外してはいけない。

【多言（たげん）】口数が多いこと。例多言は災いを招く。▼「たごん」とも。

【他言（たごん）】他人にしゃべること。例他言しないと約束する。他言無用。▼「たげん」とも。

じゅくす 熟す

類熟れる

【完熟（かんじゅく）】果実が十分に大きくなること。例完熟したトマトを買う。

【成熟（せいじゅく）】果実が十分に実ること。例成熟していない実を摘む。

【早熟（そうじゅく）】果実などの熟し方が早いこと。例改良して早熟の品種を作り出す。

【半熟（はんじゅく）】半分しか熟していないこと。例半熟の実には見向きもしないカラス。

しらせる 知らせる

類告げる

【案内（あんない）】知らせること。例発着便の予定をご案内します。

【一報（いっぽう）】ちょっと知らせること。例上京の際はご一報ください。

【注進（ちゅうしん）】できごとを急いで報告すること。例上司にあれこれ注進して機嫌をとる。

【通告（つうこく）】告げ知らせること。例一方的に解雇を通告される。

【通達（つうたつ）】告げ知らせること。例役所から通達がある。

【通知（つうち）】知らせること。知らせ。例採用・不採用は文書で通知する。

【通報（つうほう）】情報を知らせること。例乱闘になったので、警察に通報した。

【報告（ほうこく）】調査・状況などのようすを伝えること。例事の成り行きを報告する。

【密告（みっこく）】ひそかに知らせること。例脱税を密告された業者。

【予告（よこく）】あらかじめ知らせること。例試験の出題範囲を予告する。

【連絡（れんらく）】つながりをもつこと。例緊急時以外は連絡しないように。

しらべる 調べる

類探る

【吟味（ぎんみ）】よく調べてよいものを選ぶこと。例材料を吟味して選ぶ。

【検閲（けんえつ）】よく調べてあらためること。例輸入映画を検閲する。▼「閲」は、衣を脱がせて怪しいものを抜き取る意。

【検査（けんさ）】不正・異常を調べて正すこと。例視力を検査したが異常はなかった。

【検診（けんしん）】病気かどうかを診察すること。例二十代の主婦も定期検診したほうがよい。

【検討（けんとう）】十分に調べて研究すること。例料金の値上げを検討する。

【検分（けんぶん）】立ち会って調べること。例実況検分して事故原因を究明する。▼「分」は、左右にわける意で、「判別する、見分ける」

の意となる。

【査察（ささつ）】物事の状況を調べること。例国税局の査察官。

【視察（しさつ）】実際にその場で見て調べること。例海外を視察するために、議員団が出発した。

【審査（しんさ）】よく調べて優劣をきめること。例書類審査をして人数をしぼる。

【診察（しんさつ）】医者が患者に接し、病気の有無を調べること。例乳がんかどうか診察してもらう。

【捜査（そうさ）】さがし調べること。例行方不明者を捜査している。

【探査（たんさ）】さぐり調べること。例惑星探査機を打ち上げる。

【調査（ちょうさ）】調べてはっきりさせること。例航空機事故を専門に調査する機関。

【点検（てんけん）】一つ一つよく調べること。例税関で所持品を点検された。

しりぞく 退く

◉後方へ下がる 類どく・のく

【後退（こうたい）】後ろへしりぞくこと。例大雪のため後退

を余儀なくされる。

【退却（たいきゃく）】負けて下がること。例全軍退却せよ。

【退陣（たいじん）】陣を下げること。例敵は退陣した。

【撤収（てっしゅう）】全軍ひきあげること。例一夜のうちに撤収する。▼「撤」は、取り除く意。

【撤退（てったい）】陣地を捨ててしりぞくこと。例形勢不利で撤退する。

◉身を引く 類辞める

【引退（いんたい）】仕事などの第一線をしりぞくこと。例芸能界を引退する。

【辞任（じにん）】任務をしりぞくこと。例とうとう辞任においこまれる。

【退官（たいかん）】官職をやめること。例定年で退官する。

【退社（たいしゃ）】会社をやめること。例本日限りで退社する。

【退職（たいしょく）】職をやめること。例退職して故郷へ帰る。

【退任（たいにん）】任務をしりぞくこと。例退任のあいさつ。

【勇退（ゆうたい）】自ら進んで後進のために役職を下りること。例彼の勇退により、新しい執行部ができあがった。

しる 知る

【関知かんち】あることに関係していて知ること。例私はそれに関知しない。

【既知きち】すでに知っていること。例日本語では「は」の上には既知の情報がくる。

【察知さっち】推察して知ること。例相手が安全策を選んだことを察知した。

【熟知じゅくち】よく知ること。例お互いに相手の技量を熟知した間柄。

【精通せいつう】細かい所までよく知っていること。例中東情勢に精通している人。

【認識にんしき】ものごとをきちんと見分けること。例自分の置かれた立場を認識していない。

【未知みち】まだ知らないこと。例日本語では「が」の上には未知の情報がくる。

【予知よち】あらかじめ知ること。例ナマズは本当に地震を予知するの。

しるす 記す

◉書きつける 類書く・ノートする

【記載きさい】記録してのせること。例注意事項は別紙に記載してある。

【記述きじゅつ】調査・研究の内容を事実どおりに述べること。例ありのままの文章を記述する。

【記帳きちょう】帳簿に書きしるすこと。例名前を記帳する。

【記入きにゅう】所定の欄に書き入れること。例電話番号を記入してください。

【記録きろく】あとに残るように書きしるすこと。例会議の内容を記録する。

【筆記ひっき】見聞したことを紙面にしるすこと。例筆記用具を持参すること。

【表記ひょうき】おもてに書くこと。はっきりと書くこと。例中国語音を横文字で表記する。

【付記ふき】本文に付け加えてしるすこと。例小さく感想を付記しておく。

【明記めいき】はっきりと書きしるすこと。例住所を明記しない点を不審に思う。

●**脳裏に焼きつける**　類覚える・刻む

【記憶（きおく）】頭に焼きついていること。例このことはしっかり記憶しておいてくれ。

【銘記（めいき）】はっきりと心に刻みつけておくこと。例師の言葉を銘記しておく。▼「銘」は、人名や事柄を記す意から転じて、心に刻んで忘れないこと。

しんじる　信じる

【確信（かくしん）】確かにそうだと信じること。例自分が勝つと確信している。

【過信（かしん）】信じて評価しすぎること。例パソコンを過信してはいけない。

【所信（しょしん）】ある問題についてこうと信じるところ。例首相が所信を表明する。

【信教（しんきょう）】宗教を信じること。例信教の自由があやうくなる。

【信仰（しんこう）】神や仏を信じること。例間違っていると気づき信仰を捨てた。

【信心（しんじん）】信じること。例信心深い人と話す。

【盲信（もうしん）】わけもわからず、ひたすら信じること。

例新興宗教を盲信している人。

すう　吸う

【吸引（きゅういん）】吸いこむこと。例吸引力の強い掃除機。

【吸湿（きゅうしつ）】湿気を吸いとること。例羊毛布団は吸湿性が高い。

【吸収（きゅうしゅう）】外のものを内に吸いこむこと。例湿気を吸収してべたつく。

【吸入（きゅうにゅう）】吸い入れること。例酸素を吸入するボンベ。

ずうずうしい　図図しい

類図太い・ふてぶてしい・厚かましい

【横着（おうちゃく）】ずうずうしいこと。例横着にも他人の家に上がり込む。▼「横」は、勝手にはみ出て広がる意を持つ。

【厚顔（こうがん）】あつかましいこと。恥知らずなこと。例その厚顔無恥ぶりにあきれる。類鉄面皮

【大胆（だいたん）】ずぶといこと。例白昼堂々と侵入してくる大胆な強盗犯人。

すえる 据える

◉役目に就かせる 類任じる・命じる・スカウトする

【起用きよう】 仕事に取り立てて用いること。例若手を起用した人事。

【選任せんにん】 選ばれて任されること。例役員に選任される。

【登用とうよう】 今までより上の地位で使うこと。例官吏登用試験。

【任命にんめい】 職務につくように命令すること。例国連の親善大使に任命される。

【抜擢ばってき】 多くの中から能力のある者を選び出すこと。例新人ながら主役に抜擢された。

▼「擢」は、高く抜き出すこと。

◉設置する ⇩おく(置く)

すぎる 過ぎる

◉通って去る 類通る・経る

【一過いっか】 さっと通りすぎること。例台風一過の秋晴れ。

【通過つうか】 通りすぎること。例列車が誤って停車駅を通過してしまう。

◉時が経つ 類経つ

【経過けいか】 時間が経つこと。例手術してから五年が経過した。

◉度をこえる ⇩こす(越す)

すく 好く ⇩このむ(好む)

すぐ 直ぐ

類直ちに・(〜するや)いなや

【言下げんか】 言葉を言い終わったすぐあと。例彼女の主張を言下に否定する。

【早速さっそく】 すぐ。例早速資料をお送りします。

【次第しだい】 ……してからすぐに。例切符が取れ次第、連絡します。

【早早そうそう】 即刻。すぐ。例新学期早々、けがをした。

【即座そくざ】 その場で。例質問に即座に返答する。

【即時そくじ】 その時すぐに。例軍隊の即時撤退を要求する。

【即日そくじつ】 その日。当日。例合否は即日発表される。

【即席(そくせき)】その場。例即席の料理で間に合わせる。

【即刻(そっこく)】すぐに。ただちに。例展示会は即刻中止となった。

すくう 救う

類助ける

【救援(きゅうえん)】困難をすくい助けること。例恵まれない子供たちに救援の手をさし伸べる。

【救急(きゅうきゅう)】急場を救うこと。例救急医療体制を整える。

【救済(きゅうさい)】災害にあった人々を救いたすけること。例難民を救済するための募金。▼「済」は、水量を調整することから、平等にならし、水準までそろえて「すくう」意。

【救出(きゅうしゅつ)】危険な状態から救い出すこと。例人質を救出する作戦。

【救助(きゅうじょ)】危険にさらされている人を救い出すこと。例通りかかった漁船に救助された。

【救世(きゅうせい)】世を救うこと。例キリストは救世主として現れた。


【救難(きゅうなん)】難儀から救い出すこと。例大地震後の救難作業に加わる。

【救命(きゅうめい)】命をすくうこと。例潜水艦に救命ボートを積む。

すくない 少ない

類わずかだ・ちょっと

【希少(きしょう)】すくないこと。まれなこと。例この本は希少価値がある。

【僅少(きんしょう)】わずかに差があるさま。例在庫は僅少である。

【最少(さいしょう)】最もすくないこと。例最少額の借金で済ませる。参考「少ない」は、微量しか「ない」ことに重きを置く語。「少し」は微量でも「ある」ことに重きを置く。

すぐれる 優れる

類長(た)ける・秀(ひい)でる・勝る

【屈指(くっし)】指折り数えるほどすぐれていること。例

【傑出(けっしゅつ)】多くの中でずば抜けてすぐれていること。例数学者として彼は傑出している。

【秀逸(しゅういつ)】ひいでて優秀なこと。例その役者の演技は秀逸だった。

【出色(しゅっしょく)】他のものよりすぐれていること。例この映画は出色のできばえである。

【卓越(たくえつ)】ずば抜けてすぐれていること。例緻密(ちみつ)さとひらめきとに卓越した人物。

【卓抜(たくばつ)】ずば抜けていること。例卓抜した理論を展開する学者。

【抜群(ばつぐん)】たくさんの中で群を抜いていること。例抜群の成績で卒業した学生。

【非凡(ひぼん)】平凡でなくすぐれていること。例非凡な才能の持ち主。

【優越(ゆうえつ)】すぐれてまさっていること。例優越した気分に浸る。

【優秀(ゆうしゅう)】すぐれていること。例日本の技術は優秀である。

【優等(ゆうとう)】成績がよいこと。例優等生的な考えはつまらない。

【優良(ゆうりょう)】すぐれてよいこと。例健康優良児に選ばれた赤ちゃん。

すごい 凄い

⇩はげしい・はなはだ

【至極(しごく)】この上もないこと。例二十四時間営業の至極便利な店。

【猛烈(もうれつ)】勢いがものすごいさま。例猛烈な雨で電車が不通になった。参考もともと「凄し」は冷たさを含んでいて身にこたえる意。

すこし 少し

⇩すくない

【幾分(いくぶん)】少し。いくらか。例幾分気持ちにゆとりができた。

【一抹(いちまつ)】わずか。少し。例彼に一任することに一抹の不安がある。

【一縷(いちる)】かすか。わずか。例一縷の望みを捨ててはいけない。

【一片(いっぺん)】わずか。少し。例犯人には一片の同情も不要だ。

【些細（ささい）】とるにたりないさま。例些細な金のことで言い争う。

【些少（さしょう）】わずかなこと。例些少ながら謝礼を用意しました。

【多少（たしょう）】少し。いくらか。例平年より多少気温が低い夏になりそうだ。

【微塵（みじん）】わずか。例助けを請うつもりは微塵もない。

すすむ 進む

●どんどん前へ行く

【進行（しんこう）】進んでいくこと。例芝居は何事もなく進行している。

【進出（しんしゅつ）】力をつけて、新しい場所へ乗り出すこと。例香港（ほんこん）に進出する日本企業。

【前進（ぜんしん）】前へ進むこと。例柵（さく）ぎりぎりまで前進してください。

【直進（ちょくしん）】まっすぐに進むこと。例次の三叉路は直進してください。

【突進（とっしん）】すごい勢いで進むこと。例ゴールめざして突進する。

【驀進（ばくしん）】スピードをあげて進むこと。例白星街道を驀進するチーム。▼「驀」は、馬が突き進む意。

【邁進（まいしん）】困難・危険のなかを進んでいくこと。例幾多の困難にもめげず邁進する。▼「邁」は、どんどん進んでゆく意。

【猛進（もうしん）】激しい勢いで進むこと。例こうと決めたら、猪突猛進する。

●段階が上がる 類伸びる

【進化（しんか）】いろいろな過程を経て、環境に適応していくこと。例たえず進化する機能。

【進学（しんがく）】上の学校へ進むこと。例四年制大学に進学したい。

【進級（しんきゅう）】学年や等級が進むこと。例三年に進級することは難しい。

【進展（しんてん）】事態が進行して、新しい局面が展開すること。例出店計画は進展していない。

【進歩（しんぽ）】よい方向に進むこと。例医学は日々進歩している。

【先進（せんしん）】先に進むこと。例先進国の仲間入りをした日本。

【発達（はったつ）】より高い段階に進むこと。例北欧は社会保障制度が発達している。

【飛躍（ひやく）】一とびに進むこと。例これを機会に大いに飛躍したい。▼「躍」は、高く振りあげること。ちなみに「跳」は、地面から足を離して飛び上がること。

【躍進（やくしん）】前よりもいっそう進むこと。例流通業の躍進で活気がでてきた。

すすめる1 進める

【急進（きゅうしん）】急いで進むこと。例急進的な考え方の政治家。

【推進（すいしん）】推しすすめること。例自然保護運動を推進する写真家。

【増進（ぞうしん）】能力などを増しすすめること。例学力を増進するための塾。

【促進（そくしん）】うながしすすめること。例販売促進月間で忙しい。

すすめる2 勧める

◉**励ます・盛んにする**

【勧奨（かんしょう）】積極的にすすめること。例五十五歳以上には退職を勧奨している。▼「勧」は、口々にほめて力づける意。「奨」は前進させる意。

【奨励（しょうれい）】すすめはげますこと。例文化の育成を奨励する。

【推奨（すいしょう）】ある品や人がすぐれているとして、人にすすめること。例先生が推奨する辞典。

◉**誘ってその気にさせようとする** 類働き掛ける

【勧告（かんこく）】説きすすめること。例両国に勇気ある撤退を勧告する。▼この場合の「勧」は、繰り返してすすめる意。

【勧誘（かんゆう）】すすめさそうこと。例生協への加入を勧誘された。

すすめる3 薦める

類推す

【推挙すいきょ】人をある地位や職業につけるようにすすめること。例審議会は満場一致で横綱に推挙した。▼「挙」は、すぐれた人や物を両手で持ち上げる意。

【推薦すいせん】人や物を他人にすすめること。例彼女が宴会用にと推薦する店。▼「薦」は、よいと思う人物を選んで採用すべきと他の人に説く意。

ずっと

【脈脈みゃくみゃく】ずっと力強くつづくさま。例古来から脈々と息づく伝統。

【綿綿めんめん】ずっとつづくさま。例旅の話が綿々として尽きない。

すてる 捨てる

【遺棄いき】始末をおこたり捨てておくこと。例死体遺棄の疑いで取り調べる。▼「棄」は、赤ん坊をすてるさまを表す会意文字で、そこから思い切りよくすてる意となる。類

語「捨」は、指の力を抜いて放すこと。

【棄却ききゃく】裁判所が訴えをとり上げないこと。例私たちの訴えは棄却された。▼「却」は、しりぞける意。目の前にある物を取り除くこと。

【棄権きけん】権利があるのに捨てて使わないこと。例棄権は現状を変える力にはならない。

【焼却しょうきゃく】焼き捨てること。例秘密書類ゆえ必ず焼却すること。

【投棄とうき】投げ捨てること。例あき罐を投棄しないこと。

【廃棄はいき】不要なものとして捨てること。例産業廃棄物の処理に困る。

【破棄はき】破り捨てること。例古い書類を破棄する。

【放棄ほうき】捨ててかえりみないこと。例戦争を放棄する。

すばやい 素早い

類はしこい・身軽い

【機敏きびん】時に応じて頭の働きや体の動きがすばやいさま。例機敏な動作は見ていて気持ち

がよい。▼「敏」は、どんどん動く意。

【軽快けいかい】神経や行動に関していう。軽々としていて動きがはやいさま。例軽快な足どりで難所を抜ける。

【俊敏しゅんびん】頭がよく働き、行動がすばやいさま。例何事にも俊敏に対応できる人間。

【敏捷びんしょう】動作や判断がはやいさま。例子供は動きが敏捷だ。▼「捷」は、手足がさっと伸び出ることで、すばやい意。

すばらしい 素晴らしい ⇩みごとだ(見事だ)

すべて 全て

類皆・オール

【一切いっさい】すべて。残らず。例暴力団と一切の関係を絶つ。

【始終しじゅう】物事の始めから終わりまですべて。例一部始終をうちあける。

【全体ぜんたい】からだのすべての部分。物事のすべて。例身体全体に張りがない。

【全般ぜんぱん】ある事柄の全体。例日本の社会全般に見られる傾向。

【全部ぜんぶ】すべてのもの。みんな。例預貯金の全部をはたいて家を買う。

【全面ぜんめん】すべての方面。例九州への空の便は全面ストップ。

【満場まんじょう】場内のすべての人。例満場一致で可決する。

すべる1 滑る

【滑降かっこう】すべりおりること。例下まで一気に滑降する。

【滑走かっそう】すべるように走ること。例飛行機が雨の中を滑走する。

【滑落かつらく】すべり落ちること。例頂上寸前で滑落した登山隊員。

すべる2 統べる

類制する・コントロールする・治める

【支配しはい】権力で他をしたがえること。例集団を支配する力。

【制御（せいぎょ）】思いどおりにあやつること。例制御装置が故障する。

【統御（とうぎょ）】自分の思うとおりに動かすこと。例指導者が部下を統御する。

【統治（とうち）】国・人民をおさめるすべおさめること。例人民を統治すること。

すむ[1] 済む

●終わる

【完了（かんりょう）】物事が終わりまですむこと。例任務を完了する。

【既済（きさい）】物事の処理や借金の返済をすませること。例既済事項に印をつける。

【終了（しゅうりょう）】終わること。例映画が終了する。

●物事の決まりがつく　類落ち着く・片付く

【解決（かいけつ）】決まりがつくこと。物事を処理して決まりをつけること。例問題は大事に至る前に解決した。

【決着（けっちゃく）】決まりがつくこと。例話し合いは簡単には決着がつかない。

【清算（せいさん）】後始末をつけること。例過去を清算して

旅立つ。

【落着（らくちゃく）】決まりがつくこと。片がつくこと。例派閥抗争はひとまず落着した。⇩おちつく・かたづける

参考「決着・落着」の「着」は、きまりがつき、落ちつく意。

すむ[2] 住む

【安住（あんじゅう）】落ち着いて住むこと。例やっと安住できる地をみつけた。

【永住（えいじゅう）】永くそこに住むこと。例この地に永住する気はない。

【居住（きょじゅう）】住みつくこと。例居住する者の権利を主張する。

【居留（きょりゅう）】一時的にその地に住むこと。例長崎の出島に居留したオランダ人。

【現住（げんじゅう）】現在住んでいること。例現住所は本籍とは異なる。

【在住（ざいじゅう）】その地に住んでいること。例日本に在住している外国人。

【先住（せんじゅう）】そこに前から住んでいること。例先住民

族。

【定住（ていじゅう）】住まいを定めて居つくこと。例地方に定住することにした。

【同居（どうきょ）】同じ家に一緒に住むこと。例姑（しゅうとめ）との同居にはためらいがある。

【同棲（どうせい）】結婚していない男女が一緒に住むこと。例結婚前に二年間同棲していた。

【土着（どちゃく）】その地に住みつくこと。例土着の民族の風習を知る。

【別居（べっきょ）】別れて住むこと。例妻とは四年間別居したままでいる。

すむ[3] 棲む

【群居（ぐんきょ）】むらがりすむこと。例羊が群居している島。

【水棲（すいせい）】水中にすむこと。例水棲動物。

【生息（せいそく）】ある場所に生物がすむこと。例ペルシア湾岸に生息する鳥。

する 刷る

類プリントする

【印刷（いんさつ）】文字や絵などを、紙・布などにすりうつすこと。例試験問題を印刷する。

【縮刷（しゅくさつ）】もとの版より縮めて印刷すること。例新聞を四分の一に縮刷する。

ずるい 狡い

類悪賢い

【狡猾（こうかつ）】わるがしこいこと。例狡猾な振る舞いが故に人望がない。

【老獪（ろうかい）】経験を積んでわるがしこいこと。例老獪な人物だから用心せよ。
参考「狡」「猾」「獪」いずれも、ずるいの意。

するどい 鋭い

類シャープだ・敏（さと）い

【鋭利（えいり）】するどく、よく切れるさま。例凶器は鋭利な刃物と断定された。

◉感覚が鋭利でただものではない

【鋭敏（えいびん）】感覚がするどいさま。例犬は嗅覚（きゅうかく）が鋭敏である。

【敏感（びんかん）】感じ方がするどいさま。例小さな揺れにも敏感に反応する。

【明敏（めいびん）】頭の働きがするどいさま。例明敏な頭脳と頑強な身体を持つ男。

すわる
座る

◉座につくこと

【円座（えんざ）】人々が輪になってすわること。例村人たちはいろりを囲んで円座した。

【正座（せいざ）】礼儀正しく足をくずさないですわること。例長時間正座するのは苦手だ。

【対座（たいざ）】向かい合ってすわること。例碁盤をはさんで対座する。

【端座（たんざ）】礼儀正しくすわること。例端座して写経すると気持ちが落ち着く。

【着座（ちゃくざ）】座席につくこと。例奥の座敷から順に着座する。

【着席（ちゃくせき）】座席につくこと。すわること。例どうぞご着席ください。

◉その地位に就くこと

【就任（しゅうにん）】任務・役目につくこと。例初代大統領に就任する。

【着任（ちゃくにん）】任務・任地につくこと。例着任したての支店長。

せっする
接する

◉触れる　⇩ふれる（触れる）

◉人の相手をする

【応対（おうたい）】人の相手となって受け答えをすること。例電話の応対は丁寧に。⇩もてなす

【接客（せっきゃく）】客に接すること。例接客業の心得。

【接待（せったい）】客をもてなすこと。例外国からのお客様を接待する。

せまい
狭い

◉面積が小さい

【狭窄（きょうさく）】すぼまってせまいこと。例尿道狭窄で苦しむ。▼「狭」は、作為的にせばめる意。「窄」ははさまれてせばめられる意。

【狭小（きょうしょう）】せまくて小さいさま。例狭小な領土の主となる。

◉心がせまい

【狭量（きょうりょう）】心がせまいさま。例あれほど狭量な奴だとは思わなかった。

せまる　迫る

◉近づく 類アプローチする

【肉薄（にくはく）】相手に鋭くせまること。例鋭い質問で核心に肉薄する。▼「肉迫」とも。「薄」は、草木が間をあけずにびっしりと生えるさま＝せまるの意。

◉きわまる 類差し迫る

【危急（ききゅう）】危険が目の前にせまっていること。例国家危急存亡のときである。

【急迫（きゅうはく）】せっぱつまること。例人質をとられ、事態が急迫した。▼「迫」は、ぴたりとくっつく意。

【緊迫（きんぱく）】さしせまっていること。今にも事が起こりそうなこと。例会場には緊迫感が漂っている。

【切迫（せっぱく）】非常にさしせまること。例原稿の締め切り日が切迫する。▼「切」は、ぴったりとくっつくさまを表す。

◉相手に強く求める 類促す

【催促（さいそく）】早くするようにせきたてること。例借金の返済を催促する。

せめるI　攻める

類襲う

【奇襲（きしゅう）】相手の不意をねらっておそうこと。例草むらに隠れて奇襲する作戦。

【逆襲（ぎゃくしゅう）】せめられていた者が、逆にせめに転じること。例破壊した自然に逆襲される人間。

【急襲（きゅうしゅう）】突然おそうこと。例カラスが急襲してきた。

【強襲（きょうしゅう）】激しい勢いでおそうこと。例ピッチャーを強襲する打撃。

【空襲（くうしゅう）】航空機で空からおそうこと。例敵機に空襲される。

【空爆(くうばく)】航空機による爆撃。例空爆を受けて沈没した戦艦。

【攻撃(こうげき)】敵をせめうつこと。例敵の情報基地を攻撃する。

【攻防(こうぼう)】せめることとふせぐこと。例首位攻防戦。

【襲撃(しゅうげき)】不意におそいかかること。例スズメバチの大群に襲撃された。

【出撃(しゅつげき)】出かけて行ってせめること。例戦車部隊が夜更けに出撃する。

【進撃(しんげき)】進んで敵をせめること。例破竹の勢いで進撃する。

【侵攻(しんこう)】他国へ侵入してせめること。例敵陣の深くまで侵攻する。

【先攻(せんこう)】先にせめること。例先攻・後攻はじゃんけんで決める。

【先制攻撃(せんせいこうげき)】相手より先にせめること。例先制攻撃をかけて得点した。

【速攻(そっこう)】すばやくせめること。例横綱は速攻で相手力士を寄り切った。

【追撃(ついげき)】逃げる相手を追いかけてせめること。例敵はどこまでも追撃してきた。

【電撃(でんげき)】稲光のように激しい勢いでせめること。例ヒトラーのポーランドへの電撃作戦。

【突撃(とつげき)】激しくせめ込むこと。例夜陰に乗じて突撃する。

【爆撃(ばくげき)】航空機から爆弾などを投下してせめること。例都市の中心部を爆撃する。

【反撃(はんげき)】せめてくる敵に対して、こちらからせめること。例得点された直後に反撃に出る。

【砲撃(ほうげき)】大砲をうってせめること。例軍艦が砲撃を始めた。

【猛攻(もうこう)】激しい勢いでせめること。例相手チームが猛攻してくる。

【夜襲(やしゅう)】夜間にせめおそうこと。例夜襲に備え、周囲を明るく照らす。

せめる[2]

責める

類咎(とが)める

【呵責(かしゃく)】せめ苦しめること。例良心の呵責に悩む。▼「呵」は、かっとどなること。

【糾弾(きゅうだん)】罪・責任をといただしせめること。例収賄容疑の議員を糾弾する。▼「糾」は、ひもをより合わせて一本にする字義から、「ただす」（取り締まる）の意を持つ。

【譴責（けんせき）】過失などをいましめること。例譴責処分を受ける。▼「譴」は、とがめる意。

【攻撃（こうげき）】せめて非難すること。例公約違反を激しく攻撃する。

【指弾（しだん）】非難し、つまはじきすること。例世間の人々から指弾された人物。▼「弾」には、強く責める、悪事をあばくの意がある。

【叱責（しっせき）】しかりとがめること。例業績不振で上司から叱責された。

【弾劾（だんがい）】不正をあばき責任を問うこと。例権力者の汚職を弾劾する。▼「劾」は、たるんだものを引き締め、戒める意。

【追及（ついきゅう）】犯罪・責任を追いつめること。例事故の責任を追及する。

【非難（ひなん）】過失・欠点などをせめとがめること。例役所の責任のがれを非難する。

【問責（もんせき）】責任を問い詰めること。例大臣の失言を問責する。

そう 添う

◉夫婦として一緒にいる 類連れ添う

【結婚（けっこん）】男女が夫婦となること。例結婚して三十年になる。

◉つき従う 類則（のっと）る・従う・準じる

【準拠（じゅんきょ）】よりどころとして従うこと。例教科書に準拠した参考書。▼「準」は、なぞらえる意。

【立脚（りっきゃく）】立場やよりどころを定めること。例非武装中立論に立脚した解決策を出す。

そえる 添える

類加える・足す・プラスする

【添加（てんか）】添え加えること。例人工着色料を添加した食品。

【添付（てんぷ）】書類などにあるものをそえつけること。例源泉徴収票を添付して提出する。

ぞくする 属する

類付く

【帰属(きぞく)】その所有となること。例日本に帰属する領土。

【従属(じゅうぞく)】あるものにつき従うこと。例経済的には従属していながら独立したがる。

【所属(しょぞく)】ある事物や団体に属していること。例所属していた事務所から独立する。

【専属(せんぞく)】ある一つの会社や団体だけに属すること。例映画会社と専属の契約を結ぶ。

【直属(ちょくぞく)】直接に属していること。例直属の上司にお中元を贈る。

【配属(はいぞく)】部署を割り当てて、属させること。例報道番組部に配属される。

【付属(ふぞく)】主となるものに付いて属していること。例病院に付属している看護学校。

【隷属(れいぞく)】他に付き従うこと。例大国に隷属する。

そだつ 育つ

類長じる

【生育(せいいく)】そだてること。そだつこと。例稲の生育に適した気候の地。

【成育(せいいく)】育って大きくなること。例人間としての成育には言葉が必要だ。

【成熟(せいじゅく)】十分に成長すること。例身体は成熟しても精神は幼い。

【生長(せいちょう)】草木などが育つこと。例植樹したネコヤナギが生長する。

【成長(せいちょう)】人間が育って大きくなること。例子供はすくすくと成長した。

【発育(はついく)】生物が育って大きくなること。例子供の発育段階に合った玩具(がんぐ)。

【発達(はったつ)】成長して完全な状態になっていくこと。例自転車選手は大腿筋がよく発達している。

そだてる　育てる

類 育む・養う

【愛育】かわいがって育てること。例 乳幼児を愛育する施設。

【育児】乳幼児を育てること。例 初めて育児する親の不安。

【育成】立派に育ててあげること。例 青少年の育成に努める。

【保育】乳幼児を保護し育てること。例 ○歳児から保育する資格を取る。

【養育】やしないそだてること。例 他人の子を養育する覚悟だ。

【養成】教え導いて育てること。例 伝統芸能の後継者を養成する。

そなえる　備える

類 整える・用意する

【完備】完全にそなえること。例 冷暖房完備の部屋。

【具備】十分にそなえること。例 必要な条件を具備している。

【軍備】軍事上の施設や戦争の準備。例 軍備増強に反対する。

【兼備】かねそなえること。例 才色兼備の女性。

【準備】必要なものを整えておくこと。例 準備運動をしてから泳ぐ。

【常備】いつも用意しておくこと。例 非常食を常備しておく。

【整備】すぐ利用できるように準備を整えること。例 車のエンジンを整備する。

【設備】ある目的に必要な道具・建物などをそなえつけること。例 研修所には宿泊設備もある。

【戦備】戦争の準備。例 有事の際の戦備を整える。

【装備】登山・戦闘などのために必要な物をそなえること。例 完全装備で冬山に登山する。

【配備】手配してそなえること。例 戦闘機を新たに配備した。

【不備】十分にそなわっていないこと。例 計画書の不備な点を指摘する。

【防備】敵や災害に対してそなえること。例 雪に対して無防備な大都会。

【予備（よび）】前もって用意しておくこと。例志望大学についての予備知識を得る。

そびえる　聳える

【屹立（きつりつ）】山などが高くそびえたつこと。例高山が屹立した風景。▼「屹」は、山が高くそそりたつさま。類そばだつ

【対峙（たいじ）】向かい合って高くそびえること。例二つの名峰が対峙している。▼「峙」は、じっと動かずに立つ意。

そむく　背く

●背を向ける・刃向かう　類逆らう

【背反（はいはん）】規則にそむくこと。互いに相入れないこと。例世の中には二律背反することが多い。

【反逆（はんぎゃく）】国家や主人にはむき、さからうこと。例独裁者に反逆して殺された人々。

【反抗（はんこう）】はむかうこと。例腕を組み、大人に反抗する少年。

【反発（はんぱつ）】相手に従わずはむかうこと。例政府首脳の発言に反発する国民。

【謀反（むほん）】国家や君主にそむいて兵を挙げること。例信長に謀反を起こした明智（あけち）光秀（みつひで）。▼「謀」は、悪事をたくらむ意。

●離れ去る

【離反（りはん）】そりが合わずはなれること。例人心が離反する。

●従わない　類反する・破る・違える

【違憲（いけん）】憲法の規定に反すること。例違憲か合憲かでもめる。

【違反（いはん）】規則や義務に反すること。例校則に違反した生徒に注意する。

【違法（いほう）】法律にそむくこと。例違法駐車を厳しく取り締まる。

【反則（はんそく）】規則・ルールにそむくこと。例続けて三回反則すると退場だ。

【不法（ふほう）】法に反すること。例ピストルの不法所持で逮捕される。

そめる　染める

◉色をつける

【**染色**せんしょく】染料で糸・布などに色をつけること。例紅茶を煮出した液で染色する。

【**着色**ちゃくしょく】色をつけること。例人工着色したタラコ。

◉手を染める

⇩はじめる(始める)

それる　逸れる

【**逸脱**いつだつ】決まった範囲からそれること。例権限を逸脱した行為。▼「逸」は、するりと抜け出ること。

【**脱線**だっせん】本筋からそれること。例彼の話は脱線して分かりにくい。

そろう　揃う

◉集まる

【**集結**しゅうけつ】多くの人が一か所に集まること。例各国の精鋭部隊が集結する。

【**集合**しゅうごう】多くのものが一か所に集まること。例旗のもとに全員集合。

◉片付いている、整っている

【**整頓**せいとん】乱れたものをきちんと整えること。例整頓された部屋。

【**整理**せいり】かたづけること。例靴箱の整理をする。

◉二つ以上のものが同じであること

【**一致**いっち】意見などが一つになること。例満場一致で横綱に推挙される。

【**合致**がっち】あるものにぴったりと合うこと。例彼の条件と合致する。

そろえる　揃える

◉集める

【**結集**けっしゅう】多くのものを集めること。例総力を結集して臓器移植に挑む。

◉必要なものを整える　類備える

【**完備**かんび】すべて整っていること。例レジャー施設を完備したホテル。

【**支度**したく】ととのえること。例身支度をする時間がない。

【準備（じゅんび）】必要なものをそろえること。例一週間分の食料を準備する。

【用意（ようい）】あらかじめ必要なものを整えること。例登山用品一式を用意した。

た行

たいする　対する

類向かい合う・相対する

【対応（たいおう）】互いに向かい合うこと。例一対一で対応させる。

【対外（たいがい）】外部または外国に対すること。例対外的な影響も考慮する。

【対日（たいにち）】日本に対すること。例対日感情が悪化する。

【対米（たいべい）】アメリカに対すること。例対米輸出の減少。

【対面（たいめん）】顔を合わせること。例対面調査して身元を確認する。

【直面（ちょくめん）】物事に直接に対応すること。例困難な事態に直面する。

【敵対（てきたい）】敵として相手に立ち向かうこと。例ここで敵対関係になるのは不利だ。

たいらだ　平らだ

【水平（すいへい）】あがりさがりがないこと。例水平に飛行する物体。

【平坦（へいたん）】土地が平らなさま。例人生は平坦ではない。▼「坦」は、起伏のない平らな様子を表す。

【扁平（へんぺい）】ひらべったいさま。例先が扁平になった器具。

たえる1　絶える

●根本からなくなる

【根絶（こんぜつ）】残りなく、すっかりなくなること。例暴力団を根絶しよう。

【絶滅（ぜつめつ）】ほろびたえること。例絶滅寸前の動物を保護する。

●とだえる

【断絶（だんぜつ）】続いていたものが切れてたえること。例お家断絶の危機。

【中絶（ちゅうぜつ）】途中でたえること。例妊娠中絶。

【中断（ちゅうだん）】一時とだえること。例両者の話し合いは中断したままだ。

【途絶（とぜつ）】とだえること。例吹雪で交通が途絶した。

たえる2　耐える

●防ぎとめる・支えとめる

【耐火（たいか）】火の熱にたえて燃えにくいこと。例耐火加工のカーテン。

【耐寒（たいかん）】寒さにたえること。例南極探検のために耐寒訓練をする。

【耐久（たいきゅう）】長く持ちこたえること。例二十四時間の耐久レースに出場する。

【耐湿（たいしつ）】湿気にたえること。例耐湿材を壁にはさみ込む。

【耐震（たいしん）】地震にたえられること。例耐震設計のビル。

【耐水（たいすい）】水を通したり、水につかっても変質しないこと。例耐水性の強いカーペット。

【耐熱（たいねつ）】高熱にたえること。例耐熱性のガラス容器。

【耐用（たいよう）】使用にたえること。例家電製品の耐用年数は七年だ。

◉じっとこらえる 類こらえる・しのぶ

【我慢（がまん）】たえしのぶこと。例腹痛を我慢して仕事を続けた。

【堪忍（かんにん）】たえしのぶこと。例どうぞ堪忍してください。堪忍袋の緒が切れる。

【辛抱（しんぼう）】つらいことをこらえること。例辛抱してばかりではつまらない。

【忍耐（にんたい）】苦しみ・腹立たしさなどをたえしのぶこと。例忍耐力の勝負である。▼ねばり強くこらえる意が「忍」にはある。

たおす 倒す

類負かす・滅ぼす・破る

【打倒（だとう）】相手を打ちたおすこと。例一党独裁体制を打倒する。

【倒幕（とうばく）】幕府をたおすこと。例倒幕の動きを察知する。

たおれる 倒れる

◉横ざまになる 類ダウンする

【横転（おうてん）】横倒しにころぶこと。例トラックが横転して炎上する。

【卒倒（そっとう）】突然気を失って倒れること。例驚きのあまり卒倒した。▼「卒」には、「にわかに」の意がある。

【転倒（てんとう）】ひっくりかえること。例貧血を起こして転倒する。

◉破産する

【倒産（とうさん）】会社などがつぶれること。例多額の負債を抱えて倒産する。▼個人が財産を失う場合は「破産」という。

たかい 高い

【高価（こうか）】値段が高いこと。例お祝いに高価な物をいただいた。

【高貴（こうき）】身分が高くてとうといこと。例高貴な家柄の出身である。

【高級（こうきゅう）】品質・程度などの高いさま。例高級レストラン風の店構え。

【高次（こうじ）】程度が高いこと。例数学オリンピックの高次な問題。

【高所（こうしょ）】高い場所。例彼は高所恐怖症である。

【高度（こうど）】程度の高いさま。例オリンピックで高度な技を披露する。

【高等（こうとう）】程度や等級が高いこと。例ヒトは複雑な進化をとげた高等動物である。

【最高（さいこう）】位置・品質・程度などが最も高いこと。例最高のサービスをモットーにするホテル。

たがいに　互いに

【交互（こうご）】たがいちがい。例交互に休む。

【相互（そうご）】おたがい。例相互に援助しあう。

たがやす　耕す

【耕運（こううん）】田畑をたがやすこと。例耕運機を購入する。▼「耕運機」は「耕耘機」とも書く。

【耕作（こうさく）】田畑をたがやし作物を作ること。例農地を耕作する。

【農耕（のうこう）】田畑をたがやすこと。例農耕生活に見切りをつける。

たく　炊く

類煮炊きする

【自炊（じすい）】自分で食事を作ること。例単身赴任なので、自炊している。

【炊事（すいじ）】食物の煮たきをすること。例班分けして炊事当番を決める。

【炊飯（すいはん）】飯をたくこと。例電子炊飯ジャーを発明する。

だく　抱く

類抱える・擁する

【懐抱（かいほう）】だきしめること。また、考えを心にいだくこと。例長いこと懐抱してきた計画。

【抱擁（ほうよう）】だきかかえること。例四十年ぶりの対面に親子は抱擁した。

たくする　託する

類 任せる・頼む

●預ける

【託児(たくじ)】乳幼児を預けること。例よい託児所がないか探している。

●頼んで任せる

【委嘱(いしょく)】外部の人に仕事をたのんでしてもらうこと。例企業に研究を委嘱する。

【委託(いたく)】あずけたのむこと。例業務を委託する。

【嘱託(しょくたく)】仕事などを任せること。例嘱託殺人。

【信託(しんたく)】信用して任せること。例財産を信託する。

【預託(よたく)】あずけ任せること。例株券を証券会社に預託する。

たくみだ　巧みだ

類 巧い

【器用(きよう)】細かい仕事をうまくこなすさま。例長い髪を器用にまとめる。

【巧者(こうしゃ)】物事や技芸をたくみにこなすこと。例相撲巧者と言われる力士。

【巧妙(こうみょう)】物事のやり方がすぐれてたくみなさま。例巧妙な細工でごまかす。

【上手(じょうず)】物事にたくみなさま。うまいこと。例敬語を上手に使い分ける。

【絶妙(ぜつみょう)】比べる物がないほどたくみなさま。例絶妙のタイミングで反応する。

【得意(とくい)】熟練してたくみであること。例得意技を身につける。

たくわえる　蓄える

類 ためる・プールする・ストックする

【蓄財(ちくざい)】金銭などをたくわえること。例蓄財だけがいきがいです。

【蓄積(ちくせき)】たくわえていくこと。例読書で知識を蓄積する。

【畜蔵(ちくぞう)】たくわえて、しまっておくこと。例畜蔵してある金貨。

【蓄電(ちくでん)】電気をたくわえること。例蓄電地に充電する。

【貯金(ちょきん)】金銭をためること。例貯金をおろしてローンを返済する。

【貯蔵ちょぞう】物をたくわえておくこと。例ワインを貯蔵する倉庫。

【貯蓄ちょちく】金銭などをたくわえること。例老後に備え、貯蓄しておく。

【備蓄びちく】万一にそなえ、たくわえておくこと。例石油を備蓄する基地。参考「貯」は、四角い枠の中に財貨を詰め込むこと。「畜」は、越冬用に野菜をとっておくのが原義。

たしかだ　確かだ

【確実かくじつ】たしかで間違いのないこと。例彼が優勝するのは確実だ。

【確証かくしょう】たしかな証拠。例確証が得られないまま起訴する。

【確保かくほ】たしかに手元に持っていること。例有能な人材を確保する。

【確約かくやく】しっかりと約束すること。例現段階ではそこまで確約できない。

【確固かっこ】しっかりと定まったさま。例確固としたた

信念を持って事に臨む。

【正確せいかく】正しくたしかなこと。例正確な時間をたずねる。

【的確てきかく】まとをはずれずに正確なさま。例臨機応変に的確な判断をする。

【明確めいかく】はっきりしていて問題のないさま。例疑惑についての明確な答えがない。

たしかめる　確かめる

【確認かくにん】間違いないと認めること。例その情報はまだ確認されていない。

【打診だしん】相手の気持ちをさぐること。例先方の意向を打診する。

たす　足す

類加える・補う・プラスする・付け加える

【加算かさん】加えて計算すること。例消費税分を加算する。

【追加ついか】あとから付け加えること。例寿司を一人前追加した。

【加味（かみ）】他の要素を付け加えること。例喜劇に人間の悲しさを加味した。

【添加（てんか）】そえ加えること。例食品添加物の少ないものを購入する。

【補足（ほそく）】足りないところをおぎなうこと。例歴史的説明を補足する。

だす 出す

●外から見えるようにする

【出荷（しゅっか）】商品を市場へ出すこと。例日曜には野菜は出荷しない。

【出庫（しゅっこ）】品物を倉庫から出すこと。例出庫する際に数を確認する。

【出資（しゅっし）】資金を出すこと。例出資金を集める。

【出題（しゅつだい）】試験の問題や詩歌の題を出すこと。例「論語」から出題する。

【出費（しゅっぴ）】費用を出すこと。例予定外の出費で赤字になる。

【出品（しゅっぴん）】展覧会・展示会などに作品・製品を出すこと。例一人五点まで出品できる。

【帯出（たいしゅつ）】備え付けの図書などを他へ持ち出すこと。例禁帯出の辞典類。

【抽出（ちゅうしゅつ）】多くの物の中から選び出すこと。例本調査は無作為に抽出した二十歳以上の男女二〇〇〇人を対象に行ったものである。

【摘出（てきしゅつ）】えぐり出すこと。つまみ出すこと。例子宮摘出手術。

【排気（はいき）】内部の空気を外へ出すこと。例排気口を取りつける。

【排出（はいしゅつ）】中にたまっているものを外へ出すこと。例二酸化炭素を排出する。

【排水（はいすい）】不要な水を外へ出すこと。例排水管を掃除する。

【搬出（はんしゅつ）】運び出すこと。例作品を会場から搬出する。

【放出（ほうしゅつ）】ふき出すこと。はなち出すこと。例ホースから放出される消火液。

●差し出す

【出兵（しゅっぺい）】軍隊をさし向けること。例国境警備のため出兵する。

【提起（ていき）】持ち出すこと。例卒論で問題提起する。

【提出（ていしゅつ）】差し出すこと。例リポートの提出期限を守る。

たすける　助ける

●力を貸す・支える

【共済（きょうさい）】一緒になって力を合わせ助け合うこと。類手伝う　例職員を共済する制度。▼「済」は、川の水量を調整する字義で、「すくう」の意を持つ。

【互助（ごじょ）】お互いに助け合うこと。例生活互助会に加入する。

【助成（じょせい）】研究や事業の完成を助けること。例国が農家を助成する。

【助長（じょちょう）】助け育てること。例表現力を助長する。

【助力（じょりょく）】力を添えること。てだすけ。例夫の仕事に助力する。

【扶助（ふじょ）】力を添えて助けること。例寝たきり老人を扶助する。▼「扶」は、四本の指をわきの下にぴたりと当てて支える字義。「たすける」意を持つ。

【補佐（ほさ）】人に付き添って、その仕事を助けること。例助役は町長を補佐する役目だ。▼「佐」は、右手に添えて支える左手を

表し、「たすける」の意。

●元気をつける

【応援（おうえん）】味方してはげますこと。例スタンドから応援する。

【後援（こうえん）】資金などを提供して助けること。例大手企業が後援する美術展。

【賛助（さんじょ）】企画・事業の趣旨に賛成し、力添えをすること。例チャリティーコンサートを賛助する。

【支援（しえん）】他人をささえ助けること。例核廃絶運動を支援する。

●救う

【救援（きゅうえん）】困っている人を救い助けること。例災害地に救援物資を送る。

【救急（きゅうきゅう）】急場の災難を救うこと。例救急車が出動する。

【救護（きゅうご）】困っている人を助け、保護すること。例けが人の救護にあたる。

【救済（きゅうさい）】救い助けること。例難民を救済する施設。

【救出（きゅうしゅつ）】危険な状態から救い出すこと。例人質を救出する作戦を練る。

【救助（きゅうじょ）】命のあぶない人を救うこと。例窓から大

声で救助を求める。

【救命きゅうめい】命を救うこと。例救命胴衣の使い方を説明する。

【助命じょめい】命を助けること。例死刑囚の助命を嘆願する。

たずねる[1] 尋ねる

類問う・聞く

【詰問きつもん】厳しく問いつめること。例遅刻の理由を詰問する。

【質問しつもん】分からないことを問いただすこと。例学生から質問を受ける。

【尋問じんもん】問いただすこと。例警察で厳しく尋問された。▼「迅問」とも書く。

たずねる[2] 訪ねる

⇩おとずれる(訪れる)

ただ 只

◉**料金不要**

【無償むしょう】報償がないこと。また、代金を払わなくてよいこと。例恩返しのつもりで無償で働く。▼「償」は、財貨で仕事の礼をするのが原義。のち、「賞」が功労に、「償」が罪や借用物に相当する返しの意を表すようになる。

【無賃むちん】料金を払わないこと。例無賃乗車が見つかる。

【無料むりょう】料金がいらないこと。例小学生まで無料で入場できる。

◉**ありふれた** 類月並み

【平凡へいぼん】ありふれていて、特にすぐれたところのないこと。例平凡な人生を送る。

【凡庸ぼんよう】(人が)特にすぐれたところがないこと。例彼は凡庸な人物ではない。▼「庸」は、世間に通用する一般なみの、普通のさまを言う。

たたかう[1] 闘う

類争う

【格闘かくとう】互いに組み合って争うこと。例熊と猟犬が格闘している。▼「格」は、かたいつっかえ棒」が原義。こつんとぶつける意を表す。

【敢闘かんとう】いさましくたたかうこと。例新入幕で敢闘賞を受賞した。▼「敢」は、思い切って押さえを払いのける意。あえてすること。

【苦闘くとう】困難な状況の中で、苦しみに耐えてたたかうこと。例子育てに悪戦苦闘する。

【激闘げきとう】はげしくたたかうこと。例優勝候補同士が激闘する。

【決闘けっとう】恨みや争いを解決するために、目的・場所・方法を決めてたたかうこと。例仲間同士が決闘する。

【健闘けんとう】力を出しきってたたかうこと。例ベテランを相手によく健闘した。

【闘争とうそう】たたかいあらそうこと。例労働条件の改善を求めて闘争する。▼「闘」は、立ちはだかって切り合い、たたかうこと。「争」は、引っ張り合うこと。これに対して「戦」は、武器で敵をなぎ倒すこと。

【奮闘ふんとう】力いっぱいたたかうこと。例奮闘努力のかいもなかった。

【乱闘らんとう】入り乱れてたたかうこと。例両チームのファンが乱闘する。

たたかう[2] 戦う

【合戦かっせん】敵味方がたたかいあうこと。例さるかに合戦。関ヶ原の合戦。

【苦戦くせん】苦しいたたかいをすること。例若手の思い切りのよい相撲に苦戦する。

【激戦げきせん】全力を出して、はげしくたたかうこと。例ここは激戦区である。

【決戦けっせん】最後の勝敗を決めるためにたたかうこと。例両主将の決戦となる。

【交戦こうせん】戦いをまじえること。例隣国と交戦する。

【混戦こんせん】敵味方が入り乱れてたたかうこと。例保守乱立の混戦模様。

【勝負しょうぶ】勝ち負けを決めるためにあらそうこと。例正々堂々と勝負しよう。

【接戦せっせん】勝負がなかなか決まらない激しい戦い。例接戦の末に粘り勝つ。

【善戦ぜんせん】十分に力をつくしてたたかうこと。例大関を相手に善戦した新入幕力士。

【戦争せんそう】武力を用いてたたかうこと。例戦争しても平和は得られない。

【戦闘せんとう】武器を用いてたたかうこと。例海上での戦闘となる。

【対戦たいせん】敵味方になってたたかうこと。例優勝候補者同士が対戦する。

【転戦てんせん】あちこちと場所を変えてたたかうこと。例ヨーロッパを転戦して歩く。

【熱戦ねっせん】熱のこもった激しいたたかい。例甲子園での熱戦が期待される。

【奮戦ふんせん】力をふるってたたかうこと。例強豪相手に奮戦する。

【乱戦らんせん】敵味方が入り乱れてたたかうこと。例乱戦が続いて兵士たちは疲弊している。

【連戦れんせん】続けてたたかうこと。例五日間連戦する。

ただしい 正しい

【公正こうせい】公平でかたよりがないこと。例公正な立場で、ものを言う。

【正確せいかく】正しくて間違いのないこと。例資料は正確に作成する。


【正規せいき】規則にはっきり決められていること。例正規の課程を修了するには三年かかる。

【正義せいぎ】道理にかなっていて正しいこと。例正義をつらぬいて討死うちじにする。

【正式せいしき】決められたとおりのやり方。例まだ正式に離婚していない。

【正常せいじょう】普通であり、特に変わったところがないこと。例両方の視力とも正常です。

【正当せいとう】正しく道理にかなっていること。例正当な手段で訴える。

【方正ほうせい】まじめで正しいこと。例品行方正な青年。

ただす 正す

類直す

【改正かいせい】改めて正すこと。例条約を改正する。

【規正きせい】規則に従って正すこと。例貿易不均衡を規正する。

【更正こうせい】税の申告・登記などの誤りを正すこと。例申告額を更正する。

【校訂こうてい】古典の文章などを原本と照らし合わせて正すこと。例校訂の作業を手伝う。

【修正(しゅうせい)】ととのえ直すこと。例軌道を修正する。

【是正(ぜせい)】正しく直すこと。例不平等な選挙区の議員定数を是正する。

【訂正(ていせい)】言葉や文字の誤りを正すこと。例さきほどの発言を一部訂正します。

【補正(ほせい)】後からおぎなって正すこと。例議案を補正する。

ただちに 直ちに ⇩すぐ

ただよう 漂う

類浮く

【漂着(ひょうちゃく)】流れただよって岸につくこと。例イルカの死体が浜に漂着した。

【漂流(ひょうりゅう)】海上をただよい流れること。例故障したヨットが太平洋を漂流する。

【浮動(ふどう)】水中や空中を浮きただようこと。例空中に浮動する謎の物体。

【浮遊(ふゆう)】浮かびただようこと。例湯の花が温泉に浮遊する。

たちまち 忽ち ⇩にわかに(俄に)

たつ 立つ

【起立(きりつ)】立ち上がること。例起立して教師を迎える。

【直立(ちょくりつ)】まっすぐに立つこと。例直立猿人。直立不動。

【倒立(とうりつ)】さかだちをすること。例倒立して歩く。

【乱立(らんりつ)】むやみに立ち並ぶこと。むやみに多くの者が出ること。例候補者が乱立している選挙区。

【林立(りんりつ)】ものが数多く立ち並ぶこと。例高層ビルが林立する地域。

たっぷり ⇩ゆたかだ(豊かだ)

たてる 建てる

類造る・築く

【改築(かいちく)】建物の一部または全部を建て直すこと。

例美術館を改築する。

【建設（けんせつ）】建造物を新たにつくること。例湾岸道路を建設する。

【建造（けんぞう）】建物や船などをつくること。例都市計画に沿った建造物。

【建築（けんちく）】建物などをつくること。例異例の建築ブームに沸く建設業界。

【建立（こんりゅう）】寺院や堂塔をつくりたてること。例東大寺大仏殿を建立する。

【再建（さいけん）】壊れたり焼失した建物を建て直すこと。例火災で焼けたお堂を再建する。

【新築（しんちく）】建物の一部または全部を建て直すこと。例二世帯住宅を新築する。

【増築（ぞうちく）】今までの建物にさらに増し加えて建てること。例勉強部屋を増築する。

たのむ 頼む

類任せる・請う

【委嘱（いしょく）】たのんでまかせること。例審査員を委嘱される。▼「委」は、稲が力なく垂れるという字義から、ゆだねる、まかせるの意となる。「嘱」は、相手の耳に口をぴたりとくっつけるという字義から、「頼む」の意を持つ。

【委託（いたく）】まかせたのむこと。例民間業者に委託する。▼「託」は、言葉で頼み、一か所にあずけ定着させる意。

【依頼（いらい）】人に用件などをたのむこと。例あちこちから講演を依頼される。

【懇請（こんせい）】心を尽くしてたのむこと。例難民救助を懇請される。▼「請」は、澄んだ目をまともに向けて相手に対すること。心から頼む意となる。

【嘱託（しょくたく）】たのんでまかせること。例研究室の副手（ふくしゅ）を嘱託する。

たべる 食べる

【会食（かいしょく）】何人かの人が集まって食事をすること。例恩師を囲んで会食する。

【間食（かんしょく）】定まった食事と食事との間に物を食べること。例間食しなければやせられる。

【試食（ししょく）】食べ物の味の良否を知るために、ためしに食べてみること。例食品売り場を試食しながら歩く。

【節食(せっしょく)】食事の量をへらすこと。例節食しすぎて拒食症になる。

【絶食(ぜっしょく)】食べ物をまったくとらないこと。例手術の前日は絶食すること。

【粗食(そしょく)】粗末な食べ物。また、それをたべること。例粗食を美徳とする。

【美食(びしょく)】うまい物・ぜいたくな物を食べること。例美食しすぎて成人病になる。

【偏食(へんしょく)】食べ物に好き嫌いがあり、食べるものがかたよること。例成長期に偏食すると背が伸びない。

【飽食(ほうしょく)】飽きるほど食べること。例飽食の時代を憂える。

【暴食(ぼうしょく)】度を過ごして食べること。例暴食して胃をこわす。暴飲暴食。

【立食(りっしょく)】立ったまま食べること。例立食式のパーティーに出席する。

だます

騙す　類欺く

【欺瞞(ぎまん)】あざむきだますこと。例支持者を欺瞞する行為。▼「欺」は、四角くかどばった顔をして見せて、実はごまかす意。「瞞」は、目を覆い隠して見えなくする、だますの意。

【詐欺(さぎ)】うそを言って他人をだますこと。例結婚詐欺にひっかかる。▼「詐」は、作為を加えてあざむくこと。

たまる

溜まる

◉一か所に集まったまま流れずにいる　類滞る

【延滞(えんたい)】支払い・返済などが、期限に遅れてとどこおること。例家賃の支払いが延滞したままだ。

【停滞(ていたい)】物事が順調に進まないこと。例一日休むと作業が停滞する。

◉積もって動かずにある　類満ちる

【充満（じゅうまん）】ある空間にいっぱいになること。例部屋にはガスが充満していた。

だまる
黙る

【暗黙（あんもく）】何も言わないでだまっていること。例二人の間に暗黙の了解が成立する。

【箝口（かんこう）】口をつぐんでだまること。また、人をだまらせること。例箝口して語らず。箝口令をしく。▼「箝」は、はさみ込んで動かないようにする意。

【緘黙（かんもく）】口を閉じてだまること。例家族以外の人とは口をきかない「場面緘黙」の幼児。▼「緘」は、物を中に入れて口をふさぐ意。意志的にだまること。

【絶句（ぜっく）】言葉につまり、だまってしまうこと。例彼の言葉のあまりの強さに絶句する。

【沈黙（ちんもく）】だまりこむこと。例二千人が一瞬沈黙した。

【黙視（もくし）】だまって見ていること。例黙視するに忍びない。

【黙止（もくし）】だまって捨てておくこと。例批評を黙止する。

【黙秘（もくひ）】だまり通して、口を割らないこと。例取り調べに黙秘し続ける容疑者。

ためす
試す

類試みる・テストする

▼「試す」は、試験・考査・実験など実際に求めてみること。「試みる」は、心の中やものの真実・正体をさぐること。

【試飲（しいん）】(酒などの良否を知るために)ためしに飲んでみること。例試飲した地酒で酔った。

【試供（しきょう）】商品を使ってもらうために、見本を提供すること。例薬局で試供品を山ほどもらう。

【試験（しけん）】物事の性質や性能などを調べること。例新製品の性能を試験する。

【試行（しこう）】ためしにやってみること。例試行錯誤を繰り返して成功する。

【試作（しさく）】ためしに作ってみること。例ケーキを試作する。

【試写（ししゃ）】映画を公開する前に一部の人に映写して

見せること。例完成した映画を試写する。

【試乗（しじょう）】ためしに乗ってみること。例新型車の試乗会に行く。

【試食（ししょく）】(食べ物の味の良否を知るために)ためしに食べてみること。例試食して味見をする。

【試着（しちゃく）】体に合うかどうか、ためしに着てみること。例ドレスを試着する。

【実験（じっけん）】実際にためしてみること。例各洗剤の洗浄力を実験する。

ためらう

類後込（しりご）む・尻込む

【逡巡（しゅんじゅん）】決断がつかず、ぐずぐずすること。例二人はその一声に打たれて逡巡した。▼「逡」は立ちすくむ意。「巡」は、川の流れがぐるりと大地をめぐる意だが、一か所を回るだけで進まない意にも用いる。

【躊躇（ちゅうちょ）】決心がつかず迷うこと。例チョコレートを渡すのを躊躇する。▼「躊」はためらう、「躇」は止まるの意。

ためる 溜める

⇩たくわえる(蓄える)

たもつ 保つ

【維持（いじ）】物事の状態をそのまま持ちこたえること。例維持費が高くついて経営が苦しい。▼「維」は、押さえ引っ張る綱の意。

【温存（おんぞん）】大事にしまっておくこと。例主力選手を温存したまま戦う。

【確保（かくほ）】しっかりと持っていること。例五人分の席を確保した。

【持久（じきゅう）】長く持ちこたえること。例持久力を必要とするスポーツ。

【保温（ほおん）】一定の温度に保つこと。例保温性に富む素材を開発する。

【保管（ほかん）】他人の物をあずかって管理すること。例毛皮を保管する業者。

【保持（ほじ）】保ち続けること。例世界記録保持者の貫録。

【保守（ほしゅ）】今までの制度・習慣などをそのまま守り続けようとすること。例保守的な考えの持ち主。

【保全（ほぜん）】安全な状態を保つこと。例領土の保全を図る。

【保存（ほぞん）】長くそのままの状態を保つこと。例罐詰は保存がきくので便利だ。

【保有（ほゆう）】自分の手元に持ち続けること。例核爆弾を保有している国。▼「保有」は保護しながら持ち続けること。

たやすい　容易い

類易しい・手軽だ・イージーだ

【安易（あんい）】努力しないでもたやすくできるさま。例安易な道を選ぶ。

【安直（あんちょく）】気軽なさま。例安直に考えて子供を産む。

【簡易（かんい）】手軽でたやすいさま。例郵便局の簡易保険に加入する。

【簡単（かんたん）】たやすいこと。例検査は素人でも簡単にできる。

【簡便（かんべん）】手軽で便利なこと。例入国審査をもっと簡便にしてほしい。

【簡約（かんやく）】要点を抜き出して手短にまとめること。例外国人のために簡約日本語辞典をつくる。

【簡略（かんりゃく）】手軽なこと。略式であること。例簡略な地図を添えておく。

【平易（へいい）】やさしいこと。分かりやすいこと。例平易な文章を書くように心掛ける。

【平明（へいめい）】分かりやすくはっきりしていること。例平明な問題に時間を費やす。

【無造作（むぞうさ）】たやすいこと。気軽に事をすること。例偽証書を無造作に作成する。

【容易（ようい）】やさしいこと。例長年の習慣を変えるのは容易でない。

たよる　頼る

類すがる・託する・依（よ）る

【依存（いぞん）】他のものにたよって生活していること。例日本の石油は中東に依存している。

【依託（いたく）】他人にすっかり任せて頼むこと。例清掃を業者に依託する。

参考「たよる」は、相手に寄りかかること。「たのむ」は、良い結果を祈って相手に任せること。

たりる　足りる

類満ちる

【充足（じゅうそく）】十分に満ち足りること。例心を充足させる読書。

【堪能（たんのう）】十分に満ち足りること。例古典落語をご堪能ください。▼中国では、才能のすぐれていることを「堪能」といったが、「十分に味わって満足する」意で使うのは日本語特有の用法。

【満喫（まんきつ）】十分に飲み食いすること。また、十分に楽しむこと。例北海道でスキーを満喫する。

【満足（まんぞく）】十分であること。満ち足りて不満のないこと。例弟子の成長に満足する。

ちいさい　小さい

◉**面積・体積などが小さい**　類ハンディ

【過小（かしょう）】小さすぎること。例与えられた責任は過小だ。

【極小（きょくしょう）】きわめて小さいこと。例極小のほこりが入る。

【最小（さいしょう）】最も小さいこと。例世界最小のカメラ。

【小規模（しょうきぼ）】規模の小さいこと。例小規模な事務所をかまえる。

【短小（たんしょう）】短く小さいこと。例短小な車体。

【微細（びさい）】きわめて細かいこと。例レンズに微細な傷がつく。

【微小（びしょう）】非常に小さいこと。例微小な振動にも反応する機械。

【矮小（わいしょう）】丈が低く小さいこと。例矮小な体を悲しく思う。▼「矮」は、曲がって丈の短いさま。

◉**年が若い**

【年少（ねんしょう）】年が若いこと。例年少の者の言うことも聞いてほしい。

【幼少（ようしょう）】おさなくて小さいこと。例幼少の頃より抱いてきた夢。

◉**こまかい**

⇩こまかい（細かい）

ちかう 誓う

【誓約せいやく】誓って約束すること。例一生添い遂げると神前で誓約する。

【宣誓せんせい】宣言して誓うこと。例チームの主将が宣誓する。

【約束やくそく】先のことを決めること。例人質の解放を約束する。

ちぢむ 縮む

【畏縮いしゅく】おそれてちぢこまること。例優秀な人たちに囲まれて畏縮した。

【萎縮いしゅく】なよなよとしぼんでちぢむこと。例新参者とて萎縮することはない。

【恐縮きょうしゅく】おそれいってちぢこまること。例御足労いただき恐縮に存じます。

【収縮しゅうしゅく】ちぢまること。例上腕筋が収縮する。

【伸縮しんしゅく】伸びてちぢむこと。例この布には伸縮する糸を使っている。

ちぢめる 縮める

【圧縮あっしゅく】押しちぢめること。例空気を圧縮するポンプ。

【凝縮ぎょうしゅく】ぎゅっとつめこむこと。例複雑な人間関係を凝縮した小説。

【軍縮ぐんしゅく】軍事力を小さくすること。例世界各国が軍縮しようと努力する。

【縮小しゅくしょう】小さくちぢめること。例これを縮小した大きさが望ましい。

【短縮たんしゅく】距離・時間などを短くちぢめること。例授業を短縮する。

ちょっと 一寸

⇩すこし(少し)

ちらす 散らす

類撒まく

【散布さんぷ】薬などをまきちらすこと。例害虫駆除の薬剤を散布する。

【発散はっさん】ぱらぱらとちらすこと。例夏の光を発散する太陽。

【分散（ぶんさん）】一つのものをいくつかにちらすこと。例現金を分散して隠す。

ちる　散る

類散らばる

【拡散（かくさん）】広がりちること。例核の拡散を防止する条約。

【散乱（さんらん）】ばらばらに散らばること。例片付ける人もなく、ごみが散乱する。

【四散（しさん）】四方に散らばること。例せっかく収集した資料も四散した。

【飛散（ひさん）】とびちること。例地震でガラスが飛散した。

【離散（りさん）】人などがちりぢりになること。例戦争で一家が離散した。

ついに　遂に

【結局（けっきょく）】とうとう。ついに。例善戦したが、結局敗れた。

【到頭（とうとう）】結局。ついに。例とうとう自分の番が回ってきた。

ついやす　費やす

類遣う・減らす

【散財（さんざい）】お金をつかうこと。例散財をおかけして申し訳ない。

【消費（しょうひ）】使ってなくすこと。例冷房は電力を大量に消費する。

【消耗（しょうもう）】体力などを使いはたすこと。例寒さで体力を消耗するのを防ぐ。▼「耗」は、すり減る意。

【徒費（とひ）】むだな費用。むだ使いをすること。例献血による血液を徒費するな。▼「徒」は、むだに、いたずらに、の意味。

【浪費（ろうひ）】時間やお金をむだに使うこと。例ゲームで時間を浪費しないように。

つうじる　通じる

◉通る

【開通（かいつう）】鉄道・道路などが通じること。例北陸自動車道が全線開通した。

【全通（ぜんつう）】すべての線路が開通すること。例新幹線が青森まで全通するのはいつか。

【直通（ちょくつう）】目的の所へまっすぐ通じること。例食堂街に直通しているエレベーター。

◉詳しく知っている

【熟知（じゅくち）】くわしく知っていること。例この辺の地理は熟知している。

【精通（せいつう）】くわしくよく知っていること。例ロシアの経済に精通した人。

◉連絡をとる

【結託（けったく）】ぐるになること。共同で悪いことを計画すること。例業者と結託して裏金を隠す。▼「託」は、まかせる意。

【内通（ないつう）】敵とひそかに通じること。例敵に内通している者がいるらしい。

◉不義をはたらく

【姦通（かんつう）】夫のある女性が他の男性との仲に走ること。例姦通罪は一九四七年に廃止された。

【密通（みっつう）】男女がひそかに関係すること。例密通が発覚して退職した。

つかう 使う

類用いる・役立てる

【愛用（あいよう）】気に入って使うこと。例先生が愛用している万年筆。

【悪用（あくよう）】悪いことに使うこと。例キャッシュカードを悪用されては困る。

【応用（おうよう）】知識・理論などを実際の場でつかうこと。例研究成果を現代生活に応用しよう。

【活用（かつよう）】いかして使うこと。例倉庫を劇場として活用する。▼「活」は、勢いよく動くさま。

【駆使（くし）】思いのままに使うこと。自在に使うこと。例多くの文献を駆使して調べる。▼「駆」には追いたてる意がある。「思いのままに使う」意を「駆使」にあてるのは、日本特有の用法である。

【行使（こうし）】権力などを実際に使うこと。例武力を行使して制裁する。

【兼用（けんよう）】一つのものを二つ以上の用途に使うこと。例このセーターは夫と兼用だ。

【酷使（こくし）】こき使うこと。例右腕を酷使したため、肩が上がらなくなった。

【誤用（ごよう）】本来の使い方を誤って用いること。例ことわざの誤用が目立つ。

【混用（こんよう）】まぜて使うこと。例です・ます体とだ・である体の混用をしないこと。

【使役（しえき）】他のものに仕事をさせること。例使役する年数を決めておく。

【使用（しよう）】用いること。使うこと。例職人以外の人が使用することを禁じる。

【試用（しよう）】ためしに用いること。例新商品の試用期間。

【常用（じょうよう）】いつも使うこと。例常用漢字表。

【専用（せんよう）】特定のことに使うこと。例受信専用の電話。

【代用（だいよう）】かわりに用いること。例ズッキーニをキュウリで代用する。

【転用（てんよう）】本来の目的とちがうことに使うこと。例空地を駐車場に転用する。

【併用（へいよう）】あわせて用いること。例食事療法と運動を併用してやせた。

【乱用（らんよう）】むやみに用いること。例薬を乱用してはいけない。

【利用（りよう）】今までにあるものを使ってうまく役立てること。例夏休みを利用して海外へ行く。

▼「利」は、都合よく使う、役立たせる、事がうまく運ぶようにする意。

つかまえる　捕まえる

類捕らえる・取り押さえる

【検挙（けんきょ）】犯人や犯罪者を調べるために警察に連れて行くこと。例脱税者の一斉検挙にのりだす。

【逮捕（たいほ）】犯人をつかまえること。例犯人を現行犯で逮捕する。

【拿捕（だほ）】つかまえること。また、領海侵犯の罪でとらえること。例領海内の外国漁船を拿捕する。

【捕獲（ほかく）】動物をとらえること。例逃げ出した熊を捕獲する作戦。

【捕縛（ほばく）】つかまえてしばること。例万引きの常習犯を捕縛した。

【拉致（らち）】むりやり連れて行くこと。例国境辺りで

【連行（れんこう）】拉致されたらしい。つれて行くこと。例容疑者を署まで連行した。参考「逮」は手を伸ばしてつかまえる、「拿」は相手に手をくっつけてつかまえる、「拉」は両手を物につけてひっぱる、「致」は目標とする所まで届ける意。「検」は調べる、取り締まる意で、「検挙」は「逮捕」よりも広い意味を持つが、警察署に連行する意は日本語特有の用法。

つかむ 摑む

◉自分のものにする・手に入れる 類取る

【獲得（かくとく）】物や地位を得ること。例一位の座を獲得する。

◉分かる・解する

【把握（はあく）】しっかりつかむこと。例外国の文化を把握するのは難しい。▼「把」は手のひらを物にぴったりと付けてにぎる、「握」は手のひらで覆うようにしてにぎること。

【理解（りかい）】物事のすじみちをつかむこと。例要点だけでも理解しておく。

つかる 浸かる

類浸る

【冠水（かんすい）】大水で田畑・建物などが水につかること。例地下鉄が冠水のために不通となる。▼「冠」は、かんむりをかぶること。

【浸水（しんすい）】水が入りこむこと。水につかること。例神田川沿いの全家屋が浸水した。

つかれる 疲れる

類くたびれる・ばてる

【過労（かろう）】疲れがたまりすぎること。例主役が過労で倒れ、代役を立てた。

【倦怠（けんたい）】いやになってさぼること。例どことなく倦怠感を覚える。▼「倦」はぐったりと曲がった姿を意味する。

【困憊（こんぱい）】疲れきること。例疲労困憊して立つこともできない。▼「憊」は、疲れて精根尽きること。

【心労（しんろう）】心を配ること。例心労のあまり白髪がふえる。

【疲労（ひろう）】体や心が疲れること。例残業続きで疲労がたまる。

つきあう 付き合う

類交わる・接する

【交際（こうさい）】親しく行き来すること。例家族ぐるみで交際している。

【交友（こうゆう）】交際。友とつきあうこと。例交友関係を調べる。

【交遊（こうゆう）】交わり遊ぶこと。例あらゆる分野の人と交遊する。

【社交（しゃこう）】人とつきあうこと。例社交的な性格で得をしている。

【接触（せっしょく）】他人とつきあうこと。例政治家が財界の実力者と接触する。

つきあたる 突き当たる

類ぶつかる

【激突（げきとつ）】はげしくぶつかること。例全勝チーム同士が決勝で激突した。

【衝突（しょうとつ）】ぶつかること。例バスとトラックが正面衝突した。▼「衝」は、ぶち抜くほどの勢いで物にどんと当たる意。「突」は、穴から犬が急に飛び出すさまを示し、飛び出してぶつかることをいう。

【追突（ついとつ）】後ろからぶつかること。例追突された勢いで反対車線に出る。

つぎこむ つぎ込む

類投じる

【出資（しゅっし）】事業などに資金を出すこと。例共同事業に出資する。

【投機（とうき）】大きなもうけをねらってする行為。例投機に失敗する。

【投資（とうし）】資金を投じること。例投資資金が底をつく。

【投入（とうにゅう）】資本や人などを集中的につぎこむこと。例戦力を投入する。

【融資（ゆうし）】資金を融通すること。例融資を受ける。

つきる 尽きる ⇩たえる(絶える)・なくなる

つく[1] 着く

類(そこに)達する

【延着(えんちゃく)】予定の時刻より着くのが遅れること。例人身事故で列車は三十分延着した。

【帰着(きちゃく)】他からある目的地にたどりつくこと。例最終的には金の問題に帰着する。

【終着(しゅうちゃく)】最後に着くこと。例終着駅に降り立つ。

【先着(せんちゃく)】他のものより先に着くこと。例先着一名様に記念品を差し上げます。

【早着(そうちゃく)】予定の時刻より早く着くこと。例国際線の早着は珍しくない。

【着岸(ちゃくがん)】船などが岸に着くこと。例流氷が北海道東部沿岸に着岸した。

【着水(ちゃくすい)】空から水面に降りること。例ロケットがインド洋に着水した。

【着船(ちゃくせん)】船が港に入ること。例完全に着船してから移動すること。

【着陸(ちゃくりく)】飛行機などが陸に着くこと。例ヘリコプターが砂を巻き上げ着陸した。

【到達(とうたつ)】ある地点に達すること。例ようやく無我の境地に到達した。

【到着(とうちゃく)】目的地へ着くこと。例特急列車が到着する。

【同着(どうちゃく)】決勝点に同時に着くこと。例先頭の二人はほとんど同着だった。

【漂着(ひょうちゃく)】漂って流れ着くこと。例遭難した船の一部が浜に漂着した。

【不時着(ふじちゃく)】燃料不足・故障などで、飛行機などが予定外の地に降りること。例田園地帯に不時着した飛行機。

【未着(みちゃく)】まだつかないこと。例新譜は未着である。

◉届く

【近着(きんちゃく)】近いうちに届くこと。例話題のその映画は近着の予定である。

【新着(しんちゃく)】商品が届いたばかりであること。例新着のCDが飛ぶように売れる。

【着荷(ちゃっか)】荷物が届くこと。例教科書の着荷が遅れている。▼「ちゃくに」とも。

◉しっかりとある位置を占める

類座る

【着座(ちゃくざ)】座席につくこと。すわること。例火鉢を囲んで着座した。

【着席(ちゃくせき)】席につくこと。すわること。例起立・礼・着席の号令。

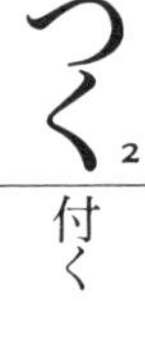

つく² 付く

◉二つ以上のものがぴったりと一つになる

【吸着(きゅうちゃく)】ぴたりと吸いつくこと。例タイルに吸着盤を当てる。

【膠着(こうちゃく)】にかわでつけたようにべったりとつくこと。状態が固まってしまい、動かないこと。例団体交渉が膠着状態に陥る。

【接着(せっちゃく)】二つの物をぴたりとくっつけること。例瞬間接着剤は釣りファンから広まった。

【定着(ていちゃく)】しっかりとついて離れないこと。例パンは日本人の食生活に定着した。

【粘着(ねんちゃく)】べたべたとくっつくこと。例ガムテープの粘着力。

【付着(ふちゃく)】ある物が他の物につくこと。例被害者の衣服に付着した血痕。

【密着(みっちゃく)】ぴったりとつくこと。例芸能人に密着取材を申し込む。

【癒着(ゆちゃく)】膜や傷口がくっつくこと。例傷口が癒着して痛む。

◉つき従う

【帰属(きぞく)】つき従うこと。例会社への帰属意識がなくなりつつある。類属する

【専属(せんぞく)】一つの会社などだけに属すること。例番組の専属のスタイリストがいる。

【直属(ちょくぞく)】直接、属していること。例直属の上司に仲人を頼む。

【付随(ふずい)】関連すること。例海外赴任に付随した問題。

【付属(ふぞく)】主なものに付き従うこと。例大学に付属した研究所。

【付帯(ふたい)】主なものに伴うこと。例大会はいくつかの付帯決議を採択した。

つく³ 就く

類座る

【後任(こうにん)】前の者にかわって任務につくこと。例後任者を見つけてから辞める。

【在職(ざいしょく)】職についていること。例この会社に在職

することと三十年。

【在任（ざいにん）】任務についていること。例在任中はお世話になりました。

【就業（しゅうぎょう）】業務につくこと。例女性の就業人口の増加が著しい。

【就職（しゅうしょく）】職につくこと。例地元の企業に就職したい。

【就任（しゅうにん）】任務につくこと。例会長には父、社長には息子が就任した。

【初任（しょにん）】初めて職に任じられること。例記者としての初任地は室蘭だった。

【新任（しんにん）】新しく任命されること。例新任の先生方を紹介する。

【前任（ぜんにん）】前にその任務についていたこと。例前任者から仕事を引き継ぐ。

【着任（ちゃくにん）】新しい任務や任地につくこと。例今日新しい所長が着任する。

【奉職（ほうしょく）】公的な仕事につくこと。例カトリック系の学園に奉職している。

つぐ
継ぐ

●絶えないようにする

【襲名（しゅうめい）】名前をつぐこと。例団十郎を襲名する。
▼「襲」は、かさねる意。地位や方法などを引き継ぐ意となる。

【世襲（せしゅう）】子が親から職業・財産などを代々受け継ぐこと。例歌舞伎の名跡は世襲制である。

【相続（そうぞく）】あとを継ぐこと。例多額の財産を相続する。

●(伝えるべきものを)続ける　類つなぐ

【継承（けいしょう）】地位や財産などを受け継ぐこと。例皇位継承権第一位の皇太子殿下。

【継続（けいぞく）】これからも続くこと。続けること。例番組は秋以降も継続する予定だ。

【後継（こうけい）】あとをつぐこと。例後継者の育成を急がねばならない。

【中継（ちゅうけい）】中間で受けついであとへ引き渡すこと。例スタート地点とゴールの中継点。
▼「継」は、切れた糸をつなぐ意。

【踏襲（とうしゅう）】これまでのやり方を受けついで行うこと。

例前首相の方針を踏襲する。

つくす ⇩つとめる1

つくづく

類 切に・しみじみ

【切実】(せつじつ) 強く心に感じるさま。例値上げはすべきでないと切実に思う。

【痛切】(つうせつ) 身にしみて感じられること。例英語力の必要性を痛切に感じた。

参考「切」は、刃物をぴたりと当てて切るのが原義。「切実」では、目前にさし迫るさまを表し、「痛切」では、刃物をじかに当てたようにぴたりとくっついて、身や心に感じるさまを意味する。

つぐなう 償う

類 補う

【代償】(だいしょう) 損害を与えたかわりにつぐなうこと。例事故の代償は大きい。

【賠償】(ばいしょう) 損害をつぐなうこと。例賠償金を支払う。▼「賠」は欠損分をおぎなう意。

【弁済】(べんさい) 借りたものを返してつぐなうこと。例借金を弁済する。▼「弁」は、物事を切り分ける意から、けじめをつけること。

【弁償】(べんしょう) つぐなうこと。例壊した時計を弁償する。

【報償】(ほうしょう) 国などがつぐなうこと。例遺族に報償金が支払われる。

【補償】(ほしょう) 国などがおぎないつぐなうこと。例災害に対する補償。

つくる1 作る

類 こしらえる

◉物に細工をして形があるものにする

【合作】(がっさく) 共同でつくること。例日中で合作した紀行番組。

【官製】(かんせい) 政府がつくること。例官製はがきに書いて送る。

【謹製】(きんせい) 心をこめてつくること。例ホテル謹製のスープセット。

【形成】(けいせい) 形づくること。形をなすこと。例性格を形成する幼児期の環境。

【作成さくせい】書類などをつくること。例ワープロで文書を作成する。▼書類や計画・制度などをつくる場合に用いる語。

【作製さくせい】ものをつくること。例自動翻訳機を作製中である。

【作曲さっきょく】曲をつくること。例映画の主題歌を作曲した。

【作詞さくし】詩をつくること。例作詞してから曲をつける。

【試作しさく】試しにつくること。例何回も試作して味を確かめた。

【自作じさく】自分でつくること。例自作自演の大活躍。

【私製しせい】個人でつくること。例包装紙で私製の封筒を作る。

【新調しんちょう】新しくこしらえること。例入社式に備えてスーツを新調した。

【制作せいさく】芸術的な作品をつくること。例ドラマを二本制作している。▼芸術的な作品をつくる場合に用いる語。日本特有の用法。

【製作せいさく】物をつくること。例農機具を製作している工場。▼物品をつくる場合に用いる語。

【生産せいさん】生活のためになる物をつくること。例生産農家から直接購入する。

【生成せいせい】ものが生じて形になること。例地殻変動が新しい島を生成した。

【創作そうさく】初めてつくること。例創作落語に取り組む真打ち。

【調製ちょうせい】注文に応じてつくること。例調製時刻を確かめて駅弁を買う。

【特製とくせい】特別につくること。例誕生日用に特製のケーキを注文した。

【複製ふくせい】同じものをつくること。例CDを複製することは禁じられている。

【和製わせい】日本製。国産。例和製ロック歌手が人気を呼んでいる。

参考「作・制・製・創」の各意味は次の通り。「作」は、人為を加えること。「制」は、必要な部分を断ち取り、他の部分を切り捨てること。「製」は、布地を裁断することから、材料の形を整えて仕立てること。「創」は、素材に切れ目をつけることから、「新たにつくり出す・始める」意味も持つ。

●**農耕する**

【栽培（さいばい）】野菜やくだものなどを育てること。例しいたけを栽培している。

つくる[2] 造る

【偽造（ぎぞう）】本物に似せてつくること。例金貨を偽造していた集団がつかまる。▼「造」は、材料をくっつけて合わせてつくる意。

【建設（けんせつ）】建物などをつくること。例ダムの建設に反対運動がおきる。

【建造（けんぞう）】家や船などをつくること。例欧州では石の建造物が目を引く。

【人造（じんぞう）】人工的につくること。例人造湖の計画。

【製造（せいぞう）】製品をつくること。例武器を製造する工場を閉鎖せよ。

【造成（ぞうせい）】つくりあげること。例母校ではグラウンドを造成する。

【創造（そうぞう）】はじめて新しいものをつくりだすこと。例天地創造の神話。

【密造（みつぞう）】ひそかにつくること。例酒を密造している老人。

【模造（もぞう）】あるものをまねてつくること。例有名ブランドの模造品が出回っている。

【乱造（らんぞう）】計画もなしに次々とつくること。例各地にゴルフ場を乱造する。

つけくわえる 付け加える ⇩くわえる(加える)・たす(足す)

つける[1] 付ける

●**書き添える** 類記す

【追記（ついき）】追って記すこと。例ワープロは追記するのが楽だ。

【付記（ふき）】付け足して書くこと。例そのことをあとがきに付記したい。

●**足す** 類加える・添える・プラスする

【加味（かみ）】他のものを加えること。例部外者の意見も加味して決める。

【追加（ついか）】あとから足すこと。例宴会で飲み物を追加する。

【添加（てんか）】他のものを添えること。例食品添加物の使用を避ける。

【添付（てんぷ）】あるものに添えること。例書類に健康診

【付加（ふか）】断書を添付する。付け加えること。例付加価値税。
●離れずに付き従う 類追う
【追跡（ついせき）】あとを追うこと。例犯人の足どりを追跡する。
【追走（ついそう）】あとから走ること。例先頭集団を追走する。
【尾行（びこう）】（人などの）あとをつけること。例怪しい車を尾行する。

つける2 着ける

●しみつかせる・付着さす 類染める
【着色（ちゃくしょく）】色をつけること。例人工着色料の使用を禁止する。
●身につける 類着る
【着用（ちゃくよう）】衣類を身につけること。例検査時にはゆかたを着用すること。
●気をつける 類狙う
【着眼（ちゃくがん）】あることに眼をつけること。例文字の使い方に着眼する。
●取り掛かる 類始める・掛かる
【着手（ちゃくしゅ）】あることにとりかかること。例新しい研究課題に着手する。

【着工（ちゃっこう）】工事にとりかかること。例建設工事の着工が一か月遅れている。

つける3 点ける

類点す（とも）
【点火（てんか）】火をつけること。例聖火台に点火する。
【点灯（てんとう）】灯をともすこと。例五時になるとランプに点灯する。
【点滅（てんめつ）】あかりがついたり消えたりすること。例電灯を点滅して急を知らせる。

つげる 告げる

類聞かせる・知らせる
【急告（きゅうこく）】急に言うこと。例急告—本日の演奏会は中止します。
【公布（こうふ）】おおやけに知らせること。例日本国憲法を公布する。
【告知（こくち）】告げ知らせること。例患者にガンを告知すべきか迷う。

【宣告（せんこく）】おおやけに告げ知らせること。例無罪を宣告する裁判官。

【告白（こくはく）】心の中を打ち明けること。例熱い思いを相手に告白した。

【通告（つうこく）】告げること。例組合側はスト決行を通告した。

【通達（つうたつ）】告げ知らせること。例教育委員会からの通達。▼「達」は、すらすらととおすことをいう。

【通知（つうち）】知らせること。例合格の通知が届く。

【通報（つうほう）】情報を知らせること。例消防署に出火を通報した。

【布告（ふこく）】広く一般に知らせること。例宣戦を布告する。

【報告（ほうこく）】調査の内容などを知らせること。例手術後の経過を報告する。

【密告（みっこく）】ひそかに知らせること。例大麻所有者を密告する。

【予告（よこく）】あらかじめ知らせること。例次回のドラマの予告を見る。

【論告（ろんこく）】裁判で、検事が被告人の罪をのべて求刑すること。例論告求刑。

つたえる 伝える

●受け継いで相手に告げる 類知らせる

【伝言（でんごん）】ことづて。例留守番電話に伝言しておくこと。

【伝達（でんたつ）】連絡や指示を伝えること。例集合時間を各クラスに伝達する。

【伝令（でんれい）】軍隊などで、命令を伝えること。例監督の指示を伝令するチームメイト。

【連絡（れんらく）】つながりをもつこと。例欠席者に連絡しておいてください。

●受け継いで次の人に渡すように教える

【皆伝（かいでん）】師匠が弟子にすべてを教えること。例茶道の免許皆伝。

【口承（こうしょう）】口から口へと語りつぐこと。例口承文芸の衰退を憂う。

【直伝（じきでん）】直接伝えること。例師匠直伝の土俵際のうっちゃり。

【伝授（でんじゅ）】秘伝などを伝え授けること。例我が家の味を孫に伝授する。

【伝承（でんしょう）】しきたりなどを受け継いで伝えること。例室町時代から伝承されている話。

【伝道（でんどう）】宗教で教えを伝えて歩くこと。例キリスト教を伝道する目的で日本に来た。

つたわる　伝わる

類広まる・及ぶ

【伝導（でんどう）】導き伝えること。例熱が伝導する速さを調べる。

【伝播（でんぱ）】広く伝わること。例皇太子婚約説が伝播する。▼「播」は、平らに広くまくこと。

【伝来（でんらい）】外国から伝わること。例鉄砲は種子島に伝来した。

【波及（はきゅう）】波のように影響が伝わること。例世界情勢が物の値段に波及する。

つづく　続く

●場所や物が切れずにつながる　類連なる

【後続（こうぞく）】あとにつづくこと。例後続の列車が遅れている。

【連結（れんけつ）】つなげて結びつけること。例二階建て車両を連結した新幹線。

【連鎖（れんさ）】くさり状につながること。例連鎖反応を起こす。

【連続（れんぞく）】切れずに続くこと。例二打席連続ホームラン。

●同じ状態がつづく・続ける　類通す

【一連（いちれん）】関係するひとつづき。例その手口は一連の犯行と類似している。

【永続（えいぞく）】ながくつづくこと。例名声が永続することを願う。

【勤続（きんぞく）】同じ所にずっと勤め続けること。例勤続三十年で表彰された。

【継続（けいぞく）】前から続いていることがずっと続くこと。例次の期も継続して受講したい。

【持続（じぞく）】長くたもち続けること。例集中力を持続させるのは難しい。

【続出（ぞくしゅつ）】つぎつぎとつづくこと。例けが人が続出しているチーム。

【続発（ぞくはつ）】つづけて発生すること。例発砲事件が続発している。

【続行（ぞっこう）】つづけて行うこと。例雨が降ってきたが試合は続行する。

【存続（そんぞく）】引き続き存在すること。例赤字ローカル線の存続が危ぶまれる。

つっこむ　突っ込む

●勢いよく入る　類雪崩（なだれ）込む

【突進（とっしん）】目標をめざして、まっすぐに進むこと。例危険を顧みず、火中に突進した。

【突入（とつにゅう）】つき進むこと。例話し合いが難航し、ストに突入した。

【乱入（らんにゅう）】ばらばらになだれこむこと。例講演会に暴漢が乱入する。

●内部に深く立ち入る　類咎（とが）める

【詰問（きつもん）】相手の非をとがめきつく問いただすこと。例激しい口調で詰問する。

【追及（ついきゅう）】追いつめること。例もう少し追及すべき取材内容。

【問責（もんせき）】責任を問うこと。例検査機関を問責する住人。

つつしむ　慎む

類控える

【謹慎（きんしん）】行動や言葉をつつしむこと。例三か月間、自宅で謹慎する。

【自粛（じしゅく）】自分から、行いをつつしむこと。例華美なネオンを自粛する。▼「粛」は、身を引き締めるさまをいう。

【自制（じせい）】自分で自分をおさえること。例自制心が強すぎて発散しない人。▼「制」は、必要な部分のみ取り、他は切り捨てる意。

【自重（じちょう）】行動に気をつけ、軽率なことをしないようにすること。例今後一層自重しなくてはならない。▼「重」は、大切に扱う意。

【節制（せっせい）】食欲・物欲などをおさえ、ひかえること。例健康のために節制すべきである。参考「慎む」は物事を控え目にするという意味で用い、「謹む」は敬意を表し、かしこまる意で謙譲表現として用いる。漢字の原義としては、「慎」は欠けることなくすみずみまで心が行き届く、「謹」

はこまごまと言動に気を配る意。

つつむ　包む

◉**荷造りする**　類おおう・くるむ・パッキング

【梱包(こんぽう)】ひも・なわをかけて荷造りすること。例家具を手早く梱包する。▼「梱」には、「しばる」の意がある。

【包装(ほうそう)】荷造りすること。例包装しにくい形の品物。

つとめる[1]　努める

類励む

【精進(しょうじん)】努力して打ちこむこと。例味を極めるため日々精進する。

【尽力(じんりょく)】力をつくすこと。例日本の再建に尽力してきた人々。

【努力(どりょく)】目標にむかって骨を折ること。例人一倍努力してここまで来た。▼「努」は粘り強く力を尽くすこと。

つとめる[2]　勤める

【皆勤(かいきん)】一日も休まないで学校や会社に行くこと。例皆勤手当が出る。▼「勤」は、こまめに励む意。

【勤務(きんむ)】つとめること。例丸の内の銀行に勤務している。▼「務」は、困難を乗り越えようと力を尽くす意。

【常勤(じょうきん)】常にその職務につくこと。例常勤の職員として採用される。

【非常勤(ひじょうきん)】常勤ではないこと。例医師と非常勤講師を兼任する。

【夜勤(やきん)】夜につとめること。例月に十回以上の夜勤がある。

つながる　繋がる

【接続(せつぞく)】続くこと。例バスは特急に接続している。

【直結(ちょっけつ)】直接結びつけること。例農家と直結している販売経路。

【連係(れんけい)】関連してつながること。例表計算ソフトとワープロソフトを連係させる。

【連鎖（れんさ）】くさりのようにつながること。例子供は連鎖反応を起こしやすい。

【連絡（れんらく）】つながること。例別館に連絡する通路を捜す。

つなぐ 繋ぐ

類結ぶ

【接続（せつぞく）】つなぐこと。例回線を接続し忘れて失敗した。

【増結（ぞうけつ）】列車に車両をつないで増やすこと。例次の駅で増結するので、発車が遅れるそうだ。

【連結（れんけつ）】つないで結ぶこと。例動力車を後部に連結して走る。

つねに 常に

類絶えず

【常時（じょうじ）】いつでも。例常時護衛官がついている。

【昼夜（ちゅうや）】昼も夜も。例昼夜仕事のことが頭にある。

【不断（ふだん）】いつも。例不断の努力で朗々とした声になる。⇩いつも

つまらない

◉値打ちがない 類くだらない・馬鹿らしい

【無意味（むいみ）】意味のないこと。つまらないこと。例無意味な議論を避けたい。

【無価値（むかち）】価値がないこと。例このようなガラクタは無価値だ。

◉物足りない

【不服（ふふく）】不満で納得がいかないこと。例判決を不服に思う。▼「服」は、ぴたりとくっつくという原義から、「なじむ」の意を持つ。

【不満（ふまん）】満たされないこと。例今度の作品の出来には不満が残る。

◉面白くない 類味気ない

【不興（ふきょう）】興味がわかないこと。例ささいなことで不興を買う。

【無味乾燥（むみかんそう）】何のおもしろみもないこと。例無味乾燥な書類の束。

つむ 積む

◉**散らさないように集めて固める**

【集積 しゅうせき】集めてそれを積み重ねること。例切り出した材木を集積する場所。

◉**荷物を載せる** 類載せる

【積載 せきさい】荷物をつむこと。例救援物資を積載した船が出港する。

【搭載 とうさい】航空機・貨車などに人や資材を積み込むこと。例核を搭載した軍艦の入港はお断りだ。▼「搭」は、上にのせる意。

【満載 まんさい】容量いっぱいにつむこと。例生鮮品を満載したトラックが来る。

つめたい 冷たい

◉**(触れる物体の)気温が低い**

【寒冷 かんれい】寒くつめたいこと。例寒冷地を旅行するのは大変だ。

【冷涼 れいりょう】つめたくて涼しいこと。例冷涼な空気。

◉**人の様子や気質にぬくもりがない** 類つれない・すげない・心無い

【薄情 はくじょう】相手の立場を考えないこと。人情に薄いこと。例彼は薄情な人間である。

【非情 ひじょう】情がないこと。例大きな組織ほど非情なものだ。

【無情 むじょう】思いやりがないこと。例無情にも土砂は新居を押し流した。

【冷酷 れいこく】思いやりに欠け、むごいこと。例彼の冷酷な仕打ちに涙する。

【冷然 れいぜん】ひややかでつめたい様子。例冷然とした態度に悲しくなる。

【冷淡 れいたん】熱意がなくひややかなさま。例訪問販売員を冷淡にあしらう。

つめる 詰める

◉**すきまをなくす** 類こめる

【充塡 じゅうてん】すきまがないようにつめること。例充塡豆腐を発売する。

【装塡 そうてん】必要な部品などをつめること。例弾を装塡した拳銃を盗まれた。▼「塡」は、土を穴にすき間なく詰めるのが原義。

●**間隔をせばめる** 類約(つづ)める

【**短縮**(たんしゅく)】みじかくちぢめること。例通勤時間帯には停車時間を短縮する。

●**追いつめる** 類寄せる・近付ける

【**接近**(せっきん)】くっつくほどに近寄ること。例できる限り前の走者に接近せよ。

●**切りつめる** 類締める

【**緊縮**(きんしゅく)】ひきしめること。例我が家の財政を緊縮する必要がある。

【**倹約**(けんやく)】むだを少なくして、経費を切り詰めること。例被服費を倹約して貯金する。▼「倹」は、引き締めて生活するさまをいう。「約」は、小さく引き締める意。

【**節約**(せつやく)】むだをなくし、切り詰めること。例経費を節約して効率を上げる。▼「節」は、一ふしずつ区切れた部分をいうのが原義。ふしめを越えないようにおさえる意味となる。

つもる
積もる

【**山積**(さんせき)】仕事や物が山のようにつもること。例問

題が山積していて頭が痛い。

【**堆積**(たいせき)】物が幾重にも積み重なっていること。例木の根元に堆積した落ち葉が肥料になる。▼「堆」は、土をうず高く積むこと。

【**累積**(るいせき)】重なってつもること。例累積した債務をどうするつもりか。▼「累」は、つながりかさなること。

つよい
強い

●**体力・気力がつよい** 類タフ・たくましい

【**頑健**(がんけん)】がっちりして健康なこと。例頑健で病気知らずだった人。

【**頑丈**(がんじょう)】がっちりしていて丈夫なこと。例見るからに頑丈そうな身体つき。

【**気丈**(きじょう)】気持ちをしっかりもつさま。例遭難の知らせに気丈に対応する妻。

【**強健**(きょうけん)】丈夫で病気知らずなこと。例スポーツで身体を強健にする。

【**強硬**(きょうこう)】意見・考えなどを強く押し通すさま。例結婚に強硬に反対する親。

【**強靱**(きょうじん)】強くてしなやかなこと。例強靱な精神力

で病を克服した。▼「靭」は、しなやかなさまを意味する。

【強壮（きょうそう）】強く健康であること。例滋養と強壮に役立つ薬。▼「壮」は、背の高い堂々とした男性を表す字で、勇ましいという意味を派生する。

【剛健（ごうけん）】心がしっかりしていて健康なこと。例質実剛健の気風に感動する。▼「剛」は、かたくてつよいこと。

【不屈（ふくつ）】苦しいことに負けず、思いを貫くこと。例不屈の魂で幾度もの苦境を乗り切る。

◉力が強い 類手ごわい

【強豪（きょうごう）】強く手ごわいこと。例初戦で強豪チームと対戦する。

【強大（きょうだい）】強くて大きいこと。例共産圏の強大な勢力が崩壊する。

【強力（きょうりょく）】力が強いこと。例強力なコネがあって入社できた。

【屈強（くっきょう）】きわめて力が強いこと。例屈強の男子が見あたらない。▼「屈」には、がっちりとしてごつい、の意がある。

【最強（さいきょう）】いちばん強いこと。例世界最強のバスケットボールチーム。

【精鋭（せいえい）】勢いが強いこと。例少数精鋭の大統領警備隊。

【無敵（むてき）】敵がいないこと。また、それほど強いこと。例現在無敵のテニスの女王。

つよめる 強める

類高める

【強化（きょうか）】不足の箇所を補って強くすること。例テロ活動の取り締まりを強化する。

【増強（ぞうきょう）】人・設備などをふやして働きなどを強めること。例災害の復旧作業の人員を増強する。

【補強（ほきょう）】弱点や不足のところを補って強くすること。例外国人選手を加えてチームを補強する。

つらぬく 貫く

類通す

【一貫（いっかん）】最初から最後まで一つの考え方・やり方

【貫通(かんつう)】を通すこと。例小学校から高校まで一貫した教育理念。

【貫通(かんつう)】貫いて通ること。例海底トンネルが貫通して数年になる。

【貫徹(かんてつ)】やりとげること。つらぬき通すこと。例女優になるという初志を貫徹した。

【縦貫(じゅうかん)】縦に貫くこと。また、南北に貫くこと。例九州を縦貫する新幹線が欲しい。

【徹底(てってい)】底まで貫くこと。例彼は徹底した独身主義者だ。

つりあう 釣り合う

類似合う・見合う

【均衡(きんこう)】つりあうこと。バランスがとれていること。例貿易収支の均衡を失う。

【均整(きんせい)】つりあいがとれて整っていること。例均整のとれた体。

【相応(そうおう)】度合い・程度がつりあうこと。例身分相応な暮らし。⇩あう[3]・にあう・ぴったり

【相当(そうとう)】程度や地位にふさわしいこと。例能力に相当した給料。⇩あう[3]・あたる・にあう

【対称(たいしょう)】互いに向き合い、つりあいがとれていること。例左右対称の図形。

【調和(ちょうわ)】バランスがとれていること。例自然と調和した建物。⇩あう[3]

【平均(へいきん)】ふぞろいのないこと。例試験の平均点を出す。▼「均」は、公平に行き渡ること。

【平衡(へいこう)】つりあいがとれていること。例平衡感覚を試す。▼「衡」は、平らの意。

つれる 連れる

【引率(いんそつ)】引きつれること。例生徒を引率して修学旅行に出た。

【同行(どうこう)】一緒に行くこと。例目撃者に現場まで同行してもらう。

【同伴(どうはん)】連れだって行くこと。例保護者同伴の場合は入場を許可する。

ていする 呈する

◉現す

【露呈(ろてい)】あらわれでること。例悪事が露呈する。

●さし上げる 類贈る

【献呈（けんてい）】目上の人などにさし上げること。例本を献呈する。

【進呈（しんてい）】さし上げること。例見本を進呈する。

【贈呈（ぞうてい）】あらたまってさし上げること。例花束を贈呈する。

【呈上（ていじょう）】物をさし上げること。例粗品呈上。▼「呈」は「まっすぐに述べる」が原義で、包み隠さずにあらわす意。

でかける 出掛ける

類発つ・出る

【外出（がいしゅつ）】外に出ること。例無断で外出することを禁じる。

【出動（しゅつどう）】外に出て活動すること。例消防車が一斉に出動する。

【出発（しゅっぱつ）】目的地に向かい出かけること。また、目標に向かい進むこと。例ランナーたちは一斉に出発した。

できあがる 出来上がる ⇩できる(出来る)

できる 出来る

●生まれる 類生じる・起こる

【発生（はっせい）】おこること。生まれること。例海底噴火で新島が発生した。

●物が仕上がる 類出来上がる

【完成（かんせい）】完全にできあがること。例完成品に期待する。

【既成（きせい）】すでにできあがっていること。例既成事実がある。

【竣工（しゅんこう）】工事が終わること。できあがること。例十階建ての研究棟が竣工した。▼「竣」は、すっくと立つこと。

【落成（らくせい）】建物の工事が終わること。例美術館の落成式。

てっする 徹する

類貫く

【一貫（いっかん）】始めから終わりまで一つのやり方で貫くこと。例彼の態度は終始一貫している。

【貫徹（かんてつ）】貫き通すこと。例初志貫徹。

【徹底（てってい）】底まで貫き通ること。例徹底して追及する。

てらす　照らす

【照射（しょうしゃ）】光が照らすこと。例日光の照射時間を季節で比較する。

【直射（ちょくしゃ）】直接光がさしこむこと。例正面から陽光が直射してまぶしい。

でる　出る

●外に現れる・外から見えるようになる

【出演（しゅつえん）】映画・芝居などに出て、役を演じること。例連続ドラマに出演している。

【出火（しゅっか）】火災になること。例火の気のない所から出火した。

【出勤（しゅっきん）】勤めに出ること。例混雑を避けるため、早めに出勤する。

【出血（しゅっけつ）】体から血が出ること。例出血多量で命が危い。

【出社（しゅっしゃ）】会社に勤めに出ること。例朝九時に出社する。

【出所（しゅっしょ）】刑期を終えて、刑務所を出ること。例出所する兄を迎えに行く。

【出場（しゅつじょう）】競技などに出ること。例オリンピックに出場する。

【出席（しゅっせき）】会合などに出ること。例友人の結婚式に出席する。

【出廷（しゅってい）】裁判を行うために法廷に出ること。例被告が出廷する。

【出土（しゅつど）】古い遺物が土中から出ること。例遺跡からの出土品を陳列する。

【出頭（しゅっとう）】本人が役所などに出向くこと。例警察に出頭する。

【出馬（しゅつば）】選挙などに出ること。例衆議院選挙に出馬する。

【出塁（しゅつるい）】塁に出ること。例出塁率の高い打者。

【新出（しんしゅつ）】新しく出ること。例新出漢字の一覧表。

【続出（ぞくしゅつ）】次々と出ること。例雪によるけが人が続出する。

【輩出（はいしゅつ）】人材がたくさん出ること。例著名な作家が輩出する土地。

【噴出（ふんしゅつ）】強く噴き出すこと。例火口から溶岩が噴出する。

【湧出（ゆうしゅつ）】わき出ること。例湧出量が日本一の温泉。

【流出（りゅうしゅつ）】流れ出ること。例頭脳流出を懸念する。

●出発する・出かける

【出港（しゅっこう）】船が港を出ること。例豪華客船が出港する。

【出航（しゅっこう）】船が航海に出ること。また、飛行機が飛び立つこと。例成田空港から出航する特別機。

【出国（しゅっこく）】外国に行くために国を出ること。例パスポートがないと出国できない。

【出動（しゅつどう）】活動するために出発すること。例緊急出動の要請。

【出発（しゅっぱつ）】目的地に出かけること。例新婚旅行に出発する。類出立（しゅったつ）

【出帆（しゅっぱん）】船が港を出ること。例日本丸は今朝出帆した。

【出漁（しゅつりょう）】漁に出ること。例夜中に出漁するイカ釣り船。

【発車（はっしゃ）】電車・バスなどが出発すること。例定刻に発車する予定。

てんじる
転じる

●向きを変える 類ターンする

【転換（てんかん）】情勢ががらりと変わること。例発想の転換が必要だ。

【転向（てんこう）】方向や思想などを変えること。例転向文学。

【反転（はんてん）】向きを反対に変えること。例ネガを反転させる。

●移り変わる

【移行（いこう）】うつりゆくこと。例新体制に移行する。

【推移（すいい）】時とともにうつりかわること。例事の推移を見守る。

【変移（へんい）】変わってうつること。例時代は変移する。

【変遷（へんせん）】うつりかわること。例流行の変遷。

【変転（へんてん）】かわり転じること。例変転きわまりない世の中。

【流転（るてん）】流れうつること。例万物流転。

とう　問う

類尋ねる・聞く・質す（ただす）

【喚問（かんもん）】呼び出して質問すること。例証人喚問。▼「喚」はよぶこと。

【詰問（きつもん）】相手を責め、返事を迫ること。例遺族は事故原因を役員に詰問した。▼「詰」は、出入口をふさいで逃げ場をなくし、問いただす意。

【検問（けんもん）】不審な点を質問して調べること。例道路の至る所で検問している。▼「検」は、枠をはめて引き締める意。

【査問（さもん）】事件・事故などに関し、関係者を調べ問いただすこと。例当事者を査問する。▼「査」は、しらべる意。

【質疑（しつぎ）】疑問な点を問いただすこと。例質疑応答の時間を削る。

【質問（しつもん）】分からないことをたずねること。例手を挙げて質問する。

【試問（しもん）】問題を出してどれぐらいできるか試すこと。例口頭試問を今は口述試験という。

【諮問（しもん）】機関などに、意見をたずねること。例政府は専門機関に諮問する。▼「諮」は、皆に相談する意。

【自問（じもん）】自分に問うこと。例これで後悔しないのかと自問する。

【尋問（じんもん）】口頭で問いただすこと。例弁護士に尋問されて戸惑う。

【反問（はんもん）】何かきかれて、逆にきき返すこと。例主旨が不明瞭な質問に反問した。

【不問（ふもん）】問題にしないこと。例今回の事件は不問に付す。

とうとい　尊い・貴い

類得難い

【貴重（きちょう）】きわめて大事なこと。例貴重な時間を割いて付き合う。

【高貴（こうき）】身分などが高いこと。例高貴な家柄の血をひいている。

【大事（だいじ）】たいせつなこと。たいせつにすること。例誠意を持って対処することが大事だ。

【大切（たいせつ）】価値があること。例友達は大切なものだ。

▼「切」は、ぴったりとくっつくさまを表す。

とうとぶ　尊ぶ

類敬う

【崇拝（すうはい）】あがめておがむこと。例アラーの神を崇拝する人々。

【尊敬（そんけい）】他人の行い・人柄を高いものと認めてついていくこと。うやまうこと。例君は誰を尊敬しているのか。

とおす　通す　⇩つらぬく(貫く)

とおる　通る

◉すぎる

【通過（つうか）】通り過ぎること。例快速電車が通過するのを待つ。

【通行（つうこう）】往来を通って行くこと。例右側を通行してください。

◉突き抜ける　類通じる

【開通（かいつう）】道路・鉄道などが完成して通ること。例北陸自動車道が全面開通した。

【貫通（かんつう）】貫き通ること。例弾丸は左胸を貫通している。

【縦貫（じゅうかん）】たてに貫くこと。例東北を縦貫する道路が完成した。

【疎通（そつう）】意見・思いなどが妨げられずにうまく通じること。例意思の疎通がうまくいかない。▼「疎」は、束ねてあるものを一つずつ離し、間をあける意で、通す意にもつながる。

【直通（ちょくつう）】乗り換えや中継なしで通じること。例直通バスを利用する。

◉受かる　類パスする

【及第（きゅうだい）】試験に受かること。例進級試験にやっと及第する。

【合格（ごうかく）】条件・資格にかなうこと。例第一志望の大学に合格した。

とく[1]　解く

◉ゆるめる　類放す

【解禁（かいきん）】禁止されていたことが自由になること。例アユ漁が解禁になる。

【解除（かいじょ）】禁止・停止をとりやめること。例津波警報が解除される。

【解任（かいにん）】任務をとくこと。例インドの大統領は首相を解任した。

【解放（かいほう）】自由を束縛されていたものをときはなつこと。例人質を解放するよう要求する。

◉答えを出す

【解決（かいけつ）】問題などを処理すること。例いじめの問題を解決する。

【解答（かいとう）】問題を解いて答えを出すこと。例一問につき一分で解答する。

【解明（かいめい）】疑問な点を解き明かすこと。例事件の真相を早く解明してほしい。

【図解（ずかい）】図で説明すること。図で解説して補うこと。例分かりやすく図解する。

【正解（せいかい）】正しい解答。例この問題に正解した人は少ない。

【読解（どっかい）】読んで理解すること。例評論文を読解する力がない。

とく2 説く

【解説（かいせつ）】できごとやものごとを分析して詳しく説明すること。例映画の見方を解説する評論家。

【説得（せっとく）】よく話してきかせること。例両親を説得して留学する。

【説明（せつめい）】ものごとがなぜそうなるのか、明らかにすること。例医師が病状を説明する。

とける 解ける

◉固く凍りついたものがゆるまる

【解氷（かいひょう）】氷がとけること。例湖の氷が解氷する。▼「解」は、一体をなしていたものを、部分別にときほぐすこと。

【融解（ゆうかい）】とけること。とかすこと。例この金属は高温で融解する。▼「融」は、とけてどろどろの状態になること。

【溶解（ようかい）】とけること。とかすこと。例洗濯石鹸は水に溶解しにくい。▼「溶」は、液体に物がまざり、全体が汁状になること。

【熔解(ようかい)】金属が熱にとけて液状になること。例鉄を熔解する装置。▼「溶解」「鎔解」とも。

とげる　遂げる

類やりとげる

【完遂(かんすい)】完全にやりこなすこと。例目的を完遂するための準備。

【成就(じょうじゅ)】目標・望みなどがかなうこと。例元旦に大願成就を誓う。

【遂行(すいこう)】仕事・任務などをなしとげること。例人々は任務を遂行するだけだ。

【達成(たっせい)】目的としていたことをやりぬくこと。例幕内通算千勝を達成した力士。

どける　退ける・除ける

類取り除く・取り去る

【除去(じょきょ)】いらないものをとりのぞくこと。例有害物質を除去する。

【撤去(てっきょ)】建物などを取り去ること。例機動隊がバリケードを撤去する。

【撤収(てっしゅう)】取り去ること。例撮影機材を撤収する。

とじる　閉じる

類閉める

【封緘(ふうかん)】封をとじること。例しっかりと封緘をする。▼「封」は△型に寄せて、頂点で合わせ閉じる意。「緘」は、中に物を入れて口をふさぐ意。

【封鎖(ふうさ)】封じ込めること。出入りできないこと。例経済封鎖の効果が表れはじめる。

【閉鎖(へいさ)】とじること。外と交渉しないこと。例閉鎖された出入口。

【閉門(へいもん)】門をしめること。例校門は午後八時に閉門する。

【密閉(みっぺい)】戸や容器のふたなどをきっちりしめること。例しけらないように袋を密閉する。

とどく　届く

◉**(限界と思われる所に)立ち至る**　類達する

【到達（とうたつ）】ある域に至ること。例預金が目標額に到達した。

●（目標とする所に）至り着く　類着く

【新着（しんちゃく）】品物などが着いたばかりであること。例新着のビデオを店頭に飾る。

【送付（そうふ）】送り付けること。例送付された雑誌に目を通す。

【到着（とうちゃく）】人・電車・荷物などが目的地に着くこと。例ご注文の品が到着次第、連絡します。

【到来（とうらい）】贈り物が届くこと。例到来物を開けてみる。

【入荷（にゅうか）】荷が届くこと。例今朝入荷した野菜。

とどこおる　滞る

類遅れる・溜（た）まる・立ち往生する

【延滞（えんたい）】期限よりものびてとどこおること。例税金を延滞する。

【渋滞（じゅうたい）】はかどらずとどこおること。例道路が渋滞する。

【遅滞（ちたい）】期限よりも遅れること。例遅滞なく納めてください。

【沈滞（ちんたい）】活気がなくしずみとどこおること。例沈滞した会社のムード。

【停滞（ていたい）】物事が進まずにとどこおること。例作業は停滞気味だ。

【難航（なんこう）】障害があって物事がはかどらないこと。例住民の反発により、ゴミ処理場の建設は難航している。

【難渋（なんじゅう）】進行するのがむずかしく、すんなりと運ばないこと。例雪道に難渋する。

ととのえる I　整える

●乱れたところがないようにする

【修整（しゅうせい）】写真などを手直しすること。例写真を修整して載せる。

【整備（せいび）】乱れたところがないようにきれいに整えること。例グラウンドを整備する。

【調整（ちょうせい）】調子や過多・過少をととのえ、一定の状態にすること。例野党側の意見を調整する。▼「調」は、まんべんなく全体に行き渡らせ、バランスをとること。「整」は、乱れのないようにきちんと正すこと。

◉片付ける

【始末（しまつ）】きれいにすること。例散乱したごみを始末する。

【整頓（せいとん）】散らかっている所・乱れた所をきれいにすること。例室内の整頓を心掛ける。

【整理（せいり）】順序だててきれいにすること。例内容を整理して報告する。▼「理」は、すじめをつけておさめること。「頓」は、ずしんと頭を地につける意から派生して、ととのえ落ち着かせること。

ととのえる2 調える

◉欠けるところなく揃える

【支度（したく）】用意すること。準備すること。例身支度をして出掛ける。

【準備（じゅんび）】すぐに物事にとりかかれるように用意すること。例大学生活は社会に出る前の準備期間。

【調達（ちょうたつ）】必要なものをそろえること。例資金調達に奔走する。

【用意（ようい）】いざという時に備えておくこと。例大地震に備えて防災袋を用意する。

◉合わせる・調和させる 類加減する

【調節（ちょうせつ）】具合をよくすること。例マイクの音量を調節する。

【調律（ちょうりつ）】音をよく調べて楽器の調子をととのえること。例ピアノの調律師をめざす。

◉まとめる

【成立（せいりつ）】まとまること。例両家の間の縁談が成立した。

とどまる 留まる

類残る

【在留（ざいりゅう）】一時、主に外国などにとどまること。例内戦により在留を余儀なくされる。

【残留（ざんりゅう）】残りとどまること。例残留物を検査する。

【常駐（じょうちゅう）】常に任地にいること。例警官が常駐しているので安心だ。▼「駐」は、じっと止まる意。

【進駐（しんちゅう）】軍隊が他国に進軍し、とどまっていること。例進駐軍が撤退する。

【滞在（たいざい）】とどまること。例滞在中は大変お世話になりました。

【滞留たいりゅう】旅先に長くとどまること。例滞留期間が長すぎる。

【駐在ちゅうざい】とどまって一か所にいること。例ポストンに駐在する記者。

【駐屯ちゅうとん】軍隊が長くとどまっていること。例自衛隊の駐屯地。▼「屯」は、たむろする意。兵を集めとどまること。

【駐留ちゅうりゅう】軍隊が一時、ある場所にとどまること。例駐留軍人と住民とのいざこざ。

【逗留とうりゅう】旅先などにしばらくとどまること。例随分長く逗留している。▼「逗」は、じっと一か所に足を止める意。

参考「とどまる」は、進むはずのものが進まず、足踏みしている状態。その地点での小さな動きは止んでいない。「とまる」は、続いてきた進行が停止し、一切の動きが止むこと。

となえる 唱える

◉大きな声を出して言う

【暗唱あんしょう】暗記した文章を何も見ずに声に出して言うこと。「暗誦」とも書く。例憲法の前文を暗唱する。

【三唱さんしょう】三回大きな声でとなえること。例万歳三唱。

【唱和しょうわ】一人がとなえた後に、大勢が続けてとなえること。例皆さま、続けてご唱和ください。

【復唱ふくしょう】言われたことを確認するため、もう一度繰り返しとなえること。例電話番号を復唱する。

◉言い張る

【主張しゅちょう】自分の説を声高にとなえること。例被告は無罪を主張する。

【提唱ていしょう】ある事を掲げて、それを世間にうったえること。例新しい理論を提唱する。

とぶ 飛ぶ

◉(鳥などが)飛行する

【飛行ひこう】航空機などが空をとぶこと。例低空で飛行するのは難しい。▼「飛」は、鳥が羽を左右に広げてとぶさまを表す。

【飛翔(ひしょう)】羽を広げてとぶこと。例鳥のように大空を飛翔したい。▼「翔」は、翼を広げてかけること。

【飛来(ひらい)】(鳥、飛行機などが)とんでくること。例白鳥が北国の湖に飛来する。

◉(空中を)舞う

【気化(きか)】液体が蒸発・沸騰して気体になること。例香水が気化してしまう。

【揮発(きはつ)】常温で液体が気体になること。例揮発性の除光液。▼「揮」は、ぐるぐると手を振り回して、発散させること。

【飛散(ひさん)】飛び散ること。例杉の花粉が飛散する。

◉(常識から)遠く隔たる

【飛躍(ひやく)】とんでもないところへ飛ぶこと。例話の内容が飛躍しすぎた。

とまる1 泊まる

【一泊(いっぱく)】一晩とまること。例各地に一泊しながら旅する。

【外泊(がいはく)】自宅以外の別の所にとまること。例無断で外泊してはいけない。

【宿泊(しゅくはく)】宿屋にとまること。例ゲレンデ内のホテルに宿泊したい。

【停泊(ていはく)】船が港に碇(いかり)をおろすこと。例外国船が停泊している横浜港。

とまる2 止まる

類ストップする

【静止(せいし)】じっとして動かないこと。例静止衛星を打ち上げる。

【中断(ちゅうだん)】途中で止まること。例雨のため、野球の試合が中断される。

【停止(ていし)】途中で止まること。例停止線を大きくはみ出す。

【停車(ていしゃ)】車・汽車などが止まること。例時間調整のため、二分間停車します。

【停船(ていせん)】船が止まること。例船長が停船を命じる。

【停電(ていでん)】電気が止まること。例停電したので連絡が途絶える。

【停留(ていりゅう)】とまりとどまること。例バスの停留所。

【不動(ふどう)】動かないでじっとしていること。例直立不動の姿勢で歌う。

とむらう　弔う

【哀悼（あいとう）】死者をいたみ悲しむこと。例ここに謹んで哀悼の意を表します。類悼（いた）む・悔やむ

【追善（ついぜん）】死者の冥福を祈って仏事を行うこと。また、死者にちなむ行事を行うこと。例追善興行を企画する。

【追悼（ついとう）】死者をしのんで悲しむこと。例級友を追悼する文集。

とめる[1]　止める

【禁止（きんし）】してはいけないと止めること。例写真撮影を禁止する。

【制止（せいし）】させないように止めること。例民主化運動を制止しきれなくなる。

とめる[2]　留める

◉**動いているものを制止する**

【駐車（ちゅうしゃ）】車を長い時間とめておくこと。例駐車する場所のない繁華街。

【停車（ていしゃ）】車を少しの間とめること。例荷物を下ろすために停車する。

◉**船などをとめる**

【係留（けいりゅう）】つなぎとめること。例川岸に船を係留する。

【停泊（ていはく）】船が碇（いかり）をおろしてとまること。例停泊する港をさがす。

ともなう　伴う

【同行（どうこう）】一緒に行くこと。例記者団が外相に同行する。

【同伴（どうはん）】一緒につれて行くこと。例父兄同伴であれば寄り道してもよい。▼「伴」は、相棒を意味する字。「ともなう」は主従関係にあるものが友のように同行する意。

とらえる　捕らえる

類つかまえる

【逮捕（たいほ）】犯人・容疑者をつかまえること。例ひき逃げの犯人が逮捕された。

【拿捕（だほ）】外国船や敵の船をつかまえること。例漁船が拿捕されてから一か月になる。

【捕縛（ほばく）】つかまえてしばること。例捕縛された捕虜の姿を映す。

とりいれる　取り入れる

【採択（さいたく）】意見・考えを取り上げること。例国連の決議を採択する。

【採用（さいよう）】人・意見を取り上げて使うこと。例新人の意見を採用する。

【導入（どうにゅう）】導き取り入れること。例新しい技術を導入する。

とりかえる　取り換える

【換金（かんきん）】お金にかえること。例日本円をドル紙幣に換金する。

【交換（こうかん）】お互いにとりかえること。例物々交換する。

【両替（りょうがえ）】種類の違うお金を等しい額ととりかえること。例円をドルに両替する。

とりしまる　取り締まる

【監督（かんとく）】人に指示したり、取り締まること。例学年末試験を監督する。▼「監」は、大皿に張った水に顔をうつしてみることで、上から下の物を見下ろす姿を表す。「督」は、見張り引き締めること。

【粛正（しゅくせい）】きびしく取り締まり、反対者を排除すること。例綱紀を粛正することが目標だ。▼「粛」は、身を引き締める意。

とりだす 取り出す

【抽出（ちゅうしゅつ）】ぬき出すこと。例無作為に抽出して調査する。

【摘出（てきしゅつ）】つまんで取り出すこと。例子宮を摘出する手術。

とりつける 取り付ける ⇩そなえる(備える)

とりもどす 取り戻す

◉元通りにする

【挽回（ばんかい）】遅れや失ったものなどをとり返して、元のようにすること。例次の試験で挽回するつもりだ。名誉挽回。▼「汚名挽回」は誤り。「挽」は、無理をして引っ張る意。

◉再び自分のものにする 類奪う

【奪回（だっかい）】奪い返すこと。例首位を奪回したチーム。

【奪還（だっかん）】取られたものを奪い返すこと。例北方領土は奪還すべきという意見がある。

とりわけ 取り分け

類特に・殊（こと）に・殊更（ことさら）

【格段（かくだん）】段ちがいに。例彼の方が格段にすぐれている。

【格別（かくべつ）】他とは違っていること。例このコーヒーは格別においしい。

【特別（とくべつ）】普通とは違うこと。例今日は特別おいしいケーキを買ってきた。

とるI 執る

◉手に握る

【執刀（しっとう）】医者がメスをとること。例手術は院長が執刀する。▼「執」は、しっかりとつかまえたさまを意味する。

【執筆（しっぴつ）】筆をとること。書くこと。例自分史を執筆中である。

◉仕事や職務をしっかりと行う 類携わる

【執務（しつむ）】仕事をすること。例船内には執務室も用意してある。

とる2 捕る

類つかまえる・捕らえる

【漁獲（ぎょかく）】魚介類をとること。例今年はさんまの漁獲が多い。

【大漁（たいりょう）】魚がたくさんとれること。例大漁を期待している。

【捕獲（ほかく）】物や動物などをつかまえること。例日本の捕獲高は減っている。▼「捕」は、手を対象にぴたりと当ててとらえる意。「獲」は、対象の外側を囲んでとらえる意。

【捕鯨（ほげい）】くじらをとること。例一九八八年以降、日本は商業捕鯨を行っていない。

【密漁（みつりょう）】とってはいけない区域で漁をすること。例ホタテの密漁が絶えない浜。

【乱獲（らんかく）】むやみにとること。例乱獲が原因で漁場が減った。

とる3 採る

◉選びとる

【採掘（さいくつ）】地下の鉱物を掘りあてること。例ダイヤモンドを採掘する国。▼「採」は、指先で木の芽をつみとるさまを表し、特定の部分だけを選び取る意となる。

【採取（さいしゅ）】選んでひろうこと。例容疑者の指紋を採取する。

【採集（さいしゅう）】標本や資料を作るのに集めること。例世界各地の蝶を採集しに出掛ける。

【採石（さいせき）】鉱石をとること。例採石場の発破の音。

【採炭（さいたん）】石炭をとること。例多くの採炭夫が事故の犠牲になった。

【採油（さいゆ）】原油をとること。例新しい油田から採油する。

◉雇う 類用いる

【採用（さいよう）】人材をとること。例経験者を中途採用する。

とる4 取る

●**自分のものにする** 類得る

【**押収**（おうしゅう）】証拠となるものを押さえること。例警察は証拠となるビデオを押収した。

【**横領**（おうりょう）】他人・公共のものを自分のものにすること。例公金を横領する。

【**確保**（かくほ）】しっかりと手元にもっていること。例記念品代をとりあえず確保する。

【**強奪**（ごうだつ）】強引に奪うこと。例三億円を強奪した犯人。

【**搾取**（さくしゅ）】しぼり取ること。例地主が税を搾取する。

【**詐取**（さしゅ）】だまし取ること。例友人から宝石を詐取する。

【**取得**（しゅとく）】資格・免許などをとること。手に入れること。例大型二種の免許を取得したい。

【**摂取**（せっしゅ）】自分のものとして取り入れること。例蛋白質の摂取量を控えること。

【**接収**（せっしゅう）】国などが所有している物を取り上げること。例戦争画の多くは米国が接収した。
▼「接」は相手とくっつくことを表す。

「接収」は原義は受け取ることだが、日本では権力で財産等を取り上げること。

【**先取**（せんしゅ）】先に取ること。例三セット先取したほうが勝ち。

【**争奪**（そうだつ）】争って奪うこと。例優勝杯の争奪戦。

【**奪取**（だっしゅ）】奪い取ること。例ペナント奪取へ汗を流す。

【**着服**（ちゃくふく）】こっそり盗んで自分のものにすること。例預かった金を着服する。

【**剝奪**（はくだつ）】無理に取り上げること。例薬物使用者から金メダルを剝奪する。

【**没収**（ぼっしゅう）】強制的に取り上げること。例担保の土地を没収された。

●**とりたてる**

【**徴収**（ちょうしゅう）】団体・役所などが料金・税金をとりたてること。例水道料金は各市町村が徴収する。▼「徴」は、隠れているものを上へ引き上げる意。

【**追徴**（ついちょう）】あとから不足の額をとりたてること。例何億もの追徴金を払う。

●**のぞく** 類退ける

【**削除**（さくじょ）】けずりのぞくこと。例引用部分を削除する。

【除去(じょきょ)】余分なものをとりのぞくこと。例有害物質を除去する。

【切除(せつじょ)】悪い所をとりのぞくこと。例病巣部位を切除する手術。

【撤去(てっきょ)】建物などをのぞくこと。例不法建築物を撤去する。

●理解する

【解釈(かいしゃく)】文章の内容を理解すること。また、それを説明すること。例そう解釈するのはそちらの勝手だ。

な行

ない 無い

類欠如・ゼロ・ナッシング・ブランク

【皆無(かいむ)】全くないこと。例N社との取り引きは皆無だ。

【虚無(きょむ)】何もなくむなしいこと。例虚無主義に陥る。

【空疎(くうそ)】しっかりした内容がないこと。例論議の内容が空疎である。

【空白(くうはく)】何もないこと。何も行われないこと。例そこだけ記憶が空白になっている。

【絶無(ぜつむ)】全くないこと。例この地位からの逆転優勝は絶無である。

なおさら　尚更

類 まして

【一層（いっそう）】さらに。例人手不足で一層待遇が悪くなる。

【余計（よけい）】もっと。さらに。例頭ごなしに叱ると、余計に反発する。

なおす I　直す

◉元の状態に戻す 類 繕（つくろ）う

【改修（かいしゅう）】悪い所に手を入れて作り直すこと。例道路の改修工事をする。▼「修」は、すらりとした形に整える意。

【修繕（しゅうぜん）】壊れた所をつくろい直すこと。例雨漏りのする屋根を修繕する。

【修復（しゅうふく）】破損したものを元のように直すこと。例五重塔を修復する。

【修理（しゅうり）】壊れた所をつくろい整えること。例修理すれば使えるテレビを捨てる。

【復旧（ふっきゅう）】元どおりに直すこと。例鉄道の復旧作業に手間取る。

【補修（ほしゅう）】壊れた所を補いつくろうこと。例堤防を補修する。

◉しかるべき様（さま）に改める 類改める・正す

【改正（かいせい）】不備な点をあらためただすこと。例法律を改正する。

【改定（かいてい）】定められていたものを、改めて決め直すこと。例料金はこの四月から改定された。

【改訂（かいてい）】書物の内容などを改め直すこと。例教科書を改訂する。

【矯正（きょうせい）】悪い所を直すこと。例歯を矯正する。▼「矯」は曲がったものをのばしたり、まっすぐなものを押しまげたりする意。

【校訂（こうてい）】古書などの異文を比べ合わせて、誤りを正すこと。例本文校訂者の名を記す。▼「校」は、あれこれと引きくらべる意。

【修正（しゅうせい）】よくないところを正しく直すこと。例議案を修正して再提出する。

【修整（しゅうせい）】写真などに手を加えて直し整えること。例写真を修整して写りをよくする。

【是正（ぜせい）】悪い点を直して正しくすること。例税制を是正して不公平をなくす。

【訂正（ていせい）】言葉や文章の誤りを正しく直すこと。例報道の誤りを訂正しておわびする。

【添削（てんさく）】他人の文章・答案などを削ったり書き添えたりして直すこと。例小論文を添削して返す。

【補正（ほせい）】不足の部分を補って誤りを正すこと。例国会に補正予算案を提出する。

◉置き換える

【換算（かんさん）】ある数値を別の単位の数値に直すこと。例円をドルに換算して考える。

【翻訳（ほんやく）】ある言語で表現されていた文章を、他の言語に直して表現すること。例英語を日本語に翻訳する。

なおす2 治す

類手当てする

【加療（かりょう）】病気やけがの手当てをすること。例彼は入院加療中である。

【施療（せりょう）】貧しい人のために、無料で病気の手当てをすること。例各地に施療院を建てたい。

【治療（ちりょう）】病気やけがをなおすこと。例早目に治療したほうがよい。

【療治（りょうじ）】病気をなおすこと。例荒療治が効果を上げる。

なおる1 直る

類戻る・立ち直る

【回復（かいふく）】元の状態に戻ること。例景気が回復しつつある。

【更生（こうせい）】立ち直ること。例自力で更生するのを待つ。▼「更」は、たるんだものを引き締める意。

【復調（ふくちょう）】もとの調子に戻ること。例復調著しい。

【復旧（ふっきゅう）】もとの状態に戻ること。例鉄道の復旧する見通しが立たない。

なおる2 治る

類癒える

【快気（かいき）】病気がよくなること。例快気祝いをする。

【回復（かいふく）】もとのとおりによくなること。例身体が回復したら始めよう。

【快復かいふく】病気がよくなること。例快復期の養生が大切だ。

【快方かいほう】病気やけががよくなりつつあること。例病気は快方に向かっている。

【全快ぜんかい】病気がすっかりなおること。例全快するには長時間かかる。

【全治ぜんち】病気やけががすっかりなおること。例全治十日間のやけどを負う。

【治癒ちゆ】病気やけががなおること。例傷は自然に治癒するのを待つしかない。

【不治ふち】病気がなおらないこと。例不治の病に冒されている。▼「ふじ」とも読む。

【平癒へいゆ】病気がなおること。例ご平癒を祈って茶を絶つ。

ながい
長い

類ロング

【最長さいちょう】最も長いこと。例ジャンプで最長不倒距離を記録する。

【長期ちょうき】長い期間。例長期の入院療養が必要だ。

【長蛇ちょうだ】長くて大きなもののたとえ。例宝くじの発売日には長蛇の列ができる。

なかば
半ば

類中ほど・真ん中

◉全体の二分の一程度

【半分はんぶん】二つに等しく分けたものの一つ。例意識が半分失われている。

◉物や進行中の事柄の中ほど

【中央ちゅうおう】真ん中。例橋の中央に立つ。

【中間ちゅうかん】二つのものの間。例始点と終点の中間にある駅。

【中途ちゅうと】物事の中ほど。例職員補充のために中途採用する。

【中盤ちゅうばん】序盤と終盤との間。例試合の中盤から流れが変わった。

【中部ちゅうぶ】真ん中の部分。例北海道の中部にある町。

【途中とちゅう】物事が進行中であること。例会議の途中で抜け出す。

ながめる
眺める

●**じっと長い間見ている** 類見入る

【熟視（じゅくし）】じっと見つめること。例脳裏に焼きつけようと熟視した。

●**見渡す** 類見通す

【一望（いちぼう）】一目で見渡すこと。例一望千里の海原。

【遠望（えんぼう）】はるか遠くのぞみ見ること。例車窓から南アルプスを遠望する。

【展望（てんぼう）】景色や社会の動きなど、広く見渡すこと。例今後の世界情勢を展望する。

●**何もせずに見ている**

【傍観（ぼうかん）】何もせずに周囲から見ていること。例いじめの傍観者になるな。

なかよし
仲良し・仲好し

●**親しく付き合う** 類親しい・心安い・懇ろ（ねんごろ）

【懇意（こんい）】親しいこと。例今後ともわが社とご懇意に願います。

【親密（しんみつ）】親しく付き合う様子。例私たちは年を追って親密になった。

●**馴染みである**

【親友（しんゆう）】古くからの馴染みのある親しい友人。例子供の頃からの親友だ。

ながれる
流れる

●**液体などが移行する**

【回流（かいりゅう）】めぐり流れること。例ここは黒潮が回流する場所だ。

【逆流（ぎゃくりゅう）】流れが普通と反対の方向に流れること。例川の水が逆流する現象に驚く。

【合流（ごうりゅう）】二つ以上の川が一つに合わさること。例三つの川が合流する地点。

【対流（たいりゅう）】気体や液体が熱によって起こす循環の運動。例空気の対流を起こす。

【直流（ちょくりゅう）】まっすぐ流れること。また、一定の方向に流れる電流。例直流する電流量。

【流動（りゅうどう）】液体などが流れ動くこと。例栄養分が管の中を流動する。情勢は流動的だ。

●**物がすじ状に移行する**

【漂流（ひょうりゅう）】海上をただよい流れること。例ゴムボートで漂流していた。

【浮流ふりゅう】水面にうかんで流れること。例大木が上流から浮流していた。

【流通りゅうつう】とどこおることなく流れ通じること。例経済流通がさかんになる。

◉時が過ぎる

【経過けいか】時間や年月が過ぎ去ること。例手術後、五年の月日が経過した。類過ぎる・経つ

◉広まり伝わる 類広まる・伝わる

【伝播でんぱ】伝わり広まること。例解散のうわさはまたたく間に伝播した。▼「播」は、ばらまく意。

【流布るふ】広く世間に行き渡ること。例古典作品には流布本がある。

◉成り立たないこと

【中止ちゅうし】中途でやめること。また、予定をとりやめること。例今日の試合は雨で中止された。

【流産りゅうざん】計画・事業などが実行されないで終わること。例政治改革案は流産した。

なく 泣く

【嗚咽おえつ】むせび泣くこと。例嗚咽する声が病室から漏れる。

【感泣かんきゅう】感激して泣くこと。例念願かなっての再会に感泣した。

【号泣ごうきゅう】大声をあげて泣くこと。例棺にすがって号泣する。

【涕泣ていきゅう】涙を流して泣くこと。例涕泣する父の姿を初めて見た。▼「涕」は上から下へポタポタと涙を落として泣くこと。

【慟哭どうこく】悲しみのために声をあげて激しく泣くこと。例父の変わりはてた姿に慟哭する。▼「慟」は身体を動かして悲しむ、「哭」は大声をあげて泣くこと。▼「泣」は息を吸い込むようにして、声を立てずに泣く意。

なぐさめる 慰める

類いたわる・ねぎらう

【慰安いあん】普段の苦労をなぐさめねぎらうこと。例

【慰謝いしゃ】従業員の慰安旅行のため休業。悩みや苦しみをなぐさめいたわること。例莫大な慰謝料を請求する。

【慰問いもん】見舞ってなぐさめること。例前線基地を慰問する大統領。

【慰霊いれい】死者の霊をなぐさめること。例事故現場で慰霊祭を行う。

【慰労いろう】骨折りをねぎらうこと。例発起人を慰労する会を計画する。

なくす 無くす

●(気づかずに)物が消えてなくなる 類失う

【遺失いしつ】物を忘れたり落としたりしてなくすこと。例駅の遺失物預り所。▼「遺」は、置き去りにした物が目立つことを表す。

【失効しっこう】効力がなくなること。例期日までに届け出がないと失効する。

【失速しっそく】飛行機が急激に速力を失うこと。例旅客機が失速して墜落する。

【失墜しっつい】権威や信用を失うこと。例汚職事件発覚で権威失墜の市長。

【消失しょうしつ】消えてうせること。消えてなくなること。例目を離したすきに荷物が消失した。

【焼失しょうしつ】焼けてなくなること。例本堂は焼失から免れた。

【消滅しょうめつ】消してなくすこと。消えてなくなること。例二年間無違反なら減点は消滅する。

【喪失そうしつ】なくすこと。うしなうこと。例事故の衝撃で記憶を喪失した。▼「喪」は、ばらばらになって離れ去る意を含む。

【紛失ふんしつ】まぎれてなくすこと。例重要書類を紛失した。

【亡失ぼうしつ】なくすこと。うしなうこと。例亡失した資料ファイル。

●根本からなくす 類絶やす

【湮滅いんめつ】あとかたもなく、なくしてしまうこと。例証拠湮滅に奔走する。▼「湮」は、隠す、うずもれる意。現在は「隠滅」と書き替えて用いる。

【根絶こんぜつ】根本からしっかりなくすること。例人種差別政策の根絶を目指す。

【死滅しめつ】死に絶えること。例ダニは高温で死滅する。

【絶滅（ぜつめつ）】ほろびたえること。例絶滅に瀕しているトキ。

【撲滅（ぼくめつ）】完全になくしてしまうこと。例麻薬撲滅運動。▼「撲」は、ぽんと打ち当てる意。

なくなる 無くなる

類尽きる

【欠乏（けつぼう）】足りない、乏しいこと。例資金が欠乏し、これ以上続けられない。

【枯渇（こかつ）】かれてつきること。例戦争は国の財産を枯渇させる。

【不足（ふそく）】足りなくなること。例人手不足がいちばんの問題だ。対過剰

なげく 嘆く

◉感にたえず、ため息をつく

【詠嘆（えいたん）】感動すること。例詠嘆を表す助動詞。

【感嘆（かんたん）】感心してほめたたえること。例作品を見て、ただただ感嘆する。

【嘆息（たんそく）】なげいてため息をつくこと。例空爆開始の報道に一同嘆息する。

【憤慨（ふんがい）】いきどおりなげくこと。ひどく腹を立てること。例親の躾が甘いと憤慨している。▼「慨」は、胸がいっぱいになるさまを表している。

◉悲しむ

【悲嘆（ひたん）】かなしみなげくこと。例息子を失い、悲嘆に暮れる。

なげる 投げる

類放る

【投下（とうか）】投げ落とすこと。例空から食糧を投下する。

【投石（とうせき）】石を投げること。例機動隊に投石して抵抗する。

【力投（りきとう）】力いっぱい投げること。例新人投手が力投した。

◉あきらめる ⇩あきらめる（諦める）

なだかい　名高い

【高名こうめい】世間に名前が知れていること。類名だたる 例高名な学者と近づきになる。

【著名ちょめい】名前がいちじるしく知れていること。例著名な作家の集まりに出席する。

【評判ひょうばん】有名なこと。例安くてうまいと評判の店。

【有名ゆうめい】名高いこと。例受賞で一躍有名になった女優。

なまける　怠ける

類怠おこたる・さぼる

【横着おうちゃく】仕事などをなまけること。また、ずうずうしいこと。例横着して、服を脱がずにボタンを付けた。▼「横」は、中心線からはみ出る意。即ち、道理から勝手にはずれる意がある。

【怠惰たいだ】なまけおこたること。例休み中に怠惰な生活に陥る。

【怠慢たいまん】仕事や義務をなまけおこたること。例政治家の怠慢を指摘する。

なめらか　滑らか

◉すべすべしている　類つるつる

【潤滑じゅんかつ】うるおいがあってなめらかなさま。例各部品の動きを潤滑にする油。

【平滑へいかつ】平らでなめらかなさま。例やすりでこすって表面を平滑にする。

◉事がうまく運ぶ　類スムーズ・はかばかしい

【円滑えんかつ】物事が支障なく、すらすらといくさま。例漁業交渉が円滑に進む。

なめる　嘗める　⇩あなどる(侮る)

なやむ　悩む

【懊悩おうのう】なやみもだえること。例親子関係に人知れず懊悩している。▼「懊」は、心の奥深い所の意。

【苦悩くのう】くるしみなやむこと。例母と妻の板挟みになって苦悩する。

【煩悶(はんもん)】もだえ苦しむこと。例不倫の恋に煩悶する。

ならう[1] 習う

類学ぶ

【学習(がくしゅう)】まなびならうこと。例英語をラジオ講座で学習する。

【講習(こうしゅう)】講義を聞いたり技芸を習ったりすること。例手話の講習会に参加する。

【自習(じしゅう)】自分で学習すること。例空き時間には自習せよ。

【実習(じっしゅう)】実地について習うこと。例日本語教授法を実習する。

【習得(しゅうとく)】習い覚えること。例祖母から習得した伝統の味。

【独習(どくしゅう)】自分一人で学び習うこと。例エレクトーンで独習する。

【復習(ふくしゅう)】一度習ったことを繰り返して勉強すること。例家で復習する時間がない。

【補習(ほしゅう)】正規の学習の不足を補うために習うこと。

例夏休みに古典文法を補習する。

【予習(よしゅう)】前もって勉強すること。例予習しないと授業についていかれない。

【練習(れんしゅう)】学問・技芸・運動などを繰り返し習うこと。例何度も発音練習する。

ならう[2] 倣う ⇨まねる(真似る)

ならぶ 並ぶ

●肩をならべる

【伯仲(はくちゅう)】優劣の差のないこと。例両者の実力は伯仲している。

【比肩(ひけん)】肩を並べること。例あの人物に比肩しうる者はいない。

【匹敵(ひってき)】肩を並べること。対等の相手になること。例四番打者に匹敵する活躍ぶり。▼「匹」は、二つ並んでペアを成すものを意味する。

●同列にそろう

【整列(せいれつ)】きちんと列を作って並ぶこと。例整列して順番を待つ。

【並列（へいれつ）】並ぶこと。また、電池などの同じ極どうしをつなぐこと。例電池を並列させた回路。

ならべる　並べる

【陳列（ちんれつ）】人々に見せるために、物品を並べておくこと。例作品を陳列するためのケース。▼「陳」は、連ねて並べる意。

【配列（はいれつ）】順序を決めて並べること。例五十音順に配列せよ。

【羅列（られつ）】連ね並べること。例知っていることを羅列しただけだ。▼「羅」は、網目状につなげる意。

【列挙（れっきょ）】並べたてること。一つ一つ数えたてること。例和平への条件を列挙する。

なる[1]　成る

◉形づくる

【形成（けいせい）】形をなすこと。形づくること。例人格は幼年期に形成される。

【構成（こうせい）】いくつかの部分を組み立てて、一つのものを作ること。例この論文は三段構成である。

【生成（せいせい）】物が生じること。例地球が生成されたころ。

【編成（へんせい）】個々のものを集めて、一つのまとまりのあるものにすること。例十六両編成の新幹線。

◉ある状態にする　類仕上がる

【完成（かんせい）】完全にできあがること。例芸を完成させる。

【成就（じょうじゅ）】なしとげること。願いなどがかなうこと。例大願が成就する。

【成立（せいりつ）】物事がなりたつこと。例二者間で契約が成立した。

【大成（たいせい）】立派に成しとげること。また、立派な人物になること。例この子はきっと大成する。

【達成（たっせい）】目的を達すること。例七冠王を達成した棋士。

なる[2]　鳴る　⇩ひびく（響く）

なれる　慣れる

【習熟（しゅうじゅく）】ある事に慣れて上手になること。例人前でのスピーチに習熟している。

【熟練（じゅくれん）】物事によくなれて、巧みなこと。例熟練された技に見とれる。

にあう　似合う

類釣り合う・そぐう

【相応（そうおう）】釣り合いがとれていて、ふさわしいこと。例分不相応のぜいたくを楽しむ。⇩あう3・つりあう・ぴったり

【相当（そうとう）】当てはまること。また、ふさわしいこと。例それ相当の謝礼を考えている。⇩あう3・あたる・つりあう

にぎやか　賑やか　⇩さわがしい（騒がしい）

にぎる　握る

◉**手の指を内側に曲げてしっかり物を保つ**　類つかむ

【握手（あくしゅ）】親愛の情を表すために互いに手を握り合うこと。例両主将がしっかりと握手した。

◉**自分のものにする**　類支配する・制する

【掌握（しょうあく）】自分の意のままに支配すること。例反乱軍が実権を掌握した模様だ。

【把握（はあく）】物事をしっかりとらえること。例概要を把握してから調査する。

にくむ　憎む　⇩いやがる（嫌がる）

にげる　逃げる

◉**相手の力の届かない所へ去る**　類エスケープする・逃れる

【出奔（しゅっぽん）】逃げ出して、行方をくらますこと。例会社の金を使い込んで出奔する。▼「奔」は、ぱっと駆け出すさま。

【脱走（だっそう）】軍隊・刑務所などから抜け出し逃げるこ

と。例脱走する兵士が後を断たない。

【逐電（ちくでん）】にげて行方をくらませること。例泥棒が逐電する。▼「人が逃亡して行方をくらます意」は日本語特有の用法。

【逃走（とうそう）】にげはしること。例銃を持って逃走している犯人。

【逃亡（とうぼう）】にげかくれること。例時効まで逃亡生活を続ける。

【遁走（とんそう）】のがれはしること。例どさくさに紛れて遁走する。▼「遁」は何かに隠れて姿を消す意。

【敗走（はいそう）】戦いに負けて逃げること。例敗走する敵を追撃する。

【亡命（ぼうめい）】政治上の理由などで、他国にのがれること。例政府要人は隣国へ亡命した。

◉責任を避ける 類逃れる

【回避（かいひ）】よけてさけること。例責任を回避する。

【待避（たいひ）】危険をさけるために、一時他の場所に移って待つこと。例対向車が来たので待避する。

【退避（たいひ）】ある場所から離れて危険をさけること。例噴火が激しくなったので退避する。

【逃避（とうひ）】にげかくれること。のがれさること。例現実から逃避しても事は解決しない。

【避難（ひなん）】災難をさけて別の所に立ちのくこと。例地域の避難訓練に参加する。

にごる
濁る

◉水などに汚れがまじる

【汚濁（おだく）】よごれにごること。例湧水（わきみず）が汚濁している。

【混濁（こんだく）】いろいろなものがまじってにごること。例汚水が混濁した井戸水。

【濁流（だくりゅう）】水かさが多く、にごった川の流れ。例濁流にのまれた釣り人。

【白濁（はくだく）】白くにごること。例大雨で白濁した湖。

◉濁音になる

【濁音（だくおん）】ガ・ザ・ダ・バ行の各音。例濁音の発音が汚い。

【連濁（れんだく）】二語が結合して一語となるとき、後の語の語頭の清音が濁音になること。例連濁する記号を符す。

にぶい　鈍い

【愚鈍（ぐどん）】おろかでにぶいさま。例長い間愚鈍な人間を装ってきた。

【鈍感（どんかん）】感覚・感じ方のにぶいさま。例鈍感なので蚊に食われても気づかない。

【無神経（むしんけい）】恥や外聞、また、人の感情などを気にかけないこと。例他人の心に土足で踏み込む無神経さ。

にる　似る

類 類する・似通う

【疑似（ぎじ）】本物とよく似ていて区別がつけにくいこと。例疑似コレラと断定される。▼「擬似」とも書く。

【近似（きんじ）】よく似ていること。また、ある数量に非常に近いこと。例近似値を求める。

【酷似（こくじ）】非常によく似ていること。例脅迫文の筆跡と彼の筆跡は酷似している。

【相似（そうじ）】形・性質などが丸写しのようによく似て

いること。例魚のえらは人間の肺の相似器官。

【類似（るいじ）】互いに似通っていること。例心臓の働きはポンプに類似している。

にわかに　俄に

類 忽（たちま）ち・急に・立ち所に

【俄然（がぜん）】にわかに。急に。例若手の躍進で優勝争いは俄然おもしろくなった。

【忽然（こつぜん）】一瞬のうちに。突然。例地震で無人島が忽然と消えた。

【卒然（そつぜん）】だしぬけに。にわかに。例卒然として席を立った。▼「率然」とも書く。「卒」はにわかに、急に、「率」は急に引き締まるの意がある。

ぬう　縫う

●糸を通した針で継ぎ合わせる

【裁縫（さいほう）】布地をたちきって衣服を縫うこと。例男子生徒も裁縫を学ぶべきだ。

【縫合（ほうごう）】ぬいあわせること。例腹部に縫合した跡が残る。

【縫製（ほうせい）】洋服を縫って作ること。例過疎の町に縫製工場を誘致したい。

◉**刺繍をする**

【刺繍（ししゅう）】布地に色糸で文字・模様などを縫い表すこと。例テーブルセンターを刺繍する。

ぬく 抜く

◉**物を引いて取り去り後に穴を残す**

【脱毛（だつもう）】不要の毛を抜くこと。例無理に脱毛するのはよくない。

【抜糸（ばっし）】傷口を縫い合わせてあった糸を抜き取ること。例手術後二週間で抜糸する予定。

【抜歯（ばっし）】歯を抜くこと。例麻酔をかけて抜歯した。

◉**一部分を取り出す**

【脱臭（だっしゅう）】いやなにおいを取り除くこと。例ショウガの葉には脱臭作用がある。

【脱色（だっしょく）】染めた色、または付いている色を抜き去ること。例漂白剤に浸して脱色する。

【抜粋（ばっすい）】必要な部分だけを書き抜くこと。例日米

首脳の共同声明文を抜粋する。

ぬぐ 脱ぐ

【脱衣（だつい）】衣服をぬぐこと。例健康診断の脱衣所を仮設する。

【脱帽（だつぼう）】帽子をぬぐこと。例脱帽して挨拶する。▼「脱帽」は、敬意を表する意でも使う。例彼の勇気には脱帽した。

ぬける 抜ける

◉**あるべきものが抜け落ちている** 類欠ける・落ちる

【脱字（だつじ）】書き落とした文字。例誤字・脱字があった場合は減点する。▼「脱」は、離す、抜けてとれるの意。

【脱落（だつらく）】ぬけおちること。例二行分の文章が脱落している。

【落丁（らくちょう）】本のページが抜け落ちていること。例落丁・乱丁はお取り替えいたします。

◉**今ある状態から抜け出る** 類脱する・離れる

【脱却（だっきゃく）】抜け出ること。例武力衝突の危機から脱

却する。

【脱獄(だつごく)】囚人が刑務所から逃げ出すこと。例地下道を掘って脱獄した囚人。

【脱出(だっしゅつ)】危険な、また、いやな場所から抜け出すこと。例猛暑の日本から海外へ脱出する。

【脱走(だっそう)】軍隊・刑務所などから逃げ出すこと。例収容所から脱走する。

【脱退(だったい)】属していた団体・会などから抜け出ること。例商店会から脱退する。

【脱皮(だっぴ)】古い習慣や考え方から抜け出すこと。例現状から脱皮しようと努力する。

【離脱(りだつ)】組織や団体から抜け出すこと。例派閥から離脱して閣僚となる。

◉力などが消え失せる

【脱力(だつりょく)】からだの力が抜けること。例家に着いた途端、脱力感が襲った。

◉まわりより、とび離れてすぐれている 類抜きん出る・ずば抜ける

【抜群(ばつぐん)】ずば抜けてすぐれていること。例抜群のセンスで他を圧倒した。▼「抜」は、余分な物を除いてその物だけを抜き出す意。

ぬすむ 盗む

◉こっそり……する

【盗聴(とうちょう)】他人の会話をぬすみ聞きすること。例電話を盗聴して情報を集める。

【盗用(とうよう)】他人のものをぬすんで使うこと。例アイデアを盗用する。

◉他人の知らないうちに、他人のものを自分のものとする

【窃盗(せっとう)】他人の金品をこっそりとぬすむこと。例金に困って窃盗を働いた。▼「盗」は他人のものをほしがり、抜きとる意。「窃」は、こっそりとすばやく一部分を切り取る意。

【着服(ちゃくふく)】他人のものをこっそりと自分のものにすること。例皆の積立金を着服した疑い。

【盗塁(とうるい)】(野球で)走者がすきをうかがって次の塁に進むこと。例強肩の捕手なので盗塁しにくい。

【剽窃(ひょうせつ)】他人の文章・論説などをぬすんで、自分のものとして発表すること。例この記事

は彼の評論から剽窃したものである。

▼「剽」はさっと削りとる、かすめとる意。

◉無断でそっくりまねする

【盗作(とうさく)】他人の作品をそのまま自分のものとして発表すること。例未発表の作品を盗作したらしい。

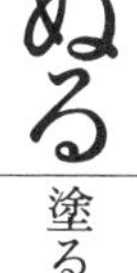

ぬる　塗る

【塗装(とそう)】塗料を塗ったり吹き付けたりすること。例塗装していないコンクリートの壁面。

【塗布(とふ)】薬や塗料を塗り付けること。例傷口に軟膏を塗布する。

ねがう　願う

◉神仏あるいは他人に、望みをかなえてくれるようにねんごろに頼む　類請(こ)う

【哀願(あいがん)】人の同情心にうったえて頼み願うこと。例哀願するような目で見つめる。

【依願(いがん)】本人の願いによること。例依願退職の形

で受理する。

【祈願(きがん)】神仏に祈り願うこと。例公演の成功を祈願する。

【懇願(こんがん)】心から頼み願うこと。例両親に結婚の承諾を懇願する。

【出願(しゅつがん)】願い出ること。例秋からの編入を出願した。

【申請(しんせい)】許可・認可を願い出ること。例学部の新設を申請する。

【請願(せいがん)】文書で願い出ること。例市にごみ処理場の移転を請願する。

【嘆願(たんがん)】事情を述べて心から願うこと。例嘆願書を会長に提出する。

【併願(へいがん)】二つ以上の学校に願書を出すこと。例本命のA高校のほかに、B高校も併願する。

◉どうにかして得たいと思う　類乞(こ)い求める

【願望(がんぼう)】願い望むこと。例結婚願望が強すぎる。

【志願(しがん)】望んで願い出ること。例ニュースキャスターを志願する人が増えた。

【念願(ねんがん)】いつも心にかけて願うこと。例念願だった海外旅行が実現した。

【悲願(ひがん)】必ず成し遂げようとする悲壮な願い。例

全国大会で悲願の一勝を達成する。

ねっする　熱する

◉熱を加える

【加熱かねつ】熱を加えること。例加熱処理した液体。

◉心を集中する　類打ち込む・凝る

【傾倒けいとう】人や物事に心を傾けること。例彼は鷗外に傾倒している。

【心酔しんすい】心からほれこんで夢中になること。例彼に心酔するあまり、口調までも真似をする。

【熱狂ねっきょう】くるわんばかりに夢中になること。例野球中継に熱狂する。

【熱中ねっちゅう】一つのことに心を集中すること。例彼は熱中しやすいたちだ。

ねむる　眠る

類寝る

【安眠あんみん】安らかにぐっすりと眠ること。例安眠できるように開発された枕。

【仮眠かみん】少しの時間眠ること。例宿直室で仮眠をとっておく。

【昏睡こんすい】意識を失って、ぐっすり眠り込むこと。例麻酔がきいて昏睡している。▼「昏」は、物が見えないほど暗いこと。

【熟睡じゅくすい】ぐっすり眠ること。例たった十分間だが熟睡した。

【睡眠すいみん】ねむること。例試合前夜は十分に睡眠をとること。▼「睡」は、まぶたが垂れ下がる意。「眠」は、外界が見えない状態となってねむる意。

【冬眠とうみん】ある種の動物が、土や穴の中で冬ごもりすること。例冬眠している蛇を見つけた。

【不眠ふみん】眠らないこと。また、眠れないこと。例不眠不休で復旧作業を続ける。

ねらう　狙う

類目を付ける

【着眼ちゃくがん】目をつけること。注意してみること。例着眼点がおもしろい。

【着目ちゃくもく】重要なこととして目をつけること。気をつけてみること。例この変化に着目している。

ねる　寝る

類眠る・臥せる・休む

【横臥（おうが）】横になって寝ること。例食後に横臥するのは行儀が悪い。

【仰臥（ぎょうが）】あおむけに寝ること。例診察台に仰臥する。

【就寝（しゅうしん）】寝床に入って寝ること。例就寝時間は毎日遅い。

【病臥（びょうが）】病気で床につくこと。例病臥日誌をつける。

【伏臥（ふくが）】うつぶせに寝ること。例赤ん坊を伏臥させて育てる。

のがれる　逃れる

⇩にげる（逃げる）

のこる　残る

【残存（ざんぞん）】なくならないで残っていること。例残存

率の高い品種。

【残部（ざんぶ）】残りの部分。例残部僅少につきお早めにご注文ください。

【残余（ざんよ）】残り。例残余の処理に困る。

【残留（ざんりゅう）】残りとどまること。例中国残留孤児が永住帰国する。

のせる　載せる

●物を積む

類積む

【積載（せきさい）】荷物を積み込むこと。例積載量を超過したトラックが横転した。

【搭載（とうさい）】飛行機・船・車などに積み込むこと。例燃料を余分に搭載しての飛行。▼「搭」は、荷物を上にのせる意。

【満載（まんさい）】荷物をいっぱい積み込むこと。例野菜を満載した車が到着した。参考「乗」が、人が高い所にのる意なのに対し、「載」は、車の荷をわくや縄で止めて、落ちないようにする意。

●文章を書き記す

【記載（きさい）】書いてのせること。例記載事項に間違い

がないか確認する。

【休載きゅうさい】続きものの記事などをのせるのを休むこと。例作者病気のため休載する。

【掲載けいさい】文章をのせること。例広告掲載紙を送る。

【収録しゅうろく】取り入れてのせること。例論文はこの本に収録されている。

【転載てんさい】刊行物に発表された文章などを、他の刊行物にのせること。例無断で転載してはいけない。

【満載まんさい】記事をいっぱいのせること。例釣りの情報を満載したページ。

【訳載やくさい】翻訳してのせること。例これは英文の原稿を訳載したものだ。

【連載れんさい】続きものとして続けてのせること。例新聞に小説を連載している。

のぞく 除く

類除ける・どける・オミット

【一掃いっそう】残らず払いのけること。例敵を一掃する作戦。

【駆除くじょ】追い払って取り除くこと。例害虫を一斉に駆除する。▼「駆」には、追いたてる意がある。

【除外じょがい】区別して除くこと。例七十歳以上は対象から除外する。

【除去じょきょ】除き去ること。例毒性を除去する。

【除雪じょせつ】積もった雪を取り除くこと。例除雪の苦労を思い知る。

【整理せいり】不必要なものを取り除くこと。例人員を整理しなければならない。

【切除せつじょ】悪い部分を切って取り除くこと。例胃を三分の二ほど切除した。

【撤去てっきょ】建物・施設などを取り払うこと。例バリケードを撤去する。▼「撤」は、捨ててものの通りをよくする意。

【排除はいじょ】取り除くこと。例抵抗する者は徹底的に排除する。

【防除ぼうじょ】災害を防ぎ除くこと。例災害防除のためのポスター。

のぞむ 望む

◉遥か遠くまでを見る

【一望(いちぼう)】ひと目で見渡すこと。例山頂から瀬戸内海を一望する。

【遠望(えんぼう)】遠くをのぞみ見ること。例雪の南アルプスを遠望する。

【展望(てんぼう)】遠くのほうまで見渡すこと。例最上階からは富士山も展望できる。二十一世紀を展望する。

◉切(こ)に願う 類請い願う・祈る

【渇望(かつぼう)】のどが渇いて水をほしがるように、心から願うこと。例肉親の愛情を渇望する。

【願望(がんぼう)】願い望むこと。例病気の回復を願望する。

【期待(きたい)】あてにして待ち望むこと。例今後の活躍を期待する。

【希望(きぼう)】事の実現を願い望むこと。例夫婦別姓制度を希望する。

【志望(しぼう)】こうしたいと望むこと。例国立大学への進学を志望する。

【嘱望(しょくぼう)】将来・前途に望みをかけること。例将来を嘱望される若手選手。

【所望(しょもう)】ほしいと望むこと。例茶を一杯所望する。

【切望(せつぼう)】強く望むこと。例三党がA氏の出馬を切望する。

【待望(たいぼう)】待ち望むこと。例待望の新曲発売！

【熱望(ねつぼう)】熱心に望むこと。例ファンが熱望する再演。

【要望(ようぼう)】実現を求め望むこと。例待遇の改善を要望する。

のどかだ 長閑だ ⇨のんびり

ののしる 罵る

類毒づく ⇨あざける

【悪態(あくたい)】ひどい悪口。例悪態をつく。類悪たれ・憎まれ口

【悪罵(あくば)】ひどく悪口を言うこと。例悪罵を浴びせる。

【悪口雑言(あっこうぞうごん)】悪口やののしりの言葉。例悪口雑言の限りを尽くす。

【嘲罵(ちょうば)】ばかにしてののしること。例嘲罵を浴びせられる。

【痛罵(つうば)】はげしくののしること。例憤慨のあまり痛罵を浴びせる。

【罵倒(ばとう)】てひどくののしること。例夫を激しく罵

倒する。

【罵詈(ばり)】ひどい悪口を言ったり非難すること。例罵詈讒謗(ばりざんぼう)(罵詈雑言(ばりぞうごん))を浴びせる。

【面罵(めんば)】目の前の相手をののしること。例卑劣な行いだと面罵する。

のばす 延ばす

【延期(えんき)】予定の期日をのばすこと。例大統領の来日が延期となる。

【延長(えんちょう)】時間・期間などをさらにのばすこと。例試合終了まで時間を延長して放送する。

【順延(じゅんえん)】期日を順繰りにのばしていくこと。例遠足は雨天順延する。

【猶予(ゆうよ)】決められた日時をのばすこと。例刑の執行を猶予する。▼「物事を行う日時を延ばす」は、日本固有の「猶」の意味である。

のびる 伸びる

●よくなる・進歩する

【伸張(しんちょう)】物や勢力がのび広がること。例人口が増加しても国力は伸張しない。

【飛躍(ひやく)】急速に進歩すること。例今年は新人が飛躍した。

【躍進(やくしん)】勢いよく発展すること。例将来、躍進する会社だと思う。

のべる 述べる

【記述(きじゅつ)】文章にして書き記すこと。例○×式でなく、答えは記述させよ。

【供述(きょうじゅつ)】取り調べに対して、事実や意見を述べること。例犯行の動機を素直に供述する。

【口述(こうじゅつ)】口で述べること。例論文の概要を口述する。

【自叙(じじょ)】自分で自分のことについて述べること。例二十代で自叙伝を書くのはおこがましい。

【述懐(じゅっかい)】心中の思いを述べること。例若き日のことを述懐する。

【詳述(しょうじゅつ)】詳しく述べること。例ドラマの筋を詳述する。

【叙景(じょけい)】風景を詩文に書き表すこと。例叙景文で才能を発揮した。

【叙事(じょじ)】事実をありのままに述べること。例英雄叙事詩を読む。

【叙述(じょじゅつ)】順を追って書き述べること。例日本人初の宇宙体験を叙述する。

【叙情(じょじょう)】自分の感情を述べること。例叙情的な文章に流される。▼「叙」は、しだいに押しのばす動作を示すことから、心中の思いを順序立ててのべる意。「抒情」とも書く。

【前述(ぜんじゅつ)】前に述べたこと。例以後の結果は前述したとおりだ。

【陳述(ちんじゅつ)】意見・考えを口で述べること。例裁判で冒頭陳述する。

【論述(ろんじゅつ)】論じ述べること。例素人にも分かるように論述すべきだ。

のぼる[1] 上る

◉上方へ線状に移動する

【上昇(じょうしょう)】上へとのぼること。例水平線から太陽が上昇していく。

◉地方から都へ行く

【上京(じょうきょう)】地方から都へ出ること。例いつごろ上京する予定か。

のぼる[2] 登る

【登壇(とうだん)】壇上にあがること。例講演者が登壇する。

【登頂(とうちょう)】山の頂上にのぼること。例チョモランマに登頂した。

【登攀(とうはん)】高所や山によじのぼること。例アルプス登攀を計画する。▼「攀」は、身体を反り返らせて登る意。

【登板(とうばん)】野球で、投手がマウンドに立つこと。例今シーズン初登板の投手。

【登山(とざん)】山にのぼること。例冬山に登山するのは命懸けだ。

のむ[1] 喫む

【一服(いっぷく)】たばこをすうこと。例食後に一服するのが楽しみだ。

【喫煙（きつえん）】たばこをすうこと。例喫煙する人は肩身が狭い。▼「喫」は、歯で傷をつけて味わう意。

【喫茶（きっさ）】お茶をのむこと。例喫茶店にも禁煙席がある。

のむ 2　飲む

【愛飲（あいいん）】好んで飲むこと。例黒糖焼酎（しょうちゅう）を愛飲している。

【飲用（いんよう）】人が飲むこと。例この水は飲用に適さない。

【試飲（しいん）】ためしに飲むこと。例ワインを試飲する。

【内服（ないふく）】薬を飲むこと。例毎食後三十分以内に内服すること。

【晩酌（ばんしゃく）】夕食時に酒を飲むこと。例週に二回は晩酌する。

【服毒（ふくどく）】毒を飲むこと。例服毒自殺を図る。

【服薬（ふくやく）】薬を飲むこと。例医師の指示どおりに服薬すること。

【服用（ふくよう）】薬をのむこと。例決められた量を超えて服用してはならない。

【暴飲（ぼういん）】酒などをむやみにたくさん飲むこと。例暴飲すると翌日にたたる。

のる　乗る

【騎乗（きじょう）】馬に乗ること。例騎手が一斉に騎乗した。

【試乗（しじょう）】ためしに乗ること。例新車の発表試乗会。

【乗車（じょうしゃ）】車に乗ること。例一列に並んで乗車する。

【乗船（じょうせん）】船に乗ること。例連絡船内で乗船名簿にサインする。

【乗馬（じょうば）】馬に乗ること。例乗馬クラブに入る。

【搭乗（とうじょう）】飛行機・船などに乗ること。例搭乗手続きは出発の二十分前までに。

【同乗（どうじょう）】一緒に乗ること。例友人の車に同乗する。

【分乗（ぶんじょう）】一団の人が分かれて乗り物に乗ること。例二台のバスに分乗して行く。

のろい

類遅い・のろのろ・スロー

【愚図（ぐず）】はきはきせず、動作・決断がにぶいさま。例愚図で人より出遅れてばかりだ。

【遅遅（ちち）】物事の進み方が遅いさま。例大渋滞で遅々として進まない。

【鈍重（どんじゅう）】動きがにぶくのろいさま。例背が高すぎて鈍重そうに見える。

のんびり

類のどかだ・気長に・ゆったり・おっとり・落ち着いている

【安閑（あんかん）】のんきに何もしないでいるさま。例締め切りを控え、安閑としてはいられない。

【気楽（きらく）】気兼ねがなくのびのびするさま。例ひとり暮らしは気楽なものだ。

【悠然（ゆうぜん）】落ち着いてゆったりしたさま。例彼の悠然とした態度に安心する。

【悠長（ゆうちょう）】のんびりとして急がないさま。例まだ先のことだと悠長に構えている。

【悠悠（ゆうゆう）】ゆったりと落ち着いたさま。例老後は悠々自適に暮らしたい。

【余裕（よゆう）】あせらずゆったりしていること。例余裕綽々（しゃくしゃく）で学年末試験に臨む。

は行

はいる 入る

◉**外部から内部へ移動する**

【混入（こんにゅう）】まじってはいること。例毒物が混入する。

【侵入（しんにゅう）】他の領分に無理にはいり込むこと。例他国に侵入する。

【進入（しんにゅう）】すすみはいること。例車の進入を禁止する。

【潜入（せんにゅう）】こっそりはいり込むこと。例地下組織に潜入する。

【闖入（ちんにゅう）】断りもなく突然はいり込むこと。例見知らぬ男が闖入してきた。▼「闖」は、突然姿を現す意。

【突入（とつにゅう）】つきすすんではいり込むこと。例敵陣に突入する。

【入院（にゅういん）】病気・けがを治すため、病院にはいること。例手術のために入院する。

【入館（にゅうかん）】館と名のつく所にはいること。例この図書館では入館証が必要だ。

【入居（にゅうきょ）】住宅にはいって住むこと。例入居者募集中のアパート。

【入港（にゅうこう）】船が港にはいること。例原子力船が入港する。

【入国（にゅうこく）】他国に入ること。例入国許可証が下りる。

【入室（にゅうしつ）】部屋にはいること。例部外者の入室お断り。

【入所（にゅうしょ）】所と名のつく所にはいること。例療養所には現在五十名が入所している。

【入場（にゅうじょう）】場内にはいること。例選手団が次々と入場する。

【入廷（にゅうてい）】裁判の関係者が法廷にはいること。例弁護団が入廷する。

【入梅（にゅうばい）】梅雨の季節にはいること。例六月半ばは入梅の時期。

【乱入（らんにゅう）】乱暴にどっと押し入ること。例邸内に暴徒が乱入する。

【流入（りゅうにゅう）】他から流れ込むこと。例工場廃液が河川に流入する。

◉ある範囲の中に含まれる 類加わる

【加入（かにゅう）】組織・団体などにはいること。例医療保険に加入する。

【加盟（かめい）】団体・同盟に加わること。例国連に加盟する。

【参加（さんか）】仲間に加わり、行動を共にすること。例自然保護運動に参加する。

【参入（さんにゅう）】はいってくること。例アパレル業界に参入する。

【新入（しんにゅう）】新しくはいること。例新入生を歓迎する会。

【入園（にゅうえん）】幼稚園・保育園に園児としてはいること。例明日は孫の入園式だ。

【入会（にゅうかい）】会にはいって会員となること。例入会の手続きをすませる。

【入閣（にゅうかく）】国務大臣となって内閣に加わること。例女性が二人入閣した。

【入学（にゅうがく）】児童・生徒・学生として学校にはいること。例国立大学の付属小学校に入学する。

【入団（にゅうだん）】団と名のつく団体にはいり、その一員となること。例少年団に入団する。

【入党（にゅうとう）】ある党にはいり、その一員となること。

【入幕（にゅうまく）】例自民党に入党して立候補する。例初土俵から二年で幕内力士に昇進すること。相撲で、幕内力士に昇進すること。例初土俵から二年で入幕を果たした。

【入部（にゅうぶ）】部と名のつく団体にはいり、その一員となること。例サッカー部に入部する。

【編入（へんにゅう）】組・団体などに途中から組み込むこと。例帰国後は二年に編入する。

◉自分の手が届く範囲のものになる

【入手（にゅうしゅ）】手に入れて自分のものとすること。例貴重な資料を入手する。

はえる　生える

【群生（ぐんせい）】むらがってはえること。例高山植物が群生する高原。

【混生（こんせい）】入りまじってはえること。例種々の植物が混生する自然林。

【自生（じせい）】自然にはえること。例山野に自生する植物。

【水生（すいせい）】水の中にはえること。例水生植物を調査する。

【密生（みっせい）】すきまなくはえること。例谷あいの斜面にはクマザサが密生している。

はかる I　計る・量る・測る

◉計器を使って数量を知ること

【計測（けいそく）】器械を使って、ものの数値をはかること。例距離を計測する。

【計量（けいりょう）】分量・重量をはかること。例計量カップを用意する。

【秤量（ひょうりょう）】はかりで重さをはかること。例薬を秤量する。

参考「計る」は、事物をまとめて数えたり考えたりすること。主として数や時間などを数える場合に用いる。「測る」は長さ・深さ・高さ・広さなどに用いる。「量」は、重さや嵩（かさ）をはかること。転じて、事の成り行きを予測する意も含む。

◉高さ・広さ・長さ・深さなどをはかる

【観測（かんそく）】自然現象の変化を観察し、数値などをはかること。例天体を観測する。

【計測（けいそく）】器械を使って、ものの数値をはかること。例地球の円周を計測する。

【実測（じっそく）】実際にはかること。例実測図を作成する。

【測定（そくてい）】量がどれほどかをはかって定めること。例体力を測定する。

【測量（そくりょう）】地表上の面積・位置などをはかること。例土地を測量する。

【歩測（ほそく）】歩いて、その歩数で距離をはかること。例家から駅までの距離を歩測する。

【目測（もくそく）】目分量ではかること。例目測を誤る。

●くみいれる

【計上（けいじょう）】計算に加えること。例補正予算に計上する。

●推しはかる・見当をつける

【臆測（おくそく）】いいかげんに推しはかること。例臆測でものを言う。

【推察（すいさつ）】事情や心の中を推しはかること。例遺族の気持ちを推察する。

【推測（すいそく）】今までに知り得た事柄に基づいて推しはかること。例事故の原因を推測する。

【推定（すいてい）】あることをもとに、推しはかって決めること。例推定年齢四十歳。

【推理（すいり）】既知の事実をもとに、未知の事柄を推しはかること。例犯人を推理する。

【推量（すいりょう）】事情・心情などを推しはかること。例相手の胸中を推量する。

【忖度（そんたく）】人の気持ちを推しはかること。例人の心などまるで忖度しないやり方。

【予測（よそく）】将来のことを前もって推しはかること。例政局の今後を予測する。

はかる2 計る・謀る

【画策（かくさく）】ひそかに計画を立てること。例税金逃れをあれこれと画策する。類企てる

【共謀（きょうぼう）】共同で悪事をたくらむこと。例愛人と共謀して夫を殺そうとした。

【計画（けいかく）】前もって行事や方法、順序などをくわだてること。例社員旅行を計画する。

【計略（けいりゃく）】相手をだましてものごとを進める手段・方法。例計略をめぐらす。類策略・策謀・術策・謀略・はかりごと・たくらみ・一策・一計

【策謀（さくぼう）】陰ではかりごとをたくらむこと。例首相おろしの策謀を巡らす。

はかる3 諮る

類問う

【諮問しもん】上の者が下の者に意見を尋ね求めること。例国語審議会に諮問する。

【相談そうだん】物事を決めるために、人の意見を聞いたり話し合ったりすること。例相談にのる。

はがれる 剝がれる

【剝脱はくだつ】はがれてとれること。例表皮が剝脱する。

【剝落はくらく】はがれ落ちること。例壁画の一部が剝落する。

【剝離はくり】はがれて離れること。例網膜が剝離する。

はく1 吐く

◉口中より物をぱっと外へ出す

【嘔吐おうと】食べたものをはくこと。例船酔いで嘔吐した。

【喀血かっけつ】せきとともに肺や気管支から血をはくこと。例突然喀血して病院へ運ばれた。

【吐血とけつ】胃や食道の出血によって血をはくこと。例洗面器一杯分も吐血した。

◉ことばに出してぶちまける ⇩うちあける（打ち明ける）

【吐露とろ】心に思っていることを隠さず述べること。例真情を吐露する。

はく2 掃く

【清掃せいそう】よごれを払いのけてきれいにすること。例校内を清掃する。

【掃除そうじ】はいたりふいたりして、よごれを取り除くこと。例暮れの大掃除。

はげしい 激しい

類すごい・ヘビーだ

【過激かげき】度をこしてはげしいさま。例過激な思想の持ち主。

【苛烈かれつ】厳しくはげしいさま。例戦闘は苛烈を極めた。▼「苛」は、のどをひりひりさせるようなきつい行為のこと。

【急激（きゅうげき）】動きや変化が急で激しいようす。例急激な変化についてゆけない。

【強烈（きょうれつ）】力や作用が強くはげしいさま。例強烈な印象を与える。

【激越（げきえつ）】感情が高ぶりあらあらしいようす。例彼の口調は次第に激越なものとなった。

【激甚（げきじん）】きわめてはげしいこと。例被害激甚の地区を観察する。

【激動（げきどう）】はげしく揺れ動くこと。例激動の昭和史。

【激変（げきへん）】事態が急に変わること。例激変する社会情勢。

【激烈（げきれつ）】非常にはげしいさま。例激烈な論争。

【熾烈（しれつ）】勢いが盛んではげしいさま。例熾烈な戦いを繰り広げる。▼「熾」は、目印とすべく、火をさかんに燃やす意。

【痛烈（つうれつ）】刺激や働きかけが非常にはげしいさま。例痛烈なマスコミ批判。

【猛烈（もうれつ）】勢いや程度がはげしいさま。例一年間猛烈に勉強した。

はげます　励ます

【応援（おうえん）】味方となって元気づけたり援助したりすること。例応援に駆けつける。

【激励（げきれい）】強くはげますこと。例母校の選手を激励する。

【鼓舞（こぶ）】はげまし奮い立たせること。例士気を鼓舞する。

【奨励（しょうれい）】よいこととして、それをするようにすすめはげますこと。例減反を奨励する農業政策。

【鞭撻（べんたつ）】戒めはげますこと。例ご指導ご鞭撻のほどお願い申し上げます。

はげむ　励む

●自身で気力を奮い立たせる 類努める

【精進（しょうじん）】精神を打ち込んではげむこと。例芸道に精進する。

【努力（どりょく）】目的を達成するために、力を尽くしてはげむこと。例努力して障害を克服した。

【奮闘(ふんとう)】力いっぱい努めること。例奮闘の甲斐なく敗れた。

【勉励(べんれい)】一心に努めはげむこと。例刻苦勉励する。

◉一事に打ち込む　類集中する

【専心(せんしん)】心を一つのことに集中して行うこと。例受験勉強に専心する。

【専念(せんねん)】そのことだけにかかりきりになること。例しばらく子育てに専念する。

【熱中(ねっちゅう)】ある物事に夢中になること。例今は野球に熱中している。

【没頭(ぼっとう)】他のことには見向きもせず、一心にたずさわること。例寝食を忘れて研究に没頭する。

はげる　剥げる

⇩はがれる(剥がれる)

はこぶ　運ぶ

【運送(うんそう)】旅客や貨物を運ぶこと。例引っ越しは運送業者にまかせた。▼「運」は、ぐるぐるまわる意から、物を動かす意も含む。

【運搬(うんぱん)】大きな物や多くの物を運び移すこと。例機材を運搬する。▼「搬」は、物を左右の方向に動かしたりする意。

【運輸(うんゆ)】車や船舶などによって人や貨物を運ぶこと。例運輸会社を経営する。▼「輸」は、中身をすっかり抜き取り、他所へ移すこと。

【回漕(かいそう)】船を使って貨物を運ぶこと。例大阪へ米を回漕する。▼「廻漕」とも書く。

【空輸(くうゆ)】航空機で人や貨物を運ぶこと。例救援物資を空輸する。

【通運(つううん)】荷物を運ぶこと。例通運の便を図る。

【輸送(ゆそう)】人や物を運び送ること。例船で兵士を輸送する。

参考「運送」「運搬」「輸送」は、運び方の規模の違いで使い分けられる。「運輸」は抽象的に用いる。

はじまる　始まる

【開始(かいし)】物事がはじまること。例雨のため試合の開始が遅れた。

【開幕(かいまく)】行事などがはじまること。例秋のリーグ戦が開幕する。

はじめる 始める

◉新たに起こす 類開く・開く

【開演】演劇・演奏などをはじめること。例開演時間は午後六時です。

【開会】会をはじめること。例開会の辞を述べる。

【開業】事業や営業をはじめること。例勤務医をやめて開業する。

【開校】学校を新設して授業をはじめること。例アメリカの大学が日本で開校する。

【開講】講義や講習をはじめること。例夏期セミナーを開講する。

【開始】物事をはじめること。例試合を開始する。

【開設】施設を新しくもうけること。例託児所を開設する。

【開戦】戦争をはじめること。例早晩開戦に及ぶと予想される。

【開店】店をあけて業務をはじめること。例デパートは十時に開店する。

【開幕】行事などをはじめること。例プロ野球の開幕戦。

【再開】ふたたびはじめること。例運転再開の見通しは立っていない。

【始業】仕事や授業をはじめること。例始業のベルが鳴る。

【出発】何かをめざして進みはじめること。例人生の再出発。

【発会】会ができて活動をはじめること。例発会式に臨む。

【発動】活動をはじめること。例指揮権を発動する。

【発足】団体・組織が作られ、活動しはじめること。例後援会が発足する。

◉手を染める 類取り掛かる ⇩かかる・つける2

【起業】新しく事業を起こすこと。例起業家精神。起業を狙う人たちを支援するサークルが誕生した。対廃業

【起工】大規模な工事をはじめること。例架橋工事の起工式。

【創業】事業を新しくはじめること。例創業百年の老舗。

【創始】物事を新しくはじめること。例学園の創

始者。

【着手（ちゃくしゅ）】物事に手をつけること。例新事業に着手する。

【着工（ちゃっこう）】工事にとりかかること。例ビル工事に着工する。

はしる　走る

【快走（かいそう）】気持ちのよいほど速く走ること。例快走するランナー。

【滑走（かっそう）】すべるように走ること。例氷上を滑走する。

【完走（かんそう）】最後まで走り抜くこと。例完走することが第一目標だ。

【疾走（しっそう）】非常に速く走ること。例学校まで全力疾走する。

【助走（じょそう）】勢いをつけるために、踏み切り地点まで走ること。例助走せずにいきなり跳ぶ。

【走行（そうこう）】自動車などが走ること。例走行距離一万キロ。

【走破（そうは）】予定した道のりを全部走り通すこと。例砂漠を走破する。

【追走（ついそう）】追いかけて走ること。例先頭集団を追走する。

【独走（どくそう）】他を引き離して走ること。例独走態勢に入る。

【伴走（ばんそう）】走者のそばについて走ること。例ゴールまで伴走する。

【暴走（ぼうそう）】むやみに乱暴に走ること。例バイクで暴走する若者。

【力走（りきそう）】力のかぎり走ること。例ゴール前の力走。

はずかしい　恥ずかしい

【汗顔（かんがん）】顔に汗をかくほど恥ずかしく感じるさま。例汗顔の至り。

【忸怩（じくじ）】心の中で深く恥じ入るさま。例内心忸怩たるものがある。▼「忸」は、心がいじけること。「怩」は、いじけて軟弱になること。

はずす　外す

類除（の）ける・オミット

【除外（じょがい）】ある範囲や規定の外におくこと。例メンバーから除外する。

【除去（じょきょ）】不要なものを取り除くこと。例障害物の除去に一役買う。

【撤去（てっきょ）】建物・施設等を取り除くこと。例放置されたままの工場の撤去を求める。

【排除（はいじょ）】(人を)力を持って取り除くこと。例暴力を排除する。

はずれる　外れる

類逸する・横道にそれる

【逸脱（いつだつ）】本筋からそれること。例それは本来の目的から逸脱した行為だ。

【脱線（だっせん）】話や行動が横道にそれること。例話が脱線する。

はたらく　働く

◉**仕事をする**

【稼働（かどう）】かせぎ働くこと。例稼働人口の減少。

【勤労（きんろう）】心身を労して勤めに励むこと。例勤労意欲に燃える。

【残業（ざんぎょう）】規定時間後まで残って働くこと。例月に五十時間は残業する。

【実働（じつどう）】実際に仕事にたずさわって働くこと。例実働七時間、昼休み一時間。

【労役（ろうえき）】肉体を使ってする仕事。例労役に服する。

【労働（ろうどう）】体力や知力を使って働くこと。例肉体労働をして賃金を得る。

【労務（ろうむ）】報酬を受ける目的で働くこと。例日雇いの労務者。

◉**ものにある力を及ぼす**

【作用（さよう）】他に力や影響を及ぼすこと。例薬の副作用。

【機能（きのう）】もっている役割を果たすこと。例正しく機能している。

はっきり

類明らか

【画然（かくぜん）】区別がはっきりしているさま。例画然とした差がある。

【顕著（けんちょ）】はっきり目立つさま。例顕著な変化が認められる。

【自明】（じめい）すでにそれ自体ではっきりしているさま。例そんなことは自明の理である。

【鮮明】（せんめい）あざやかではっきりしているさま。例ハイビジョンの鮮明な画像。

【鮮烈】（せんれつ）あざやかで強烈であるさま。例鮮烈な印象を受ける。

【判然】（はんぜん）はっきりとよくわかるさま。例判然としない結論。

【明快】（めいかい）はっきり筋道が通っているさま。例単純明快な論理。

【明晰】（めいせき）明らかではっきりしているさま。例頭脳明晰な人。▼「晰」は、すっきりとけじめがつく意。

【明白】（めいはく）明らかで疑う余地のないさま。例彼が犯人でないことは明白だ。▼「白」は汚れないさま。

【明瞭】（めいりょう）はっきりしているさま。例明瞭な発音。▼「瞭」は、明るくてよく見えるさま。

【瞭然】（りょうぜん）はっきりしていて疑いないさま。例その差は一目瞭然だ。

【歴然】（れきぜん）はっきりしていてまぎれのないさま。例歴然たる証拠。▼「歴」は、次々と順序よく並べてあるさま。

はなす I

話す

類語る・喋（しゃべ）る・言う

【会談】（かいだん）面会して話し合うこと。例米・仏の大統領が会談する。

【会話】（かいわ）話を交わすこと。例会話がはずむ。

【歓談】（かんだん）楽しく語らうこと。例同窓会で友と歓談した。

【懇談】（こんだん）親しく打ち解けて話し合うこと。例懇談の場を設ける。

【座談】（ざだん）すわったまま形式ばらずに話し合うこと。例座談会形式で討論する。

【雑談】（ざつだん）いろいろなことをとりとめなく話すこと。例友達と雑談する。

【直談】（じきだん）相手と直接話し合うこと。例当事者同士が直談して解決する。直談判（じかだんぱん）。▼「じかだん」「じきだんぱん」とも読む。

【対談】（たいだん）相対して語り合うこと。例雑誌で対談する。

【対話（たいわ）】向かい合って話すこと。例親子の対話がない。

【談笑（だんしょう）】笑ったりしながら打ち解けて話すこと。例なごやかに談笑する。

【談話（だんわ）】話をすること。例喫煙は談話室で願います。

【鼎談（ていだん）】三人が向かい合って話すこと。例三国の首脳が鼎談する。▼「鼎」はかなえ(三つの足のある器)の意。類三者会談

【内談（ないだん）】内密に話し合うこと。例会社上層部での内談。

【発言（はつげん）】おおやけの場で意見をのべること。例彼の発言は正しい。

【筆談（ひつだん）】文字を書いて話し合うこと。例中国人と筆談する。

【放談（ほうだん）】言いたいことを遠慮なく話すこと。例財界人による新春放談。

【密談（みつだん）】こっそりと相談すること。例密談を交わす。

【面談（めんだん）】直接会って話をすること。例委細は面談で。

はなす 2

放す

類解く・放つ

◉**手放す**

【放出（ほうしゅつ）】蓄えておいたものを外部に出すこと。例食糧を放出する。

◉**大きくあけはなす**

【解放（かいほう）】ときはなして自由にすること。例人質を解放する。

【釈放（しゃくほう）】捕らえていた者を自由にしてやること。例被疑者を釈放する。

【放免（ほうめん）】罪を許して自由にしてやること。例無罪放免になる。参考「はなす」は「はなつ」の上代東国方言。室町時代以後、「はなす」という形も現れる。

はなす 3

離す

【隔絶（かくぜつ）】隔たりかけはなれること。例文明から隔絶した地域。

【隔離（かくり）】隔てはなすこと。例伝染病患者を隔離する。

【分離（ぶんり）】分けはなすこと。例政教を分離する。

はなはだ　甚だ

類誠に・実に・頗（すこぶ）る・極めて

【至極（しごく）】このうえないさま。例至極もっともだ。

【甚大（じんだい）】程度がきわめて大きいさま。例台風による被害は甚大である。

【大層（たいそう）】程度が普通以上であるさま。例今日は大層疲れた。

【大変（たいへん）】驚くほどはなはだしいさま。例先日は大変失礼いたしました。

【非常（ひじょう）】程度がはなはだしいさま。例違法駐車に非常に迷惑している。

はなやか　華やか

類美しい・きらびやか・デラックス

【華美（かび）】はなやかで美しいさま。例華美な生活。

【華麗（かれい）】はなやかでうるわしいさま。例華麗な演技。

【絢爛（けんらん）】きらびやかで美しいさま。例絢爛たる衣装。

【豪華（ごうか）】はなやかで立派なさま。例豪華な客船。豪華絢爛。

【豪勢（ごうせい）】立派でぜいたくなさま。例豪勢な暮らしぶり。

はなれる　離れる

【遊離（ゆうり）】他と離れて存在すること。例現実から遊離した理論。

【離礁（りしょう）】船が乗り上げた暗礁から離れること。例満潮を待って離礁する。

【離村（りそん）】住んでいた村を離れること。例ダム建設で離村を余儀なくされる。

【離島（りとう）】島を離れて他へ移ること。例離島する若者は増える一方だ。

【離日（りにち）】外国人が日本を離れること。例留学を終えて離日する。

【離陸（りりく）】陸地を離れて飛び立つこと。例飛行機は定刻に成田を離陸した。

はぶく 省く

類 略する

【割愛(かつあい)】惜しいと思いながら省くこと。例 枚数の都合で割愛する。

【後略(こうりゃく)】後の部分を省くこと。例 以下後略。

【省略(しょうりゃく)】一部を省きへらすこと。例 前文を省略する。

【省力(しょうりょく)】労力を省くこと。例 農作業の省力化を図る。

【前略(ぜんりゃく)】前の部分を省くこと。例 前略して引用する。

【中略(ちゅうりゃく)】途中を省くこと。例 中略して示す。

はやい1 早い

【早速(さっそく)】時間をおかずにはやく行うさま。例 早速返事を書く。

【尚早(しょうそう)】時期がはやすぎるさま。例 その提案は時期尚早だ。

【早期(そうき)】はやい時期。例 ガンの早期発見。

【早計(そうけい)】はやまった考え。例 そう結論づけるのは早計だ。

【早婚(そうこん)】普通より若い年齢で結婚すること。例 うちは早婚の家系である。

【早産(そうざん)】予定よりはやく出産すること。例 八か月の早産だった。

【早熟(そうじゅく)】心身の発達が普通よりはやいさま。例 最近の子供は早熟だ。

【早世(そうせい)】若くして死ぬこと。例 早世を惜しむ。

【早早(そうそう)】急いでするさま。例 早々に退散する。

【早朝(そうちょう)】朝のはやいうち。例 早朝マラソンに参加する。

はやい2 速い

類 速(すみ)やか・スピーディー

【快速(かいそく)】気持ちのよいほどはやいこと。例 快速電車に乗る。

【急速(きゅうそく)】物事の進み方がはやいさま。例 急速に変化する。

【高速(こうそく)】速度がはやいこと。例 車が高速で走る。

【迅速(じんそく)】きわめてはやいさま。例 迅速に行動する。

▼「迅」は飛ぶようにはやい意。

【脱兎（だっと）】非常にすばやいこと。例脱兎のごとく逃げる。

【長足（ちょうそく）】物事がはやく進むこと。例長足の進歩を遂げる。

【敏速（びんそく）】動作などがすばやいさま。例敏速な処置。

はやる　流行る

【繁盛（はんじょう）】にぎわい栄えること。例商売が繁盛する。　類栄える

【風靡（ふうび）】大勢の人をなびき従わせること。例一世を風靡する。▼「靡」は、しなやかに従う意。

【流行（りゅうこう）】一時的に世間に広がること。例主題歌が流行する。

はらう　払う

【勘定（かんじょう）】代金を払うこと。例勘定をすませる。　類支払う

【月賦（げっぷ）】代金を月割りにして払うこと。例月賦で車を購入する。

【支出（ししゅつ）】金銭を支払うこと。例支出を抑える。

【自弁（じべん）】自分で費用を負担して払うこと。例交通費は各自自弁のこと。

【即金（そっきん）】その場で金銭を支払うこと。例半額は即金で願います。

【入金（にゅうきん）】金銭を払い込むこと。例月末に入金する。

ひかる　光る

◉瞬間的に光線が射（さ）す　類輝く・煌（きら）めく

【一閃（いっせん）】ぴかりと光ること。例電光が一閃して驚く。

【発光（はっこう）】光を発すること。例暗やみに発光する螢。

【反射（はんしゃ）】光が物に当たってはねかえること。例夕日が窓ガラスに反射してまぶしい。

◉長（た）ける・際立つ　⇩すぐれる(優れる)

ひきうける　引き受ける

【快諾（かいだく）】こころよく引き受けること。例執筆依頼に対して快諾する。▼「諾」は、「そう」

と承認することを表す。

【受諾(じゅだく)】引き受けること。例ポツダム宣言を受諾する。

【承諾(しょうだく)】頼み・申し入れを引き受けること。例すべての条件を承諾した。

【承知(しょうち)】聞いて引き受けること。例そんな話は承知できない。

【内諾(ないだく)】内々に引き受けること。例出向要請を内諾する。

ひきしまる　引き締まる

【緊縮(きんしゅく)】①締まりのないものが締まること。例冷水に肌が緊縮する。②引き締めること。例緊縮財政政策。　類張る

【緊張(きんちょう)】気分が張り詰めてゆるみのないこと。例緊張した顔つき。対弛緩(しかん)

ひく1　引く

●自分の方へ寄せる　類引っ張る

【牽引(けんいん)】引っ張ること。例レッカー車で事故車を牽引する。

●(目に見えぬ力などが)一筋に導く　類引きつける

【魅了(みりょう)】人の心を引きつけ、夢中にさせること。例女性を魅了するダイヤの輝き。

【魅惑(みわく)】人の心を引きつけ、惑わせること。例地方の若者を魅惑する東京。

●ぬき取る

【控除(こうじょ)】数量・全額などを差し引くこと。例医療費が控除される制度。

●例としてあげる

【引用(いんよう)】他の文章や事例を引くこと。例聖書の一説を引用して説教する。

ひく2　弾く

類かなでる

【演奏(えんそう)】音楽を奏すること。例即興で演奏するのが得意だ。

【合奏(がっそう)】一つの曲を複数の楽器で演奏すること。例弦楽器の合奏。

【弾奏(だんそう)】弦楽器を弾き鳴らすこと。例琴を弾奏す

る。

【独奏どくそう】一人で楽器を奏すること。例バイオリンを独奏する少女。

ひくい 低い

◉程度が低い

【最低さいてい】もっとも低いこと。例一連の番組の中で最低の視聴率だった。

【低音ていおん】低い声・音。例低音が魅力的な歌手。

【低温ていおん】低い温度。例低温で保存しておくこと。

【低下ていか】低くなること。例出生率は年々低下している。

【低級ていきゅう】程度や質が低いさま。例彼の趣味は低級でいけない。

【低空ていくう】空の低い所。例ヘリコプターが低空飛行する。

【低次ていじ】程度の低いさま。例そんな低次の発想ではだめだ。

【低地ていち】低い土地。例湖の周辺の低地が浸水した。

【低調ていちょう】調子が低いこと。例株の値動きが低調だ。

【低能ていのう】知能が低いこと。例低能呼ばわりされて

腹を立てる。

【低利ていり】利率の低いこと。例住宅資金を低利で貸し付ける。

【低率ていりつ】率の低いこと。例低率だが収益は増加した。

◉身分が低い

【下級かきゅう】等級が低いこと。例下級官吏の身に甘んじる。

【下賤げせん】身分が低いこと。例下賤の身。

ひそかに 密かに

類こっそり

【隠密おんみつ】こっそり行うこと。例事は隠密に進められた。

【内緒ないしょ】表向きにせず、こっそりすること。例親に内緒で借金をする。

【内内ないない】表立たず非公式であるさま。例内々で学長に話したいことがある。

【内聞ないぶん】表ざたにしないこと。例警官の不祥事を内聞に済ます。

【内密ないみつ】外部に知られないように隠すこと。例こ

のことは内密に願います。

【秘密(ひみつ)】隠して人に知らせないこと。例外部には秘密にして調査する。

ひたむきだ 直向きだ

類ひたすら

【一途(いちず)】一つのことだけに向かってゆくさま。例彼女のことを一途に思いつめる。

【一心(いっしん)】ただ一つのことに心を集中する。例帰りたい一心でがんばる。

【懸命(けんめい)】いのちがけでがんばること。例懸命に追いかける。

【真剣(しんけん)】本気であること。例真剣に討論しよう。

【真摯(しんし)】ひたむきでまじめなさま。例真摯な態度に心うたれる。

【切切(せつせつ)】まじめで心がこもっているさま。例今までの思いを切々と訴える。

【専一(せんいつ)】一つのことだけに向かってゆくさま。例専一に稽古に励む。

【熱心(ねっしん)】ある事にうちこんでひたむきにすること。例熱心な広報活動。

【必死(ひっし)】死にものぐるいなさま。例必死で助けを求める。

【本気(ほんき)】まじめなさま。偽りのない気持ちであるさま。例本気で環境問題にとりくむ。

【夢中(むちゅう)】我を忘れてうちこむさま。例トンボとりに夢中になる。

【躍起(やっき)】むきになって熱をこめて行うさま。例躍起になって身の潔白を証明する。

びっくり ⇩おどろく(驚く)

ひっこす 引っ越す

【移転(いてん)】場所・住所を移すこと。例大学の移転が相次いでいる。

【転居(てんきょ)】住所を移すこと。例地上げで転居を余儀なくされる。

【転地(てんち)】他の土地に移り住むこと。例転地療養を医師が勧める。

ひっそり ⇩しずかだ(静かだ)・さびしい(寂しい)

ぴったり

●**よくあてはまる** 類もってこい・うってつけ

【格好（かっこう）】ちょうど手ごろなさま。例釣りを楽しむには格好の場所。

【好適（こうてき）】うまく適しているさま。例開業するのに好適な場所を探す。

【最適（さいてき）】もっとも適しているさま。例子育てには最適の環境だ。

【絶好（ぜっこう）】何かをするのに非常によいこと。例力を試す絶好の機会だ。

【適格（てきかく）】資格にかなっているさま。例婿として適格かどうか、父親が判断する。

【適切（てきせつ）】その場合によくあてはまるさま。例いつも適切な助言をしてくれる人。

【適任（てきにん）】その任務に適しているさま。例首相に適任の人物がいない。

●**ふさわしい**

【相応（そうおう）】よくつり合いがとれているさま。例身分相応の暮らしぶり。⇩あう3、つりあう、にあう

ひどい 酷い

●**度を越している** 類むやみに・やたら

【過度（かど）】程度を越すさま。例過度に緊張して疲労感を増す。

【極端（きょくたん）】非常に偏るさま。例年上と年下に対する態度が極端に違う。

【極度（きょくど）】程度の甚だしいさま。例人に知られるのを極度に嫌う。

【随分（ずいぶん）】甚だしくひどいさま。例それは随分ないいぐさだ。

【無茶（むちゃ）】異常に程度がひどいさま。例一年で辞書を作れなどとは無茶だ。

【滅多（めった）】むやみやたらに行うさま。例顔を滅多打ちにした犯行。

●**甚だしい** ⇩はげしい（激しい）

●**残酷だ** ⇩むごい（惨い）

ひとしい 等しい

類同じ・イコール・タイ

【共通(きょうつう)】二つ以上のものに通じること。例二人の共通の友人。

【均等(きんとう)】平等で差がないさま。例全国からの見舞金を均等に分ける。

【互角(ごかく)】互いの力に差がないさま。例互角の実力を持った二人。

【対等(たいとう)】優劣・高低の差がないさま。例年下のくせに対等な口をきく。

【同等(どうとう)】等級・程度が同じであるさま。例兄弟を全く同等に扱う。

参考「均等」「対等」の「等」は、ひとしいの意。「同等」の「等」はたぐい(ランク)の意。

ひびく
響く

◉鳴り渡る 類鳴る・とどろく
【共鳴(きょうめい)】振動数の等しい発音体の音波を受けて自然に鳴り出すこと。例楽器の共鳴板。
【反響(はんきょう)】音が物に当たって反射し、再び聞こえること。例音が反響しないように工夫する。
◉世間の評判となる 類跳ね返る

【影響(えいきょう)】他に働きを及ぼして反応を起こさせること。例天候不順は野菜の作柄に影響する。

【波紋(はもん)】関連して次々に及んでいく変化や反応。例一通の投書が大きな波紋を投げかけた。

【反映(はんえい)】ある反応が他のものに及んで現れること。例制作者の信念が反映された番組。

【反響(はんきょう)】ある物事に対して起こる反応。例彼の一言が反響を呼んだ。

【反応(はんのう)】働きかけに応じて起こる動き。例助けを求めてもだれも反応しない。

【余波(よは)】物事が終わったあとになお残る気配。例大型店進出の余波を受ける。

ひやす
冷やす

【空冷(くうれい)】空気で冷やすこと。例空冷式のエアコン。

【水冷(すいれい)】水で冷やすこと。例水冷式のモーター。

【冷却(れいきゃく)】冷やすこと。例血液を冷却して保存する。
▼「却」には、引っ込ませる意がある。
【冷蔵(れいぞう)】低温で貯蔵すること。例開栓後は冷蔵しておくこと。

【冷凍(れいとう)】保存のため凍らせること。例バターは冷

【冷房れいぼう】凍しておくと風味が落ちない。
屋内を涼しくすること。例冷房しすぎに注意する。

ひらく 開く

●ものの閉じめを広くあける　類開ける

【開帳かいちょう】厨子ずしを開き、秘仏を見せること。例法隆寺宝物殿を開帳する。

【開封かいふう】封を開くこと。例手紙を勝手に開封してはいけない。

【開腹かいふく】手術のために腹部を切り開くこと。例開腹したが手遅れの状態だった。

【開放かいほう】あけはなして自由に出入りさせること。例休日は市民に校庭を開放している。

【開門かいもん】門を開くこと。例開門する前から長蛇の列ができた。

【切開せっかい】体の一部を切り開くこと。例帝王切開で胎児を取り出す。

【全開ぜんかい】全部開くこと。例エンジンを全開にする。

【半開はんかい】半分ほど開くこと。例扉は半開にしておくこと。

●花が咲く

【開花かいか】花が開くこと。例暖冬で桜が二週間も早く開花した。

【満開まんかい】花がすっかり開くこと。例つつじは今が満開だ。

●新しく始める

【開会かいかい】会を開くこと。例臨時国会は明日開会する。

【開業かいぎょう】事業を新たに始めること。例新興住宅地に小児科を開業したい。

【開港かいこう】外国との貿易のため、港を開くこと。例鎖国中は長崎のみ開港していた。

【開設かいせつ】設備・施設を新たに設けること。例電話相談コーナーを開設する。

【開幕かいまく】物事を始めること。例明日から夏の大会が開幕する。

●催す

【開催かいさい】会や催し物を開くこと。例大阪で花の博覧会が開催された。

【共催きょうさい】共同で催しを行うこと。例放送局と新聞社の共催による展覧会。

【主催しゅさい】中心になって催しを行うこと。例新聞社が主催する高校野球大会。

●**滞りを除き、通じよくする** 類破る

【打開(だかい)】行き詰まった状態を切り開くこと。例この事態を何とか打開したい。

●**切り開く**

【開墾(かいこん)】山野を切り開いて田畑を作ること。例山峡の地を開墾して茶を栽培する。

【開拓(かいたく)】荒野を開いて田畑とすること。例北海道を開拓した人たちの苦労を知る。

【開発(かいはつ)】土地を切り開いて産業を興すこと。例都市を再開発する計画がある。

ひらたい 平たい ⇩たいらだ(平らだ)

ひろい 広い

●**面積が大きい** 類広広

【広域(こういき)】広い区域。例広域捜査に切り換える。▼「広」は、中ががらんとあいていて、光が四方に広がるさまを表す。ちなみに「宏」は、外枠を張り出して中を広げる意。

【広大(こうだい)】広く大きいさま。例北海道の広大な牧場。

【広漠(こうばく)】広々として果てしないさま。例広漠とした砂漠地帯。

【広範(こうはん)】範囲が広いさま。例被害は広範な地域に及んだ。

【洋洋(ようよう)】水が満ちて広がっているさま。例洋々たる大海が眼前に広がる。前途洋々。

●**心が広い**

【寛大(かんだい)】心が広く、思いやりのあるさま。例未成年ゆえ、寛大な措置を願う。▼「寛」は、中にゆとりのある家の意。

【寛容(かんよう)】心が広く、よく人を受け入れるさま。例人を責めない寛容な人。

ひろがる 広がる

●**規模が大きくなる**

【拡大(かくだい)】広がり大きくなること。例戦争の拡大を防ぐ。

【展開(てんかい)】のび広がること。例次々と話が展開していく。

●**広い範囲に行き渡る**

【浸潤しんじゅん】次第におかして広がること。例病巣が大腸にも浸潤している。▼「潤」は、じわじわとしみ出る水分のこと。

【波及はきゅう】影響が広い範囲に及んでいくこと。例大学紛争は国立から私立に波及した。

【蔓延まんえん】はびこり広がること。例怠惰な雰囲気が校内に蔓延している。▼「蔓」は、のびひろがる意。

ひろげる　広げる・拡げる

【拡大かくだい】広げて大きくすること。例憲法の条文を拡大解釈する。▼「拡」は、外枠いっぱいまで空間を広げる意。

【拡張かくちょう】規模や範囲を大きく広げること。例勢力を拡張して日本一をめざす。

【軍拡ぐんかく】軍備の規模を大きくすること。例軍拡路線を唱える人たちに懸念を抱く。

ひろまる　広まる・弘まる

【普及ふきゅう】広く一般に行き渡ること。例パソコンは各家庭に普及しつつある。▼「普」は、あまねく行き渡る意。

【流伝りゅうでん】世間に伝わり広まること。例世間に流伝する減量法。▼「るでん」とも。

【流布るふ】広く知れ渡ること。例妙なうわさが流布している。▼「布」は、平らに伸ばして敷く(広く行き渡る)意。

ひろめる　広める・弘める

【宣教せんきょう】宗教を教え広めること。例宣教師として来日したが、今ではタレントとして活躍している。▼「宣」は、広く巡らす意。

【普及ふきゅう】広く行き渡らせること。例人々に衛生知識を普及する。

ふえる1　殖える

【増殖ぞうしょく】ふえて多くなること。例細胞が異常に増殖している。▼「殖」は、植物を植えてふやすように、子孫や財産などをふやすこと。

【繁殖（はんしょく）】次々と生まれてふえること。例カビが繁殖するのを防ぐ。

ふえる₂
増える

【急増（きゅうぞう）】急にふえること。例新幹線通勤者が急増している。▼「増」は、上へ上へと層をなして積み重ねるさまを表す。

【激増（げきぞう）】急にひどく増えること。例公務員志望の人が激増している。

【漸増（ぜんぞう）】次第にふえること。例出生率が漸増傾向に転じた。

【増加（ぞうか）】数量がふえること。例高校中退者が増加している。▼「加」は、上にのせる意。

【増収（ぞうしゅう）】収入・収穫がふえること。例今後二割の増収を期待する。

【増大（ぞうだい）】ふえて大きくなること。例身の危険が増大する。

【倍増（ばいぞう）】二倍にふえること。例去年と比較すると希望者は倍増している。▼「倍」は、二つに切り離すのが原義で、そこから、数が一つふえる意となる。

ふかい
深い

◉**奥までの距離が長い**

【深遠（しんえん）】奥深くはかりしれないさま。例深遠なる哲学を研究する。

【深奥（しんおう）】奥深いさま。例芸の深奥を極める。

【深層（しんそう）】奥深く隠れた部分。例実験で深層心理を探る。

【深長（しんちょう）】奥深く含みのあるさま。例その発言は意味深長である。

【千尋（せんじん）】非常に深いこと。例獅子は子を千尋の谷につき落とす。▼「ちひろ」とも読む。「尋」は、左右の手を伸ばして寸法を探るのが原義で、長さの単位も表す。一尋とは、周尺で八尺(約一八〇センチ)、日本では六尺(約一八二センチ)。

◉**程度が甚だしい**

【深甚（しんじん）】気持ちが非常に深いさま。例深甚なる謝意を表す。

ふく　吹く

●大きなことを言う　類うそぶく

【豪語（ごうご）】自信たっぷりに大きなことを言うこと。例必ず倍にして返すと豪語する。▼「豪」は、やまあらしの目立つ毛の意から転じて、強い等の意となった。

【大言（たいげん）】いばって大げさに言うこと。例大言壮語して後で恥をかいた。

ふくむ　含む

【含有（がんゆう）】成分として含んでいること。例発ガン物質の含有量。

【内蔵（ないぞう）】内部に持っていること。例マイコン内蔵の炊飯器。

【包含（ほうがん）】中に包み含むこと。例脳死はさまざまな問題を包含している。

【包容（ほうよう）】包み入れること。例包容力のある人。

ふさぐ　塞ぐ

●ぴったりふたをしたり、物をいっぱいに詰めたりしてすきまをなくし、動きを止める　類さえぎる・閉じる

【梗塞（こうそく）】ふさがって通じないこと。例父が心筋梗塞で倒れた。▼「梗」は、かたい心棒が道をふさぐ意。

【封鎖（ふうさ）】出入りできないように封じ込めること。例経済封鎖の措置もやむを得ない。

【閉鎖（へいさ）】出入り口などを閉じること。例空港は天候悪化で閉鎖された。

【閉塞（へいそく）】閉じてふさぐこと。例腸閉塞の症状が現れる。▼「塞」は、すきまなくぴったりとつくこと。

【密閉（みっぺい）】すきまのないようにぴったり閉じること。例瓶のふたをして密閉する。類密封

●通行をさまたげる　類さまたげる

【遮断（しゃだん）】流れをさえぎりとめること。例車の進行を遮断してデモ隊が通る。

【邪魔（じゃま）】さまたげること。例検問所が二車線走行

を邪魔している。

【阻止（そし）】さまたげてやめさせること。例強行採決を阻止する。

●**悩みなどで心がいっぱいになる**

【鬱鬱（うつうつ）】心がふさぐさま。例鬱々として楽しむことができない。

【鬱屈（うっくつ）】気分が晴れずふさぎこむこと。例このところ鬱屈した日々を過ごしている。

【鬱積（うっせき）】不平・不満が心にたまること。例鬱積した思いを一気にぶちまける。

【憂鬱（ゆううつ）】気持ちが晴れ晴れしないさま。例今後のことを思うと憂鬱になる。

ふさわしい　⇩ぴったり

ふしあわせ　不幸せ

【薄幸（はっこう）】幸うすいこと。例薄幸な生いたち。

【非運（ひうん）】運がないこと。例自分の非運を嘆く。▼「悲運」は悲しい運命のこと。

【不運（ふうん）】悪いめぐりあわせ。例不運にも落選してしまった。

【不遇（ふぐう）】実力にみあったしあわせを得られないこと。例不遇をかこつ。

【不幸（ふこう）】ふしあわせ。例不幸な身の上。

ふせぐ　防ぐ

類阻む

【阻止（そし）】さまたげてやめさせること。例自衛隊の派遣を阻止する。▼「阻」は、土などが積み重なるのをおしとどめる意。

【防衛（ぼうえい）】防ぎまもること。例タイトル防衛戦に臨む。▼「防」は、中心点から左右に張り出して、来たるものをおさえる意。

【防音（ぼうおん）】騒音・反響をさえぎること。例防音してある部屋でピアノを弾く。

【防火（ぼうか）】火災を防ぐこと。例防火対策に取り組む。

【防寒（ぼうかん）】寒さを防ぐこと。例防寒対策を万全にする。

【防御（ぼうぎょ）】相手の攻撃を防ぎまもること。例敵の攻撃を防御する。▼「御」はもとは、手ごわいものをつきならす意。ここでは「禦（ふせ）ぐ」（手ごわいものをおさえる）に当てた用法で、ふせぐの意。

【防空(ぼうくう)】空からの攻撃を防ぐこと。例米軍との防空演習に参加する。

【防護(ぼうご)】危害などを防ぎまもること。例防護柵(さく)を飛び越え、畑を荒らす鹿。

【防砂(ぼうさ)】土砂崩れなどを防ぐこと。例防砂のために植樹する。

【防災(ぼうさい)】災害を防ぐこと。例防災訓練に参加する。

【防止(ぼうし)】防ぎとめること。例青少年の犯罪を防止する。

【防湿(ぼうしつ)】湿気を防ぐこと。例防湿剤をまめに取り替える。

【防臭(ぼうしゅう)】臭気を防ぎとめること。例防臭スプレーをまく。

【防除(ぼうじょ)】病虫害を防ぎのぞくこと。例害虫を防除するための農薬。

【防水(ぼうすい)】水のしみこむのを防ぐこと。例防水加工を施す。

【防雪(ぼうせつ)】雪害を防ぐこと。例線路沿いに防雪林を設ける。

【防戦(ぼうせん)】相手の攻撃を防いで戦うこと。例戦力の低下で防戦一方となる。

【防弾(ぼうだん)】弾丸の通るのを防ぐこと。例防弾チョッキを着て護身する。

【防虫(ぼうちゅう)】虫に食われるのを防ぐこと。例防虫剤を入れて衣服をたんすにしまう。

【防毒(ぼうどく)】有毒ガスを防ぐこと。例防毒マスクをつけて作業をする。

【防腐(ぼうふ)】腐敗を防ぐこと。例防腐剤を使用していない食品。

【防風(ぼうふう)】風を防ぎさえぎること。例防風林を設けて風害に備える。

【防犯(ぼうはん)】犯罪を防ぐこと。例住民が防犯に協力する。

【予防(よぼう)】前もって防ぐこと。例風邪(かぜ)の予防に努める。

ぶつかる

類当たる

【激突(げきとつ)】激しくぶつかること。例スピードの出しすぎで塀に激突した。

【衝突(しょうとつ)】他のものにぶつかること。例バスとトラックの衝突事故。▼「衝」は、つきぬけるような勢いで当たる意。「突」は、穴から犬が飛び出るさまを示す。

【追突（ついとつ）】後ろから突き当たること。例トンネル内で車が次々と追突する。

ふとい　太い

類図太い

【豪放（ごうほう）】度量が大きく、小事にこだわらないさま。例豪放磊落（らいらく）な人柄が魅力的だ。▼「豪」は目立つ意から、強い意へと転じた。

【大胆（だいたん）】度胸があり、物事を恐れないさま。例赤信号を無視する大胆な神経。▼「胆」は、肝（きも）っ玉のこと。

【不敵（ふてき）】物事を恐れないさま。例単身敵地に乗り込むとは不敵な奴だ。大胆不敵。

ふとる　太る

【肥大（ひだい）】太って大きくなること。例扁桃腺（へんとうせん）が肥大して熱が出る。

【肥満（ひまん）】体が肥え太ること。例肥満は健康のため

によくない。

ふまじめだ　不真面目だ

【不実（ふじつ）】まじめでないこと。誠実でないこと。例不実な男にだまされた。

【無責任（むせきにん）】責任感のないこと。例無責任な態度に腹が立つ。

ふやす　増やす

【増員（ぞういん）】人員を増やすこと。例現在の予算では増員するのは難しい。

【増額（ぞうがく）】金額をふやすこと。例出資金を増額してほしい。

【増強（ぞうきょう）】人員・設備などをふやし、強化すること。例軍備の増強を図る。

【増刷（ぞうさつ）】本などを追加して印刷すること。例売れ行き好調で増刷することになった。

【増資（ぞうし）】資本をふやすこと。例増資して規模を拡大しよう。

【増税（ぞうぜい）】税金の額をふやすこと。例増税は弱い者

いじめにほかならない。

【増発（ぞうはつ）】乗り物の運行回数をふやすこと。例休日には臨時列車を増発する。

【増量（ぞうりょう）】量をふやすこと。例中身を増量して売り出す。

ふりかえる　振り返る

●過去のことを思う　類顧みる

【一顧（いっこ）】ちょっと振り返って見ること。例一顧の価値もない人生だった。▼「顧」は、一定の枠の中で頭をめぐらすこと。

【回顧（かいこ）】過ぎ去ったことを思い返すこと。例回顧展を開く。

【後顧（こうこ）】後を振り返ること。例後顧の憂いのない人生を願う。

●振り返ってよく考える　類省みる

【自省（じせい）】自分の言動のよしあしを自ら考えること。例食べすぎを自省して節制する。▼「省」は、自分の心や行いについて目を細めて注意してみること。

【内省（ないせい）】自分の言動について心の中で省みること。

例内省的な性格が気になる。

【反省（はんせい）】自分の言動を振り返り考えてみること。例子供への接し方を反省する。

ふる　降る

【降雨（こうう）】雨が降ること。例台風による降雨で水源が潤った。

【降雪（こうせつ）】雪が降ること。例二月に入り、降雪量が一気にふえた。

ふるい　古い

●年月がたっている

【旧式（きゅうしき）】古い形式。例旧式の機械の扱いにとまどう。

【古風（こふう）】古めかしいさま。例古風な感じの和服の女性。

【最古（さいこ）】もっとも古いこと。例日本最古の遺跡を発掘。

【中古（ちゅうこ）】一度使ったもの。新品ではないもの。例中古の車を安く買う。

◉**ありふれている**

【陳腐(ちんぷ)】ありきたりで古くさく、つまらないさま。例陳腐な洒落(しゃれ)に周囲は苦笑い。

ふるえる 震える

【震撼(しんかん)】ふるえあがらせること。例世間を震撼させた事件。▼「撼」は、相手の仕打ちに不満を抱き、残念に思う意。「震憾」は誤り。

【震動(しんどう)】ふるえ動くこと。例列車が通ると窓が震動する。

【戦慄(せんりつ)】恐ろしくてふるえること。例体中に戦慄が走る。▼「戦」は、恐ろしくてわなわなと震える意も持つ。「慄」は、刺激が連続する意。

ふれる 触れる

◉**瞬間的にちょっとつく** 類触る・タッチする

【接触(せっしょく)】近づいて触れること。例あやうく接触事故をおこすところだった。

◉**規則に反する**

【抵触(ていしょく)】法律や規則に触れること。例法律に抵触する行為。▼「抵」は、「あたる」(ぴったりと抜き差しならぬ状態にまで届く)の意。

◉**広く知らせる** 類言いふらす・ピーアールする

【鼓吹(こすい)】意見を主張し、相手に吹き込むこと。例不戦の誓いを鼓吹する。

【吹聴(ふいちょう)】あることを言いふらすこと。例ほめられたことを吹聴して歩く。

へただ 下手だ

類拙(まず)い・拙(つたな)い・たどたどしい・ぶきっちょ

【拙劣(せつれつ)】へたで劣っているさま。例アイドルタレントの拙劣な演技。

【稚拙(ちせつ)】幼稚でつたないさま。例稚拙な筆跡が笑いを誘う。

【無器用(ぶきよう)】手先ですることがへたなさま。例無器用な手つきで見ていられない。

【不細工(ぶさいく)】細工がまずいさま。例出来ばえがあまりに不細工だ。

【未熟(みじゅく)】技術などがまだ上達していないさま。例教え方が未熟である。

へだてる　隔てる

類離れる

【隔意（かくい）】打ち解けない気持ち。例誰にでも隔意なく接する。

【隔絶（かくぜつ）】かけ離れていること。例日常から隔絶された世界。

【隔離（かくり）】他のものから引き離し、別にすること。例隔離された病室から一般病棟に戻る。

へらす　減らす

【軽減（けいげん）】減らして軽くすること。例彼女の負担を軽減してほしい。

【減額（げんがく）】金額を減らすこと。例次年度の予算を減額する。

【減給（げんきゅう）】給料を減らすこと。例今回のミスで三か月の減給となった。

【減産（げんさん）】生産を減らすこと。例こう景気が悪くては減産もやむをえない。

【減食（げんしょく）】食事の量を減らすこと。例減食して理想体重をめざす。

【減税（げんぜい）】税金の額を減らすこと。例所得税を減税するよう要求する。

【減点（げんてん）】点数を減らすこと。例誤字・脱字は減点する。

【減俸（げんぽう）】俸給の額を減らすこと。例減俸処分を受ける。

【減量（げんりょう）】量を減らすこと。例ごみの減量に努める。

【削減（さくげん）】けずり減らすこと。例防衛費を削減すべきだ。

【節減（せつげん）】使う量をきりつめて減らすこと。例人件費を節減する。▼「節」は、節目をわきまえて、はみ出さないようにおさえる意。

へりくだる　謙る

【謙虚（けんきょ）】つつしみ深くへりくだったさま。例人の話は謙虚に聞きなさい。▼「謙」は控え目であるさま。「虚」はくぼんでいる意。

【謙譲（けんじょう）】へりくだり、ゆずること。例謙譲の精神が失われてゆく。▼「譲」は、どうぞと人を割り込ませる意。

【謙遜（けんそん）】へりくだること。例それは随分と謙遜した返事だ。▼「遜」は、小さくなって一歩退く意。

【卑下（ひげ）】へりくだること。例そんなに自分を卑下するもんじゃない。

へる[1] 減る

【激減（げきげん）】急にひどく減ること。例海外旅行の申し込みが激減する。

【減収（げんしゅう）】収入・収穫が減ること。例去年に比べると一割の減収だ。

【減少（げんしょう）】減って少なくなること。例大学進学者数は減少する傾向にある。

【減損（げんそん）】減ること。例株での利益率が減損した。

【減退（げんたい）】衰えて少なくなること。例食欲が減退していて心配だ。

【低減（ていげん）】数量が減ること。例国民経済の伸びが低減する。

【半減（はんげん）】半分に減ること。例正しく使用しないと効果は半減する。

へる[2] 経る

◉**時が過ぎていく** 類経（た）つ・過ぎる

【経過（けいか）】時間が過ぎていくこと。例結婚後、五年の月日が経過した。

◉**通り過ぎる** 類通る

【経由（けいゆ）】ある地点を通って目的地に行くこと。例香港経由でパリに行く予定だ。▼「由」は、ある道順に従う意。

ほがらか 朗らか

類明るい

【快活（かいかつ）】元気でほがらかなさま。例快活にころころと笑う娘。

【明朗（めいろう）】明るくほがらかなさま。例きわめて明朗な性格の人物。

【陽気（ようき）】明るく晴れやかなさま。例陽気な仲間が集まった。

【陽性（ようせい）】明るく積極的な性格。例性格が陽性だから心配ない。

ほこる　誇る

【自尊（じそん）】自分で自分を誇ること。例自尊心を傷つけられた。

【自負（じふ）】自分の能力に自信を持ち、誇りに思うこと。例人を見る目があると自負している。

【自慢（じまん）】自分に関係することを他人に誇ること。例一流会社に勤める息子が自慢の種だ。▼「慢」は、心が長く伸びている＝だらけているさま。

●うぬぼれる　類のぼせる・思い上がる・背負（しょ）ってる

【慢心（まんしん）】おごりたかぶり、いい気になること。例慢心がすぎる。

ほとんど　殆ど

類あらかた・おおよそ・おおかた・ほぼ

【大概（たいがい）】すべてといっていいほど。例大概の子供は塾に通っている。▼「概」は、全体をならす意。

【大体（だいたい）】すべてといっていいほど。例大体の予定

はこなした。▼「大」は、おおよその意。

【大抵（たいてい）】すべてといっていいほど。例大抵の音響製品は持っている。▼「抵」は、相当すること。

ほぼ　略

類およそ・ざっと

【見当（けんとう）】だいたいの数量を示す語。例一人二千円見当の返金が可能。

【前後（ぜんご）】だいたいそのぐらい。例犯人の年齢は三十歳前後と見られる。

【内外（ないがい）】それに近い値であること。例プレゼントは五百円内外の品にする。

【約（やく）】おおよそ。例一枚清書するのに約四分かかる。

ほめる　褒める

類称（たた）える

【謳歌（おうか）】声をそろえてほめたたえること。例平和を謳歌することは大事だ。

【喝采（かっさい）】やんやとほめそやすこと。例大統領の演説に聴衆は喝采した。

【感嘆（かんたん）】感心してほめること。例精巧な仕事に感嘆する。

【激賞（げきしょう）】盛んにほめたたえること。例各紙ともその芝居のすばらしさを激賞した。▼「賞」は、功労に対して褒美を与える意。

【賛嘆（さんたん）】非常に感心してほめること。例説得力のある訴えに賛嘆の声があがる。

【賛美（さんび）】ほめたたえること。例神を賛美する歌。

【称賛（しょうさん）】ほめたたえること。例兵士たちの勇気は称賛に値する。

【賞美（しょうび）】ほめたたえること。例日本一美しい景色だと賞美する。

【推賞（すいしょう）】すぐれている点を人に向かってほめること。例全審査員が推賞する作品。

【絶賛（ぜっさん）】このうえもなくほめたたえること。例美食家が絶賛する味。

【礼賛（らいさん）】ありがたく思ってほめたたえること。例眼前の大自然の素晴らしさを礼賛する。▼「賛」は、わきからほめたたえる意。それぞれ「讃嘆」「讃美」「称讃」「絶讃」「礼讃」とも書く。

ほる1 掘る

【掘削（くっさく）】地面を掘って穴をあけること。例トンネルを掘削する機械。▼「掘」は、土などを外へ出してくぼみをこしらえる意。

【発掘（はっくつ）】土中に埋まっているものを掘りおこすこと。例宅地造成地で遺跡が発掘された。

ほる2 彫る

【彫金（ちょうきん）】たがねを使って金属を彫ること。例将来は彫金の仕事をしたい。▼「彫」は、切れ目を入れて模様や形をつけること。

【彫刻（ちょうこく）】木・石・金属などに物の形を彫りつけること。例ヴィーナスを彫刻する。

【彫塑（ちょうそ）】彫りきざんだり肉付けしたりして像を形づくること。例日展の彫塑の部に応募する。

【木彫（もくちょう）】木材に像や模様を彫りつけること。例木彫の家具を探す。

ほろびる 滅びる

【壊滅（かいめつ）】こわれて滅びること。例大地震で町は壊滅的な打撃を受けた。

【自滅（じめつ）】自分の行動がもとで自分が滅びること。例挑戦者は焦りから自滅した。

【消滅（しょうめつ）】消えてなくなること。例結社は自然消滅した。

【衰亡（すいぼう）】衰え滅びること。例ローマ帝国の衰亡。

【絶滅（ぜつめつ）】絶え滅びること。例恐竜が絶滅した本当の理由は分かっていない。

【全滅（ぜんめつ）】残らず滅びること。例赤潮で養殖していた貝が全滅した。

【破滅（はめつ）】やぶれ滅びること。例欲におぼれて身の破滅を招く。

【亡国（ぼうこく）】滅びた国。例亡国の民となる。

【滅亡（めつぼう）】滅びること。例人類滅亡の危機を乗り越える。

ぼんやり

◉はっきりしない 類ぼうっと・おぼろげだ

【曖昧（あいまい）】内容がとらえにくく、はっきりしないさま。例曖昧な返答では困る。

【漠然（ばくぜん）】ぼんやりとしてはっきりしないさま。例将来に対しての漠然とした不安。

【不鮮明（ふせんめい）】色や形がはっきりしないさま。例電波障害で不鮮明な画像になる。

【不明瞭（ふめいりょう）】はっきりしないさま。例不明瞭な説明に納得しかねる。

【朦朧（もうろう）】かすんではっきりしないさま。例麻酔からさめきらず朦朧とした意識。

【模糊（もこ）】ぼんやりしているさま。例模糊として真相がつかめない。曖昧模糊。

◉気抜けしている 類うつろだ

【呆然（ぼうぜん）】気抜けがしてぼんやりしたさま。例突然の出来事に呆然としてしまう。

【茫然（ぼうぜん）】ぼうっとしてとりとめのないさま。例茫然とした前途。

ま行

まいる　参る

◉**尊い所に参入する**

【**参内**(さんだい)】皇居に参ること。例お后(きさき)候補の女性が参内した。

◉**神仏に詣でる**

【**参詣**(さんけい)】神仏にお参りすること。例伊勢神宮に参詣する。

【**参拝**(さんぱい)】社寺・御陵に行って拝むこと。例武蔵野御陵に参拝する。

【**墓参**(ぼさん)】墓まいり。例墓参のため郷里に帰る。

◉**うかがう**　類参じる・上がる

【**参上**(さんじょう)】うかがうこと。▽謙譲語。例研究室に参上いたします。

◉**困ったことになる**　類屈する

【**降参**(こうさん)】やっかいな事柄に閉口すること。例子供のいたずらに降参する。

まう　舞う

⇩おどる(踊る)

まかせる　任せる

類頼む・託する

【**委嘱**(いしょく)】人に仕事をまかせ頼むこと。例外部の業者に仕事を委嘱する。▼「嘱」は、口を耳につけて言い含める＝頼む意。

【**委託**(いたく)】人にあずけまかせること。例家の管理は業者に委託した。▼「託」は、言葉で頼んで一か所に預けおく意。

【**一任**(いちにん)】人にすっかりまかせること。例運営は店長に一任する。

【**委任**(いにん)】まかせゆだねること。例代理を立てるには委任状がいる。

【**寄託**(きたく)】ものをあずけ、その処理を頼むこと。例市の美術館に絵を寄託する。

【**嘱託**(しょくたく)】頼んでまかせること。例研究室の助手を嘱託する。

【**信託**(しんたく)】信用してあずけまかせること。例資産の

【信任しんにん】運用は銀行に信託した。信用して物事をまかせること。例大統領は国民に信任されている。

まがる　曲がる

【曲折きょくせつ】曲がりくねっていること。類カーブする・くねる　例道が大きく右に曲折している。

【湾曲わんきょく】弓形に曲がること。例外側に湾曲した脚。

まく　撒く

【撒布さっぷ】まき散らすこと。類散らす　例庭に消毒液を撒布する。

【散布さんぷ】まき散らすこと。例農薬はできるだけ散布しない。▼「撒」は、手でばらばらに散らす意。「散」は、繊維や竹の葉をばらばらにはがす意。

【発散はっさん】外へ出して散らすこと。例光を四方に発散するガラス玉。

まける　負ける

◉相手に抵抗しえなくなる　類敗れる・屈する

【完敗かんぱい】完全に負けること。例一点もとることができず完敗した。

【屈服くっぷく】負けて従うこと。例権力に屈服しない精神。

【降参こうさん】戦いに負けて敵に服従すること。例白旗を掲げ降参する。

【降伏こうふく】戦いに負けて敵に従うこと。例無条件で降伏せよ。

【惨敗ざんぱい】さんざんに負けること。例今回の選挙でわが党は惨敗した。

【惜敗せきはい】少しの差で負けること。例延長戦の末惜敗した。

【全敗ぜんぱい】すべての勝負に負けること。例母校は対外試合で全敗している。

【大敗たいはい】大差で負けること。例日本チームは大敗を喫した。

【投降とうこう】敵に降伏すること。例包囲されて兵士は投降した。

【敗戦（はいせん）】戦いに負けること。例敗戦を終戦と言い換える。

【敗退（はいたい）】負けてしりぞくこと。例優勝候補が一回戦で敗退した。

【敗北（はいぼく）】戦い・試合に負けること。例善戦むなしく敗北する。

【連敗（れんぱい）】続けて負けること。例下位のチームに連敗する。

◉値段を引いて安く売る

【勉強（べんきょう）】値段を安くして売ること。例この品、勉強しますよ。

【奉仕（ほうし）】特に安く売ること。例特別価格でご奉仕します。

まさる 勝る　⇩すぐれる(優れる)

まじめだ　真面目だ

【謹厳（きんげん）】つつしみ深くまじめなさま。例謹厳実直な態度に好感を抱く。

【質実（しつじつ）】飾りけがなくまじめなさま。例質実剛健な気風が漂う。

【殊勝（しゅしょう）】けなげで感心なさま。例募金に協力するとは殊勝な心がけだ。

【誠実（せいじつ）】まじめで真心があるさま。例彼の誠実な人柄にひかれた。

【着実（ちゃくじつ）】落ち着いて、確実に物事を行うさま。例割り当ての仕事を着実にこなす。

【忠実（ちゅうじつ）】真心をもってつとめるさま。例主人の言いつけを忠実に守る。

まじる　混じる・交じる

◉異種・異物が入り込む　類混ざる・ミックス

【混交（こんこう）】いりまじること。「混淆」とも。例和漢混交文。玉石混交。▼「交」は、×型にまじわること(識別可能な状態で)。「混」は、まるくまとまる(識別不可能な状態にまで一緒になる)こと。

【混合（こんごう）】まじりあうこと。例男女混合ダブルス。

【混成（こんせい）】まぜあわせて一つのものとすること。例社会人と学生の混成チーム。

【混入（こんにゅう）】まじって入ること。例生活排水が混入する川。

◉入り乱れる。いりまじって区別できない

【混線(こんせん)】話の筋がもつれること。例話が混線している。

【混然(こんぜん)】一つにとけあって区別できないさま。例混然一体となる。▼「混」は「渾」(全体が一つにとけあってまとまっている意)と近く、「渾然」とも書く。

【混沌(こんとん)】いりまじって区別のつかないさま。例混沌とした状況。

【錯綜(さくそう)】複雑にいりまじること。例情報が錯綜している。

まじわる　交わる

類入り組む・クロスする

【交差(こうさ)】十文字や筋かいに交わること。例横断歩道が交差する。

【交錯(こうさく)】いりまじること。例光と影が交錯する。▼「錯」は、金属をふぞろいに重ねる意。そこから転じて、乱れまじる意となる。

【錯綜(さくそう)】入り組むこと。例地下鉄が錯綜する東京。

ます　増す　⇩ふえる(増える)

まずい　拙い　⇩へただ(下手だ)

まずしい　貧しい

◉収入・財産が少ない

【極貧(ごくひん)】きわめて貧しいこと。例極貧の生活からはいあがる。

【貧困(ひんこん)】貧しくて生活に困っていること。例貧困な時代をバネにして頑張る。

【貧乏(びんぼう)】貧しいこと。例貧乏暇なしでいつも忙しい。

◉劣っている　類乏しい

【粗末(そまつ)】作りが雑で上等でないこと。例粗末な食事で我慢する。

【貧困(ひんこん)】必要・大事なものが乏しいこと。例貧困な発想でお恥ずかしい。

【貧弱(ひんじゃく)】見劣りするさま。例包みが小さくて貧弱だ。

ますます　益益

類もっと・尚更・いよいよ・一際（ひときわ）

【一段（いちだん）】はっきりと差のあるさま。例最近また一段と美しくなった。

【一層（いっそう）】前よりも程度が増すさま。例一層のご活躍をお祈りします。

【余計（よけい）】程度がさらに上であるさま。例優しくされると余計に甘えたくなる。

まぜる　混ぜる

類合わせる・ミックスする・ブレンドする

【調合（ちょうごう）】決まった分量どおりまぜあわせること。例特製のたれを調合する。

【調剤（ちょうざい）】薬を分量どおり盛りあわせること。例薬を調剤する。

【配合（はいごう）】取りあわせること。例ビタミンCを配合した風邪（かぜ）薬。

まちがう　間違う　⇩あやまる（誤る）・しくじる

まつ　待つ

●**物事の実現を待ち望む**　類望む

【期待（きたい）】あてにして待ち望むこと。例子供に過度の期待をしないことだ。

【待望（たいぼう）】あることの実現を待ち望むこと。例待望の男の子が生まれた。

●**機会の到来までじっとしている**

【待機（たいき）】準備を整え、機会がくるのを待つこと。例スト解除の命が出るまで自宅待機せよ。

まとめる

●**全体を一つにする**　類括（くく）る

【一括（いっかつ）】一つにくくること。例資料は一括して送ります。

【概括（がいかつ）】要点をとらえ、一まとめにすること。例経営者側の意見を概括して言う。

【集成（しゅうせい）】多くのものを集めて一つにまとめること。例諸説を集成して分析する。

【集大成（しゅうたいせい）】多くのものを体系的に集め、一つのものにまとめあげること。例大学院での研究を集大成する。

【集約（しゅうやく）】集めて一つにまとめること。例エネルギーを集約する。

【総括（そうかつ）】全体を見通してまとめること。例年間の活動を総括してみる。▼「括」は、入り口を締めくくる意。

【統一（とういつ）】一つにまとめあげること。例色調を統一する。

【統括（とうかつ）】別々になっているものを一つにまとめること。例全体を統括する会議。

【包括（ほうかつ）】ひっくるめて一つにまとめること。例意見を包括的に述べる。

◉**とりなす** 類調える

【仲裁（ちゅうさい）】争いの中に入って双方を和解させること。例親子げんかの仲裁に入る。

【調停（ちょうてい）】対立する両者の間に立ち、争いをやめさせること。例球団と選手の年俸の調停に乗り出す。

まなぶ
学ぶ

類習う

【学習（がくしゅう）】ならい学ぶこと。例日本語を学習する外国人が増えている。

【共学（きょうがく）】同じ学校・教室で学ぶこと。例男女共学。

【苦学（くがく）】働いて学資を得ながら学ぶこと。例苦学して高校・大学を出た。

【独学（どくがく）】先生につかず、ひとりで学ぶこと。例スペイン語を独学した。

【勉学（べんがく）】学問につとめ励むこと。例勉学意欲に欠けると指摘された。

【勉強（べんきょう）】学業・仕事などにつとめ励むこと。例こつこつと勉強した成果が表れる。

【留学（りゅうがく）】外国に行って学問・技術などを学ぶこと。例二年間イタリアに留学する。

まねく
招く

類呼ぶ

【召集（しょうしゅう）】召し集めること。例臨時国会が近く召集される。

【招待（しょうたい）】客を招くこと。例誕生会に友人を招待する。

【招致（しょうち）】招いて来てもらうこと。例冬季オリンピックを当地に招致したい。

【招聘（しょうへい）】礼を尽くして人を招くこと。例外国から研究者を招聘する大学。▼「聘」は、物を差し出して相手の意向をたずねる意。

まねる　真似る

類模する・倣う・準（なぞら）える

【擬音（ぎおん）】実際の音に似せて人工的に作った音。例雷の擬音を工夫する効果係。

【擬古（ぎこ）】古い時代の風習・しかたをまねること。例擬古文で書かれた書物。

【擬声（ぎせい）】音声・音響をまねること。例擬声語は片仮名で表記する。

【擬態（ぎたい）】他のものに様子を似せること。例小枝の形に擬態する昆虫。

【模擬（もぎ）】本物に似せて行うこと。例学園祭で模擬店の係になった。▼「模」は、粘土で型

をとる、原型を真似る意。「擬」は、本物かと思案させるほど似ている意。

【模写（もしゃ）】まねて写し取ること。例館内で模写することは禁じます。

【模倣（もほう）】まねること。例日本人は模倣するのがうまい。▼「倣」は、同様のものを左右に並べて比べる意。

まもる　守る

●規則などを守る

【厳守（げんしゅ）】きびしく守ること。例団体行動では時間を厳守してください。

【護憲（ごけん）】憲法・立憲政治を守ること。例護憲運動が盛り上がる。

【遵守（じゅんしゅ）】規則・法律に従い、それを守ること。例憲法を遵守するのが国民の義務だ。▼「遵」は従来のやり方に従う意。

【遵法（じゅんぽう）】法律に従い、そむかないこと。「順法」とも。例遵法闘争に踏み切った組合。

●弱いものを助け守る

類庇（かば）う

【援護（えんご）】助け守ること。例交通遺児を援護する会。

【加護（かご）】▼「護」は、外から包むようにかばう意。神仏が力を与えて守り助けること。例神のご加護により苦境を乗り越えた。

【監護（かんご）】取り締まり守ること。例未成年者を監護する施設。

【救護（きゅうご）】救い守ること。例被災者の救護にあたる。

【護持（ごじ）】しっかりと守り保つこと。例国体を護持する訴え。

【守護（しゅご）】守ること。例私の守護神は不動明王だ。▼「守」は、取られないように抱き込む意。

【庇護（ひご）】かばい守ること。例養父母の庇護のもとに育つ。

【弁護（べんご）】他人のために言い開きをして助けること。例加害者を弁護する発言。

【保護（ほご）】危険などから助け守ること。例国の農業を保護する政策。

【養護（ようご）】守り育てること。例障害児を養護する制度。

【擁護（ようご）】害されないようにかばい守ること。例憲法を擁護する運動を広める。

◉自分の領域が侵されないように守る 類ガードする

【警護（けいご）】警戒して守ること。例皇居周辺を厳重に警護する。

【警備（けいび）】非常事態に備えて守ること。例夜間の工場を警備する守衛。

【護衛（ごえい）】付き添って守ること。例国賓を護衛する役目につく。▼「衛」は、左右に歩いて中を守る意。

【護国（ごこく）】国家を守ること。例各地にある護国神社。

【固守（こしゅ）】かたく守ること。例老舗の格式を固守する店主。

【護身（ごしん）】危険から身を守ること例合気道は女性の護身術に最適だ。

【自衛（じえい）】自分の力で自らを守ること。例相続税に対する自衛策。

【死守（ししゅ）】命がけで守ること。例城を死守する覚悟でいる。

【守備（しゅび）】味方の陣を守ること。例敵襲に備えて守備を固める。

【防衛（ぼうえい）】防ぎ守ること。例正当防衛を主張する。

【防御（ぼうぎょ）】敵の攻撃を防ぎ守ること。例敵の攻撃を防御する。

まよう 迷う

【昏迷（こんめい）】入り乱れてわけがわからないこと。例指導者不在で政局が昏迷している。▼「昏」は、目が見えず暗い意。

【低迷（ていめい）】悪い状態を抜け出せず迷うこと。例下位を低迷しているチーム。

まわる 回る

◉（平面上を）ぐるぐるまわる　類転がる

【回転（かいてん）】ぐるぐるまわること。例三回転ジャンプに挑戦する。▼「転」は、円状にまわる意。「回」は、囲いに沿ってぐるりとまわる意。

【空転（くうてん）】からまわりすること。例審議は空転したままである。

【公転（こうてん）】ある天体が他の天体の周りを周期的にまわること。例月は地球の周りを公転している。

【自転（じてん）】天体がその重心を通る軸のまわりをまわること。例地球は自転している。

【転回（てんかい）】くるりとまわって方向を変えること。例コペルニクス的転回を遂げた状況。

【輪転（りんてん）】輪のようにまわること。例輪転機で印刷する。

◉一つの方向に順次移動して再び出発点に戻る　類巡る

【行脚（あんぎゃ）】僧が諸国をめぐり歩いて修行すること。例仏像を刻みながら行脚する僧。

【一周（いっしゅう）】ひとまわりすること。例運動場を一周すると四百メートルある。

【回遊（かいゆう）】魚の群れが季節に応じて移動すること。例いかの回遊の撮影に成功する。

【巡回（じゅんかい）】あちこちまわること。例巡回図書館を待つ。▼「巡」は、川の流れのようにぐるりとまわる意。

【循環（じゅんかん）】ひとまわりして元に戻り、それを繰り返すこと。例市内を循環するバス。▼「循」は、たよりとなるものに寄り添い従う意。

【巡行（じゅんこう）】方々をめぐり歩くこと。例山鉾（やまぼこ）が市内を巡行する。

【旋回（せんかい）】円を描くようにまわること。例ヘリコプターが現場上空を旋回する。▼「旋」は、旗がひらめくように尾を引いて円を描く意。

【半周（はんしゅう）】周囲の半分をまわること。例皇居の周りを半周する。

【遍歴（へんれき）】諸国をめぐり歩くこと。例遍歴の騎士ドン・キホーテ。

みがく　磨く

◉こすってつやを出す　類研ぐ

【研磨（けんま）】とぎみがくこと。例目の細かい砥石（といし）で研磨する。

◉つとめ励む　類鍛える

【修練（しゅうれん）】精神・技芸をみがき鍛えること。例武道で心身を修練する。

【修行（しゅぎょう）】技芸などをみがき、自己を鍛えること。例修行が足りず、恥ずかしい。▼「修業」は、学問や技術を身につけること。

【切磋琢磨（せっさたくま）】玉石をみがくように、学問や徳をみがくこと。例兄弟で切磋琢磨する力士。

【錬磨（れんま）】鍛えてみがきあげること。例相手は百戦錬磨のつわものだ。

みごとだ　見事だ

◉優れている　類あっぱれ・素晴らしい

【圧巻（あっかん）】書物・劇などの中でもっともすぐれた部分。例あの映画のラストシーンは圧巻だった。

【結構（けっこう）】すぐれているさま。例結構なお手前ですこと。

【秀逸（しゅういつ）】他に抜きんでてすぐれていること。例彼の司会は秀逸だった。

【上上（じょうじょう）】もっともすぐれているさま。例この作品は上々のできである。

【素敵（すてき）】すばらしいさま。例素敵なレースのドレスを買う。

【立派（りっぱ）】すぐれて堂々としているさま。例初出場で三位とは立派な成績だ。

◉すっかり　類パーフェクトだ

【完全（かんぜん）】欠点・不足のないさま。例女装した彼に完全にだまされた。

【完璧かんぺき】すべて整っていて、一つも欠点がないさま。例完璧な試合運びに脱帽する。
▼「璧」は、美しい玉の意。

みじかい 短い

●距離が短い
【最短さいたん】もっとも短いこと。例家から病院までの最短距離を調べる。

●時間が短い
【一瞬いっしゅん】きわめてわずかの間。例一瞬の出来事ゆえ覚えていない。

【瞬間しゅんかん】きわめて短い時間。例稲妻が走った瞬間に気を失った。

【瞬時しゅんじ】またたきをするくらいのわずかな時間。例瞬時に判断しなければならない。

●気が短い
【短気たんき】類せっかちだ
気が短いさま。例短気な人に限って釣り好きである。

みじめだ 惨めだ

類痛ましい・哀れだ・むごい
【惨憺さんたん】痛ましくて見るに忍びないさま。例勝負は惨憺たる結果に終わった。▼「惨」は、心に滲み込むようにつらいこと。「憺」は、心が重い意。「静かに落ち着く」の意もある。
【悲惨ひさん】悲しく痛ましいさま。例戦争は勝っても負けても悲惨なものだ。
【無惨むざん】いたわしいさま。例無惨な最期を遂げる。

みたす 満たす

●いっぱいにする
【自足じそく】自分で必要を満たすこと。例農作物を自給自足する家。

【充足じゅうそく】十分に満たすこと。例無農薬野菜の欠品を市販品で充足する。

●満ち足りる　類足りる
【堪能たんのう】満ち足りて十分なこと。例人間国宝の芸を堪能した二時間。

【満喫（まんきつ）】十分に味わうこと。例懐石料理で春の風情を満喫した。

【満足（まんぞく）】望みが満ち足りて不平のないこと。例ストレス解消に買い物をして満足する。

みだす 乱す

【壊乱（かいらん）】やぶり乱すこと。例性描写の多い漫画は風俗を壊乱する。

【攪乱（こうらん）】かき乱すこと。例相手を攪乱する戦術で挑む。▼「かくらん」は慣用読み。「攪」は、×型にまぜること。

【騒乱（そうらん）】騒ぎ乱れること。例騒乱罪を適用された男。

みだれる 乱れる

◉ばらばらになる 類散らばる

【散乱（さんらん）】散り乱れること。例ガラスの破片が散乱している。

◉秩序がなくなる 類入り乱れる

【混線（こんせん）】話の筋がもつれること。例話が混線してよく分からない。

【混迷（こんめい）】入り乱れて見通しがつかないこと。例混迷する日本の政局。

【混乱（こんらん）】秩序がなく入り乱れること。例頭が混乱して考えがまとまらない。

【錯乱（さくらん）】入り乱れてわからなくなること。例精神が錯乱して殺人を犯す。

◉世の中のまとまりがなくなる 類クーデター

【戦乱（せんらん）】戦いが起こって国が乱れること。例戦乱の世を生きた武将たち。

【動乱（どうらん）】世の中が騒がしく乱れること。例動乱の中東情勢。

【内乱（ないらん）】国内の争いごとによる乱れ。例隣国で内乱が勃発した。

【反乱（はんらん）】支配者にそむき乱を起こすこと。例反政府軍が反乱を起こす。

【暴動（ぼうどう）】徒党を組んで、社会秩序を乱すような行動をとること。例市街地で暴動が起こった。

【乱世（らんせい）】秩序なく乱れた世の中。例戦国乱世の時代。

みちびく　導く

●道や内容に詳しい者が引き連れていく

【案内（あんない）】場所や道を知らない人を導いて連れていくこと。例館内を案内する係員。

【先導（せんどう）】先に立って導くこと。例マラソンランナーを先導するオートバイ。

【誘導（ゆうどう）】誘い導くこと。例店員が買い物客を非常口へ誘導した。

●手引きをする 類コーチする・アドバイスする

【指導（しどう）】目的に向かって教え導くこと。例世界選手権を目指して後進を指導する。

【指南（しなん）】教え導くこと。例将軍の剣術指南役を仰せつかる。

●強化してよい方におもむかせる 類リードする

【教導（きょうどう）】教え導くこと。例異教徒を教導して改宗させる。

【主導（しゅどう）】主となって導くこと。例アメリカが主導する国連。

【唱導（しょうどう）】先に立って導くこと。例武力放棄を唱導すべきだ。▼「唱道」とも。

【補導（ほどう）】正しい方向へ助け導くこと。例盛り場で小学生を補導した。

【誘導（ゆうどう）】誘い導くこと。例客を安全な場所に誘導する。

みちる　満ちる

●一杯になる

【満水（まんすい）】水が一杯になること。例満水になるとブザーが鳴る。

【満潮（まんちょう）】潮が満ちて、海面が一番高くなった状態。例満潮時に津波が来ると被害が大きい。

●すっかり整って欠けた所がなくなる 類あふれる・みなぎる

【充溢（じゅういつ）】満ちあふれること。例闘志が充溢していて力強い。

【充実（じゅうじつ）】内容・力が十分備わって豊かなこと。例修行はつらいが充実した毎日だ。

【充満（じゅうまん）】限られた空間の中にいっぱい満ちること。例室内にたばこの煙が充満している。

●期限が一杯になる

【満期（まんき）】一定の期限に達すること。例五年満期の定期預金。

【満了（まんりょう）】決められた期間が終わること。例この三月で知事の任期が満了する。

みつける　見付ける

類見いだす

【発掘（はっくつ）】隠された価値あるものを見つけ出すこと。例有望な彫刻家を発掘する。

【発見（はっけん）】今まで知られていなかったものを初めて見つけ出すこと。例裏の山林で死体を発見する。

みっともない

類醜い・見苦しい・グロテスクだ・無様（ぶざま）だ

【醜悪（しゅうあく）】姿・行いが醜くよくないさま。例財産をめぐっての醜悪な争い。

【醜態（しゅうたい）】みっともない、恥ずべき様子。例どんな醜態をさらすかと不安だ。

【不格好（ぶかっこう）】格好の悪いこと。例不格好なだぶだぶのズボン。

【不細工（ぶさいく）】細工がへたでみっともないこと。例不細工な仕上がりの編み物。

【不体裁（ふていさい）】体裁が悪いこと。例不体裁な真似はするな。

【老醜（ろうしゅう）】年をとって醜いこと。例長生きして老醜をさらすのも嫌だ。

みつめる　見詰める

【凝視（ぎょうし）】ひとみをこらして見つめること。例暗闇で相手を凝視する。

【熟視（じゅくし）】よく見つめること。例彼はその一枚の写真を熟視した。

みとめる　認める

◉**しかと見定める**　類断じる

【認定（にんてい）】資格・事実の有無などを調べて決めること。例水俣病と認定された患者。

【判断（はんだん）】考えをまとめて定めること。例彼を真犯人と判断せざるをえない。

◉**よいとして受け入れる**

【肯定（こうてい）】そのとおりだと認めること。例軽々しく肯定してはまずい。

【公認（こうにん）】おおやけに認めること。例自民党が公認した候補。

【自認（じにん）】自分で認めること。例底意地が悪いと自認している。

【承知（しょうち）】聞き入れること。例この結婚はどうしても承知できない。

【承認（しょうにん）】正当だと認めること。例先日の申請は承認された。

【是認（ぜにん）】よいとして認めること。例夏の略装を是認しよう。

【追認（ついにん）】過去にさかのぼってその事実を認めること。例単位を追認してほしいと頼む。

【認可（にんか）】それを認めて許すこと。例営業を認可された保育所。

【評価（ひょうか）】価値を見定めること。例この論文を私は評価している。

【黙認（もくにん）】暗黙のうちに認めること。例授業中の私語は黙認すべきでない。

【容認（ようにん）】許し認めること。例会への加入を容認する。

◉知る

【認識（にんしき）】物事をはっきりと見分け、理解すること。例歌舞伎の様式美を認識する。

【認知（にんち）】はっきりと認めること。例自分の子であると認知する。

みな　皆　⇩すべて（全て）

みにくい　醜い　⇩みっともない

みまわる　見回る

類パトロールする

【警邏（けいら）】警戒のために見回ること。例巡査は警邏に出ている。▼「邏」は、網を張りめぐらすように見回る意。

【巡回（じゅんかい）】見回り歩くこと。例夜に二回、町内を巡回する当番。▼「巡」は、川の流れのようにぐるりとまわる意。「回」は、囲いに沿ってまわる意。

【巡視（じゅんし）】見回って調べること。例付近の海上には巡視船が出ている。

みる[1] 見る

●目をとめる

【一瞥(いちべつ)】ちらっと見ること。例男はちらりと一瞥して立ち去った。▼「瞥」は、視線をちらっと左右に流す意。

【一覧(いちらん)】ひととおり目を通すこと。例報告書を一覧して印鑑を押す。▼「覧」は、上から伏し目で下の物を見る意。

【一見(いっけん)】一回見ること。例一見して旅行者だと分かる服装。▼「見」は、目にとまる意。

【閲覧(えつらん)】図書や書類を調べ読むこと。例借り出した文献を閲覧する部屋。▼「閲」は、いちいち調べる意。

【回覧(かいらん)】順々にまわして見ること。例チラシを回覧して注文をとる。

【内覧(ないらん)】内々に見ること。例デパートの内覧会に招待される。

【拝見(はいけん)】つつしんで見ること。▽謙譲語。例先生の論文を拝見しました。

【目撃(もくげき)】その場に居合わせて実際に見ること。例夜中にひき逃げを目撃した。

●見てまわる

【観覧(かんらん)】景色・劇などを見ること。例公園内を観覧する車。

【見学(けんがく)】実際を見て知識を得ること。例放送局を見学したいと申し出る。

【見物(けんぶつ)】物事・場所などを見て楽しむこと。例遅咲きの梅を見物する人々。

【参観(さんかん)】その場所に行って見ること。例父親参観日が設けられた。

●見つめる

【着目(ちゃくもく)】気をつけて見ること。例大事な点に着目している。

【直視(ちょくし)】目をそらさないで見つめること。例無残な死体で直視することができなかった。▼「視」は、まっすぐに視線を向ける意。

●見張る

【監視(かんし)】番をして見張ること。例行動の一部始終を監視している。▼「監」は、水鏡でしげしげと顔を見定める意。

【巡視(じゅんし)】あちこち見回ること。例湾内を巡視する船。

◉**調べる**

【観察（かんさつ）】ありのままの状態を注意して見ること。例クロッカスの球根を観察する。▼「観」は、多くそろえて見比べる意。

【視察（しさつ）】その場所に行って状況を見極めること。例海外視察団の一員に加わる。▼「察」は、すみずみまで見極める意。

みる2 看る

【介護（かいご）】病人・高齢者などを介抱し看護すること。例在宅介護を支援するサービスを提供する。

【介抱（かいほう）】傷病者の世話をすること。例車内で倒れた人を介抱する。

【看護（かんご）】けが人・病人の手当てや世話をすること。例寝たきり老人を看護する。

【看病（かんびょう）】病人の世話をすること。例付きっきりで看病する。▼「看」は、ある対象を見守る意。

みる3 診る

【診察（しんさつ）】医者が患者の体を調べること。例専門医に診察してもらえば安心だ。

【診療（しんりょう）】患者の体を調べ、治療すること。例親身になって診療するのが信条だ。

みわたす 見渡す

【一望（いちぼう）】ひと目で見渡すこと。例立山連峰を一望できる場所。

【展望（てんぼう）】遠くのほうを見渡すこと。例市街を展望しながら食事できる場所。▼「展」は、平らに広げ並べて見る意。

みんな ⇩すべて(全て)

むかう 向かう

【対峙（たいじ）】向かい合ってそびえ立つこと。例谷を隔てて対峙する山。

【直面（ちょくめん）】じかに接すること。例北側に直面したベランダ。

むかえる　迎える

【歓迎（かんげい）】喜んで迎えること。例新任者を歓迎する会。

【送迎（そうげい）】送ったり迎えたりすること。例ホテルの送迎バスを利用する。

むごい　惨い

類ひどい

【残虐（ざんぎゃく）】むごたらしく苦しめるさま。例犯人の残虐な手口に驚く。▼「残」には、平気で切りさいなむ、むごい行いの意がある。「虐」は、虎がつめで引っかくようにひどい仕打ちの意。

【残酷（ざんこく）】相手を苦しめて平気なさま。例恨みから残酷な仕打ちをする。▼「酷」は、きつくしめつける意。

【残忍（ざんにん）】むごいことを平気でするさま。例残忍な一面を持つ人間。

【凄惨（せいさん）】目をそむけたくなるほど、むごたらしいさま。例現場の凄惨な光景に目をおおった。

【殺生（せっしょう）】むごいさま。例そんな殺生なやり方には反対だ。

【無惨（むざん）】むごたらしいさま。例彼は無惨な最期をとげた。

【冷酷（れいこく）】思いやりがなくむごいさま。例規則違反だからと冷酷に処理する。

むずかしい　難しい

◉ごたごたしている　類煩わしい・ややこしい

【複雑（ふくざつ）】からみ合い、入り組んでいるさま。例関係が複雑で説明に困る。

【面倒（めんどう）】手数がかかってわずらわしいさま。例手続きが面倒で評判が悪い。

【厄介（やっかい）】手数がかかって迷惑なさま。例この問題を解決するのは厄介だ。

◉～しがたい

【一難（いちなん）】一つの災難。例一難去ってまた一難。

【困難（こんなん）】しとげるのが難しいさま。例自力で呼吸するのは困難だ。

【至難（しなん）】非常に難しいさま。例皆の合意を得るのは至難の技だ。

【多難（たなん）】災難などの多いさま。例国際社会での日本の前途は多難である。

【難解（なんかい）】分かりにくいさま。例入試問題の長文は難解すぎる。

【難題（なんだい）】言いがかり。例難題を吹っかけられて困る。

【無理（むり）】道理に合わないさま。例無理なことを承知で頼む。

むすぶ　結ぶ

◉二つ以上のものを一つにつなぐ

【結合（けつごう）】結びつくこと。例原子と原子が結合して分子になる。⇩あう3、あわせる

【接続（せつぞく）】つなぐこと。例テレビとビデオを接続する。

【直結（ちょっけつ）】直接に結びつくこと。例本店とオンラインで直結している。

◉約束を固く交わす

【妥結（だけつ）】互いに歩み寄って話をまとめること。例スト突入直前に交渉は妥結した。▼「妥」は、なだめて落ち着かせる意。

【団結（だんけつ）】力を合わせ、強く結びつくこと。例クラスを一致団結させる。

【締結（ていけつ）】条約・約束を取り結ぶこと。例両国は不可侵条約を締結した。

むなしい　空しい

◉中に何もない　類空っぽだ

【虚脱（きょだつ）】気が抜けた状態になること。例目標がなくなり、虚脱感を覚える。▼「虚」は、中がくぼんであいている意。

【虚無（きょむ）】何も存せず、むなしいこと。例敗戦で虚無的な生き方になる。

【空虚（くうきょ）】内容や価値がなく、むなしいさま。例子供が巣立ち、空虚な日々を送る親。▼「空」は、突き抜けて中がからっぽの意。

【空疎（くうそ）】形だけで内容に乏しいさま。例派閥間の

空疎な論議に時間を費やす。▼「疎」は、一つずつ離して間をあける意。

◉何も結果がない

【無益（むえき）】利益がないさま。類いたずらに・ふい 例無益な戦争を避ける努力。

【無駄（むだ）】役に立たないさま。例彼らにはいくら言っても無駄だ。

【余計（よけい）】度を越えて、かえって無効なさま。例余計なお節介ではあるが言っておく。

めぐる
巡る

◉ひと回りするように取り囲む

【一巡（いちじゅん）】ひとめぐりすること。例この回に打者が一巡した。

【循環（じゅんかん）】ひと回りして元に戻ること。例血液が循環する仕組み。

◉ある方向へ順次進んで回り、元のところに戻る。あちこちを回り歩く

【行脚（あんぎゃ）】方々をめぐること。例銃規制を訴えて米国内を行脚した。

【巡回（じゅんかい）】各地を回り歩くこと。例各都市を巡回して公演する。

【巡行（じゅんこう）】方々をめぐり歩くこと。例ヨーロッパの名所旧跡を巡行する。

【遍歴（へんれき）】各地をめぐり歩くこと。例諸国を遍歴する。

めずらしい
珍しい

類稀（まれ）だ

【希有（けう）】めったになく珍しいさま。例希有の事件に遭遇する。

【珍奇（ちんき）】珍しくて変わっているさま。例珍奇な動物をコマーシャルに使う。

【珍談（ちんだん）】珍しい話。例旅先での珍談に耳を傾ける。

【珍重（ちんちょう）】珍しいものとして大切にすること。例初めのうちは珍重されていた。

【珍味（ちんみ）】珍しい味。例山海の珍味を満喫する。

【珍妙（ちんみょう）】普通と違っていておかしいさま。例忘年会で珍妙な芸を披露した。

【珍問（ちんもん）】おかしな質問。例珍問をするので有名な記者。

もうける 設ける

類備える・置く

【開設かいせつ】新しく設けること。例社会人コースを開設した大学。

【仮設かせつ】仮に設けること。例工事現場にトイレを仮設する。

【公設こうせつ】国や公共団体が設けること。例公設市場は安い。

【私設しせつ】個人や民間が設けること。例私設スキー場に招待する。

【常設じょうせつ】常に設けてあること。例二階の展示は常設している。

【新設しんせつ】新しく設けること。例新設した学科が人気を呼ぶ。

【設営せつえい】前もって作り設けること。例スタッフが野外ステージを設営する。

【設置せっち】設け置くこと。例総理大臣の諮問機関を設置する。

【設定せってい】設け定めること。例あらかじめ合格基準を設定しておく。

【設備せつび】必要なものを備えつけること。例あらゆる機能を設備したマンション。

【設立せつりつ】新しく作り設けること。例寄付金で町営美術館を設立した。

【創設そうせつ】新たに作ること。例ボランティア団体を創設する。

【増設ぞうせつ】増やし作ること。例駐車場を増設する必要がある。

【特設とくせつ】特別に設けること。例屋外に特設したスタジオ。

【付設ふせつ】付属させて設けること。例ホテルに遊園地を付設する。

【併設へいせつ】二つ以上のものをあわせて設けること。例幼稚園に保育所を併設する。

【用意ようい】必要なものをととのえること。例給水所をコース途中に用意した。

もうしでる 申し出る

【上申じょうしん】上役に意見などを申し述べること。例抗議行動が起きたことを上申する。

【申告しんこく】官庁などに申し立てること。例パート収入額を年度末に申告する。

【内申（ないしん）】内々に申し述べること。例中学校が高校に内申する成績。

もえる 燃える

【引火（いんか）】燃えやすいものが、他の火・熱によって燃え出すこと。例たばこの火が引火したらしい。

【炎上（えんじょう）】大きなものが燃えあがること。例タンクローリーが炎上する。

【点火（てんか）】火をつけること。例このストーブはなかなか点火しない。

【燃焼（ねんしょう）】燃えること。例燃焼しやすい生地は避ける。

【発火（はっか）】火を発すること。例自然発火することもある。

もぐる 潜る

◉水に潜る

【潜水（せんすい）】水中に潜ること。例長時間潜水するのを

禁ずる。

◉外から見えないようになる

【潜伏（せんぷく）】ひそかに隠れていること。例犯人が潜伏していたアパート。

もちいる 用いる

◉人材を使う 類雇う・採る・使う

【雇用（こよう）】人を雇うこと。例男女の差別なく雇用すべきだ。

【採用（さいよう）】人をとりたてて使うこと。例新卒者を若干名採用する。

【重用（ちょうよう）】人を重く用いること。例仕事のできる人は重用される。▼「じゅうよう」とも読む。

【登用（とうよう）】人材を引きあげ用いること。例官吏に登用するための試験。

◉意見をとりあげる

【採用（さいよう）】とりあげて用いること。例初めて自分の企画が採用された。

◉役に立たせる 類使う

【愛用（あいよう）】気に入っていつも使うこと。例私が愛用

しているカメラ。

【引用（いんよう）】他の文章・事例を引くこと。例他論文から引用した部分。

【活用（かつよう）】ものを生かして使うこと。例端切れを活用してパッチワークをする。

【慣用（かんよう）】使い慣れること。例世間で慣用している読み方。

【駆使（くし）】思いのままに使うこと。例習いたてのスペイン語を駆使する。

【兼用（けんよう）】一つのものを二つ以上の用途に役立たせること。例ワゴンと食卓を兼用する。

【行使（こうし）】実際に用いること。例暴動鎮圧のために武力を行使する。

【誤用（ごよう）】用法を誤って用いること。例ことわざの誤用が目立つ。

【混用（こんよう）】まぜて使うこと。例洗剤を混用してはいけない。

【充用（じゅうよう）】あるものにあてて用いること。例アルバイト代は学費に充用する。

【私用（しよう）】個人のために用いること。例会社での私用電話を禁ず。

【使用（しよう）】使うこと。例場内でフラッシュを使用してはいけない。

【通用（つうよう）】役に立つものとして用いられること。例実際には通用しない学校の英語文法。

【転用（てんよう）】本来の目的とは別の用途に使うこと。例空地を駐車場に転用する。

【併用（へいよう）】他とともに用いること。例他の薬品と併用しないこと。

【乱用（らんよう）】むやみやたらに使うこと。例カタカナ言葉を乱用する。

【流用（りゅうよう）】本来の目的以外のことに用いること。例接待費を流用する。

もつ　持つ

●手にしたままでいる　類保つ

【温存（おんぞん）】大切に保っておくこと。例応戦せずに戦力を温存する。

【持続（じぞく）】持ち続けること。例二十代の体力を持続するための努力。

【保持（ほじ）】保ち続けること。例世界記録を二年間保持する。

【保存（ほぞん）】そのままの状態を保つようにしてとって

おくこと。例肉を冷凍保存しておく。

●自分のものとする 類有する

【共有きょうゆう】共同で持つこと。例兄弟で共有しているビル。

【具有ぐゆう】そなえ持つこと。例カリスマ性を具有した指導者。

【私有しゆう】個人が持っていること。例私有地を国道が通っている。

【所有しょゆう】自分のものとして持つこと。例広大な山林を所有している。

【領有りょうゆう】領地として持つこと。例広大な農地を領有する大地主。

●身につける 類携える

【携行けいこう】携えていくこと。例登山には食糧を余分に携行せよ。

【携帯けいたい】身につけて持ち運ぶこと。例ポケットティッシュを携帯する。

【持参じさん】持って行くこと。例各自弁当を持参すること。

【所持しょじ】身につけて持っていること。例所持している品を細かく調べた。

【必携ひっけい】必ず携えていなければならないこと。例必携の書。

●身に負わされる 類担う・負う

【担当たんとう】ある事柄を受け持つこと。例自分が担当している区域。

【担任たんにん】任務として受け持つこと。例新学期から二年B組を担任することになった。

【負担ふたん】身に引き受けること。例交通費はこちらで負担します。

【分掌ぶんしょう】手分けして受け持つこと。例授業以外の事務を分掌する教師たち。▼「掌」は、手のひらにおさめ司ること。

【分担ぶんたん】分け合って受け持つこと。例六人で仕事を分担しよう。

もっとも 最も

類この上ない・極めて・とりわけ

【一番いちばん】他と比べて第一に。例私がこの世で一番尊敬している人。

【最高さいこう】程度が最も高いこと。例最高に幸せな瞬間。

【最小さいしょう】最も小さいこと。例被害を最小に食い止める努力。

【最上（さいじょう）】最もすぐれていること。例最上の品を取り寄せた。

【最大（さいだい）】最も大きいこと。例創業以来最大の危機に立たされる。

【最低（さいてい）】程度が最も低いこと。例着替えは最低三枚は必要だ。

【至極（しごく）】このうえないこと。例不届き至極な若僧だと腹を立てる。

【非常（ひじょう）】はなはだしいさま。例祖母は方角に非常にこだわる。

【無上（むじょう）】これ以上のものはないさま。例私にとっての無上の喜び。

もてなす 持て成す

類サービスする・接する

【応対（おうたい）】相手になって受け答えをすること。例横柄に応対する役人。▼「応」は、心で相手を受け止める意。⇩せっする

【歓待（かんたい）】手厚くもてなすこと。例外国からの来賓を歓待する。

【供応（きょうおう）】酒・食事を出してもてなすこと。例郷土の味で供応する。▼「饗応」とも書く。

【接客（せっきゃく）】客の相手をすること。例接客マナーのなっていないホテル。

【接待（せったい）】客をもてなすこと。例取引先の人をゴルフで接待する。

【待遇（たいぐう）】他人や客をもてなすこと。例特別待遇を受ける。

【馳走（ちそう）】食事などでもてなしをすること。例家で夕飯をご馳走したい。

もどす 戻す

⇩かえす（返す）

●物を元の所・人に返す

●元通りにする 類立ち返る

【還元（かんげん）】もとの状態に戻すこと。例利益を社会に還元する。

【挽回（ばんかい）】もとへ戻しかえすこと。例名誉を挽回したい。▼「挽」は、無理に引く意。「汚名挽回」は誤り。

【復元（ふくげん）】もとの位置・状態に戻すこと。例発掘した冠を復元する。

【復古(ふっこ)】昔の状態に戻すこと。例復古調の服が流行する。

● **帰す**

【召還(しょうかん)】呼び戻すこと。例大使が本国に召還される。

【送還(そうかん)】送り反すこと。例不法入国者を強制送還する。

もとづく 基づく

類拠(よ)る・則(のっと)る・根ざす・準じる

【依拠(いきょ)】よりどころとすること。例この本が依拠する学説。

【準拠(じゅんきょ)】それをよりどころとすること。例準拠すべき法律がない。

【立脚(りっきゃく)】よって立つ立場を定めること。例平等主義に立脚した考え。

もとめる 求める

● **手に入れようとする** 類欲する・望む

【希求(ききゅう)】願い求めること。例全世界の平和を希求する。

【求婚(きゅうこん)】結婚を申し込むこと。例突然、求婚されてとまどう。

【強要(きょうよう)】無理に求めること。例募金を強要してはいけない。

【請求(せいきゅう)】正当な権利として求めること。例出版社に資料を請求する。

【探求(たんきゅう)】さがし求めること。例日本語のルーツを探求する。

【追及(ついきゅう)】追い求めること。例人は幸福を追求する権利がある。

【要求(ようきゅう)】必要だとして求めること。例待遇の改善を要求する看護師。

【要請(ようせい)】願い出てその実現を求めること。例党からの出馬要請に応じる。

【要望(ようぼう)】その実現を求め望むこと。例視聴者が要望する番組作り。

● **買う**

【購入(こうにゅう)】買い入れること。例大金を払って絵画を購入した。

【購買(こうばい)】買うこと。例購買力の期待できる世代。

もともと　元元

【元来(がんらい)】もともと。例元来の遊び好きで手に負えない。

【本来(ほんらい)】もともと。例本来の業務態勢に戻す。

もどる　戻る

●出ていったものが元の所へ向かう　類帰る

【帰還(きかん)】内地・基地に帰ること。例衛星が基地に帰還した。

【帰国(きこく)】自分の国に帰ること。例アメリカ留学を終え、先月帰国した。

【帰宅(きたく)】自分の家に帰ること。例何時頃帰宅するか不明である。

【生還(せいかん)】生きて帰ること。例戦場から奇跡の生還。

●もとどおりになる　類直る

【回復(かいふく)】もとどおりになること。例健康が回復するのを待つ。

【復帰(ふっき)】もとの状態・地位に戻ること。例引退宣言を翻して歌手に復帰する。

【復旧(ふっきゅう)】もとの状態に戻ること。例復旧の見通しが立たない。

●後方へ退く　類退(ひ)く・引き返す

【後退(こうたい)】後方へ退くこと。例景気が後退する。

【退却(たいきゃく)】敵に圧せられて退くこと。例敵の兵力の前に退却を余儀なくされる。

【撤退(てったい)】陣地を取り払って退くこと。例全軍が撤退を開始した。

もよおす　催す

類行う・開く

【開催(かいさい)】会や催し物を開くこと。例冬季オリンピックが長野で開催された。

【主催(しゅさい)】中心になって催しを行うこと。例新聞社が主催する展覧会。

もらう　貰う

【享受(きょうじゅ)】受け入れて自分のものとすること。例健康を享受する。▼「享」は、受け入れる意。

【頂戴（ちょうだい）】いただくこと。▽謙譲語。例お返事を頂戴して恐縮する。

もれる　漏れる

●自然に水などが、すき間から通り抜けて出る

【漏出（ろうしゅつ）】もれて出ること。例放射能が漏出した疑いがある。

【漏水（ろうすい）】水がもれること。例下水管から漏水しているようだ。

●内密の情報が他に知れる

【漏洩（ろうえい）】秘密がもれること。例入試問題が事前に漏洩していた。▼「洩」は、水がたらたらともれ出る意。

もろい　脆い

類弱い・やわい

【華奢（きゃしゃ）】上品だが弱々しく感じられるさま。例華奢な身体で特訓に耐えられるか。

【脆弱（ぜいじゃく）】もろくて弱いさま。例脆弱な精神を鍛え直す。

【軟弱（なんじゃく）】やわらかくてしっかりしていないさま。例現代っ子の骨は軟弱になった。

や行

やかましい 喧しい ⇩うるさい・さわがしい(騒がしい)・きびしい(厳しい)

やける 焼ける

【延焼えんしょう】火事が火元から他に燃え広がること。例水をかけて山火事の延焼を防ぐ。

【焼却しょうきゃく】焼きすてること。例重要書類をごみと一緒に焼却してしまった。

【焼失しょうしつ】焼けてなくなること。例国宝を震災で焼失した寺。

【全焼ぜんしょう】火事で建物などがすべて焼けること。例プロパンガスの爆発でアパートが全焼した。類丸焼け 対半焼

【半焼はんしょう】火事で建物などが半分ほど焼けること。例家は半焼したが、火は消し止めた。対全焼

【類焼るいしょう】よそから出た火が燃えうつって火事になること。例奇跡的に類焼を免れた。類類火・もらい火

やさしい[1] 易しい ⇩たやすい(容易い)

やさしい[2] 優しい

◉思いやりが深い 類温かい・懇ねんごろだ

【懇切こんせつ】非常に丁寧なさま。例初めに懇切丁寧な説明があった。

【懇篤こんとく】心がこもっていて丁寧なこと。例ご懇篤なお手紙をいただきまして恐縮です。

【親切しんせつ】思いやりをもって人に尽くすさま。例滞在先の家族はとても親切だった。対不親切

【丁重ていちょう】丁寧で礼儀正しい。例丁重に客をもてなす。類手厚い

【丁寧ていねい】心がこもって礼儀正しい様子。例丁寧な言葉遣いを心掛ける。対乱暴

◉おとなしい 類穏やかだ

【穏健おんけん】穏やかで偏りのないさま。例穏健な人柄

と評される。対過激

【温厚（おんこう）】穏やかで情に厚いさま。例温厚篤実。見るからに温厚そうな人。

【温順（おんじゅん）】穏やかで、人にさからわない様子。例彼は温順な性格で人から好かれていた。

【温和（おんわ）】おとなしくてやさしいさま。例温和な彼が激するのは珍しい。▼「穏和」とも書く。

【柔順（じゅうじゅん）】(性格・態度が)ものやわらかでやさしく、素直な様子。例柔順な人柄。

【従順（じゅうじゅん）】(相手の言うことに)おとなしく従うこと。例従順な部下に物足りなさを感じることもある。

【柔和（にゅうわ）】やさしい穏やかなさま。例若いころより柔和な顔になった。

やしなう　養う

類育てる・育む（はぐくむ）・飼う

【育成（いくせい）】育て上げること。例人材の育成が当面の課題である。

【涵養（かんよう）】徐々に養い育てること。例公徳心を涵養する。

【陶冶（とうや）】素質・才能を引き出し、大切に育て上げること。例人格を陶冶する。

【扶養（ふよう）】生活の面倒をみて養うこと。例妻と子を扶養する義務。▼「扶」は、手を当てがって支える意。

【養育（よういく）】養い育てること。例女手ひとつで三人の子供を養育した。

【養護（ようご）】保護のもとに育てること。例障害児を養護する制度。

【養成（ようせい）】教え育てて一人前にすること。例アナウンサーを養成する機関。

やすい　安い

対高い

【安価（あんか）】値段が安いさま。例大量に入荷するから安価にできる。対高価

【低廉（ていれん）】値段が安いさま。例よい品を低廉でお求めいただく。

【特価（とっか）】特別の安い値段。例「特価品」の札につられて買う。

【安値（やすね）】安い値段。例安値で売れればいいというものではない。対高値

【廉価（れんか）】値段が安いさま。例廉価販売で有名な店。▼「廉」は、けじめをつけて、利益に心をひかれないさま。対高価

やすむ
休む

●心身を楽にする　類憩う

【安息（あんそく）】安らかに休むこと。例キリスト教の安息日。

【一服（いっぷく）】ひと休みすること。例このへんで一服しよう。

【休憩（きゅうけい）】途中で休むこと。例ここでの休憩時間は二十分です。

【休息（きゅうそく）】心身を休めること。例ひと仕事終えるごとに休息をとりたい。▼「休憩」は「休息」より短時間である。「憩」がほっと胸を静める意なのに対し、「息」はすやすやと静かに息づく意を表す。

【休養（きゅうよう）】心身に力をつけるために休むこと。例ゆっくり休養したほうがいい。

【小休止（しょうきゅうし）】少しの間休むこと。例小休止しながら登り続ける。対大休止

【小憩（しょうけい）】少し休むこと。例五分ほど小憩する。▼「少憩」とも。

【静養（せいよう）】心身を休めて病気や疲れをなおすこと。例ゆっくり温泉で静養したいものだ。

【保養（ほよう）】心身を休めて元気になること。例会社の保養所をよく利用する。

【養生（ようじょう）】身体をいたわり大事にすること。病気・けがが治るようにつとめること。例あせらず養生してください。

【療養（りょうよう）】治療のために休養すること。例自宅療養するように医者に言われた。

●事の進行を一時的に止める

【運休（うんきゅう）】運転・航行を休むこと。例上り下りとも終日運休の見通し。

【忌引（きびき）】勤め・学校を休んで喪に服すること。例学校に忌引届を出す。

【休演（きゅうえん）】興行・出演を休むこと。例けがで今月は休演せざるをえない。

【休会（きゅうかい）】議会・会合を休む、中止すること。例国会は自然休会に入る。

【休学(きゅうがく)】一定期間学校を休むこと。例休学して渡米することにした。

【休刊(きゅうかん)】新聞・雑誌などの定期刊行物の発行を休むこと。例明日は新聞休刊日にあたる。類廃刊

【休業(きゅうぎょう)】業務・営業を休むこと。例本日臨時休業。

【休校(きゅうこう)】学校の授業が休みになること。例インフルエンザの流行で休校になる。

【休講(きゅうこう)】教師が講義を休むこと。例A教授は本日休講です。

【休載(きゅうさい)】(新聞・雑誌で)連載記事などの掲載を休むこと。例筆者急病のため今週は休載となった。

【休止(きゅうし)】活動などを一時休むこと。例富士山は火山活動を休止している。類中止

【休場(きゅうじょう)】休んで出場しないこと。例けがのため二場所続けて休場する。対出場

【休職(きゅうしょく)】一定期間職務を休むこと。例病気のため半年間休職した。

【休診(きゅうしん)】診療を休むこと。例日曜祭日は休診します。

【休戦(きゅうせん)】戦いを一時やめること。例クリスマス休戦に入る。類停戦

【休眠(きゅうみん)】生物が活動を一時休むこと。一時的に活動を停止すること。例東北工場は目下休眠状態です。

【欠課(けっか)】ある時間だけ授業に出席しないこと。例欠課時数の多すぎる生徒。

【欠勤(けっきん)】勤めを休むこと。例無断欠勤するのは印象が悪い。

【欠航(けっこう)】運航をとりやめること。例遊覧船は濃霧のため欠航になった。類運休・休航

【欠場(けつじょう)】出場をとりやめること。例急な発熱のため試合を欠場した。対出場

【欠席(けっせき)】学校や会合などを休むこと。例今度の会議は欠席させてもらうよ。類不参加 対出席

【病欠(びょうけつ)】病気のため休むこと。例彼女は三日間病欠した。

◉床に就く 類寝る

【就寝(しゅうしん)】寝床に入って寝ること。例就寝時間は午後十時。対起床

やすらかだ 安らかだ

類のんびり・楽だ・のどかだ

【安逸(あんいつ)】何もしないでぶらぶら暮らすさま。例安逸な暮らしもこれまでだ。▼「逸」は枠からはずれている意。

【安閑(あんかん)】のんびりとして静かなさま。例定年まであと数年、安閑としてはいられない。

【安穏(あんのん)】おだやかで気楽なこと。例安穏な人生を送る。

【安楽(あんらく)】安らかで楽なさま。例安楽死を望む人が増えている。

【気楽(きらく)】心配がなくのびのびしているさま。例ひとりで気楽に暮らしたい。

【暢気(のんき)】心配や苦労がないさま。例就職が決まった学生たちは暢気なものだ。▼「呑気」とも書くが、本来は「暖気」と書く。

【平安(へいあん)】無事で安らかなこと。例平安な暮らしを望む。

【悠悠(ゆうゆう)】ゆったりと落ち着いたさま。例遺産で悠々と食べていかれる。

【楽楽(らくらく)】苦労がなくやすらかなさま。例楽々と足をのばせる風呂桶(おけ)。

やとう 雇う

類採る・抱える

【雇用(こよう)】人を雇うこと。例好条件で新卒者を雇用する。対解雇

【採用(さいよう)】人をとりたてて使うこと。例外国人労働者を採用する企業。

【任命(にんめい)】役目・職務につくよう命じること。例内閣総理大臣は、国会の議決により指名され、天皇によって任命される。対解任

【任用(にんよう)】人を役目・職務につけて使うこと。例優秀な人材を抜擢して要職に任用する。

やぶる 破る

◉**こわす**

【突破(とっぱ)】つきやぶること。例鉄格子を突破して侵入する。

【爆破(ばくは)】爆薬を用いて破壊すること。例金庫の扉

を爆破して金を盗む。

●**相手を負かす**

【**撃砕**げきさい】敵を完全に負かすこと。例敵の軍勢を撃砕する。類倒す・下す

【**撃破**げきは】敵をうちやぶること。例敵の戦車部隊を撃破した。

【**撃滅**げきめつ】攻撃して全滅させること。例菌を撃滅する効果。

【**打破**だは】うち負かすこと。例古い風習は打破すべきだ。

【**連破**れんぱ】続けざまに負かすこと。例強豪チームを連破して決勝戦に進出した。

●**守るべき戒めなどを犯す**　類犯す・背く・ふみにじる　対守る

【**違反**いはん】法律・規則などにそむくこと。例契約に違反して罰せられる。

【**破戒**はかい】僧が戒律をやぶること。例破戒僧とののしられる。対持戒じかい

【**破約**はやく】約束をやぶること。例あの誓文は破約された。

やぶれる[1]　破れる

【**炸裂**さくれつ】砲弾などが爆発して飛び散ること。例手榴弾しゅりゅうだんが炸裂した音。▼「炸」は、火によってさっと割れ目が入るさま。

【**破裂**はれつ】激しく破れ裂けること。例零下十度で水道管が破裂した。

やぶれる[2]　敗れる

類負ける

【**敗訴**はいそ】訴訟で負けること。例裁判で原告側が敗訴した。

【**敗走**はいそう】戦いに敗れて逃げること。例敗走する敵軍を追う。

【**敗退**はいたい】負けてしりぞくこと。例わが校はいつも一回戦で敗退する。

【**敗北**はいぼく】戦い・試合に負けること。例力及ばず敗北した。▼「北」には、背を向けて逃げる意がある。

やめる 1 止める

類 止(と)める・ストップする

【解消(かいしょう)】従来の関係・取り決めなどをなくすこと。例突然、婚約を解消したいと言い出す。

【休止(きゅうし)】やめること。例強風のため、リフトの運転を休止する。

【全廃(ぜんぱい)】すべてをやめること。例入試のマークシート方式を全廃した。

【中止(ちゅうし)】中途でやめること。例雨で花火大会を中止する。

【停止(ていし)】中途でさしとめること。例食中毒を出した店は営業停止処分。

【撤廃(てっぱい)】従来の制度などをとりやめること。例人種差別政策は撤廃すべきである。

【廃刊(はいかん)】定期刊行物の発行をやめること。例誤報記事が原因で廃刊になった雑誌。

【廃業(はいぎょう)】今までしていた職業をやめること。例力士を廃業して家業を継ぐ。

【廃校(はいこう)】学校としての活動をやめること。例山の分校は廃校になった。

【廃止(はいし)】やめて行わなくすること。例虚礼廃止の掛け声は高い。

やめる 2 辞める

類 退く・辞する

【引退(いんたい)】官職・地位からしりぞくこと。例三十歳で現役を引退した。

【辞職(じしょく)】自分から勤めをやめること。例辞職願いは受理された。

【辞任(じにん)】自分から申し出て職務をやめること。例女性問題が原因で辞任に追いこまれる。

【退官(たいかん)】官職をしりぞくこと。例七十歳で定年退官する教授。

【退職(たいしょく)】勤めていた職をやめること。例定年前に希望退職する人を募る。

【退陣(たいじん)】職務・地位からしりぞくこと。例首相の退陣を要求する。

【退任(たいにん)】今までの任務をやめること。例退任式で挨拶した先生。

【勇退(ゆうたい)】いさぎよく地位をしりぞくこと。例勇退して後進に道を譲る。

【離任（りにん）】任務から離れること。例昨年、主任を離任した。

やわらかい1　柔らかい

類ソフトだ

【柔軟（じゅうなん）】やわらかくしなやかなさま。例身体を柔軟にしておきたい。▼「軟」は、手ごたえがないこと。

【柔和（にゅうわ）】やさしく穏やかなさま。例年老いて柔和な顔つきになる。▼「柔」は、しなやかなさま。

やわらかい2　軟らかい

【嫋嫋（じょうじょう）】しなやかなさま。例嫋々たる柳腰に目をひかれる。▼「嫋」は、女性のしなやかなさま。

【軟式（なんしき）】やわらかい材料を用いる方式。例軟式テニスの打ち方。対硬式

【軟質（なんしつ）】やわらかい性質。例日本の水は軟質である。

【軟弱（なんじゃく）】意志・態度が弱々しいさま。例体育会より軟弱な同好会が人気。

やわらげる　和らげる

【緩衝（かんしょう）】二つのものの間に立ち、不和・衝突をやわらげること。例緩衝地帯に逃げ込む。

【緩和（かんわ）】厳しさ・激しさの程度をゆるめること。例輸入規制の緩和を図る。規制緩和。

ゆずる　譲る

◉他の人にゆだねる

【委譲（いじょう）】他にまかせゆずること。例決定権を部下に委譲する。▼下の位の人に譲るときは「移譲」、対等の人に譲るときには「委譲」を用いる。

【割譲（かつじょう）】土地や物の一部をさいて他にゆずり与えること。例領土の半分を割譲した。

【譲渡（じょうと）】ゆずり渡すこと。例ゴルフ会員権を譲渡する。

【譲与（じょうよ）】ゆずり与えること。例土地を国の施設に

譲与する。▼公的な場合は「譲与」、個人的な場合は「贈与」という。

【分譲(ぶんじょう)】分けて売ること。例分譲の別荘地が売り出された。

◉相手をたてる 類折り合う

【譲歩(じょうほ)】自分の主張を押し通さず相手にゆずること。例互いに一歩も譲歩しない。

【妥協(だきょう)】互いにゆずり合って話をまとめること。例仲介者の顔を立てて妥協する。

ゆたかだ 豊かだ

◉量が多い 類たっぷり

【浩浩(こうこう)】水が豊かに広がっているさま。例浩々と流れる川。

【潤沢(じゅんたく)】豊かにあるさま。例潤沢な資源が魅力の国。

【豊潤(ほうじゅん)】豊かで潤いのあるさま。例完熟リンゴの豊潤な果汁。

【豊穣(ほうじょう)】穀物が豊かにみのること。例一年の豊穣を祈る儀式。▼「穣」は、穀物がゆたかなさま。

【豊富(ほうふ)】豊かに富んでいるさま。例豊富な話題に時間がたつのを忘れる。

【豊満(ほうまん)】豊かで十分にあるさま。例豊満な胸にあこがれる。

【満満(まんまん)】満ちあふれているさま。例自信満々で合格発表を見に行く。

◉余裕がある

【富裕(ふゆう)】財産があり生活が豊かなさま。例彼は地方の富裕な家の出身である。

【裕福(ゆうふく)】富んで生活が豊かなさま。例裕福な暮らしができる。

ゆっくり

類緩やかだ・のんびりと・ゆったりと・気長だ・おっとりと

【緩慢(かんまん)】ゆっくりしているさま。例緩慢な話しぶりに眠気を催す。

【悠然(ゆうぜん)】落ち着いてゆったりしたさま。例あわてずに悠然と構えている。

【悠長(ゆうちょう)】のんびりとして急がないさま。例期日が迫り、悠長に構えてもいられない。

【悠悠（ゆうゆう）】急がず落ち着いたさま。例遅刻しそうでも悠々と歩く生徒。

ゆるい　緩い

類手緩（てぬる）い・甘い

【寛大（かんだい）】心が広く、きびしくないこと。例寛大な上司に感謝する。

【緩慢（かんまん）】手ぬるいこと。例緩慢な処置に周囲から不満の声が出る。

ゆるす　許す

◉**放免する**　類免じる・こらえる

【堪忍（かんにん）】怒りを抑えて他人を許すこと。例どうか堪忍してください。▼「勘忍」は誤り。

【勘弁（かんべん）】他人のあやまちを許すこと。例初犯だから勘弁してやる。▼「勘」は、深く突きつめる意。「勘弁」＝「ゆるす」は、日本語特有の用法である。

【赦免（しゃめん）】罪を許すこと。例多くの政治犯が赦免された。

【承知（しょうち）】許すこと。例今度やったら承知しない。

【免罪（めんざい）】罪を許すこと。例教会が信者に発行した免罪符。

【容赦（ようしゃ）】あやまちを許すこと。例ひらにご容赦ください。▼「赦」は、禁をゆるめる意。

◉**相手を受け入れる**　類認める

【許可（きょか）】願いを聞き届けること。例ＰＴＡ会長が許可した活動。

【許容（きょよう）】大目に見て許す、受け入れること。例許容限度を超えるアスベストの量。

【承認（しょうにん）】正当だと認めること。例新しい国家の独立を承認する。

【認可（にんか）】認めて許すこと。例日本語学校の開校を認可する。

ゆるむ　緩む

◉**ゆるめる**

【緩衝（かんしょう）】対立した二つのものの間で緊張をやわらげること。例緩衝材で摩擦を防ぐ。

【緩和（かんわ）】ゆるくする。例規制を緩和する政策。

◉**しまりがなくなる**　類たるむ

【弛緩しかん】ゆるむこと。例筋肉が弛緩する。▼「ちかん」は慣用読み。対緊張

ゆれる 揺れる

●心が動く

【動揺どうよう】気持ちが不安定になること。例二十年ぶりに実母に会い、動揺する。

●物理的に動く

【振動しんどう】揺れ動くこと。例メトロノームが振動する。

【震動しんどう】ふるえ動くこと。例昨日の地震は縦に震動して怖かった。

【動揺どうよう】動き揺れること。例橋げたが動揺するのを防ぐ支柱。

よい 良い

●物がよい状態にある、すぐれている 類いい・ベターだ・ベストだ

【最善さいぜん】もっともよいこと。例最善の方法で取り組む。最善を尽くす。

【最良さいりょう】いちばんいいこと。例生涯最良の日。

【次善じぜん】第二のよい方法。例次善の策を皆で協議する。

【純良じゅんりょう】まじりけがないこと。品質が純粋ですぐれているさま。例北海道の純良バター。

【絶佳ぜっか】景色がすばらしいこと。例眺望絶佳のスカイライン。

【善良ぜんりょう】素直で人柄のよいさま。例善良な人々に囲まれて暮らす。

【優良ゆうりょう】品質・成績などがすぐれているさま。例健康優良児に選ばれる。

【良好りょうこう】状態・様子などがよいこと、好ましい状態であるさま。例健康状態は良好である。

【良性りょうせい】比較的よい性質であること。例腫瘍しゅようといっても良性のものだ。

●よく当てはまる、適している 類ぴったりだ

【格好かっこう】ちょうどよいさま。例キャンプをするのに格好の場所だ。

【好都合こうつごう】都合のよいさま。例通勤に好都合な立地条件。

【好適こうてき】ふさわしいこと。ぴったりしていること。例子育てに好適な環境。

【最適（さいてき）】もっとも適しているさま。いちばんふさわしいこと。例植物の生育に最適の温度。

【絶好（ぜっこう）】非常によいこと。またとない機会。例家を購入する絶好の機会だ。

【妥当（だとう）】条件や状況にあてはまること。例妥当な金額が提示された。

【適切（てきせつ）】あてはまること。ふさわしいこと。例その場に応じた適切な判断。

【適当（てきとう）】ちょうどあてはまること。例彼なら稽古（けいこ）相手として適当だ。

【便宜（べんぎ）】つごうのよいこと。その時々に応じたやり方。例利用者の便宜を図る。

よう　酔う

●酒を飲んで心身が正常でなくなる

【泥酔（でいすい）】酔って正体を失うこと。例泥酔した姿はみっともない。

【酩酊（めいてい）】ひどく酒に酔うこと。例忘年会で酩酊した上司。

●うっとりする

【心酔（しんすい）】心の底から慕うこと。例彼女は某宗教家に心酔している。

【陶酔（とうすい）】心を奪われ、うっとりすること。例華やかな舞台に陶酔した少女。▼「陶」には、気持ちがうちとける意がある。「うっとりする」に用いるのは日本語特有の用法。

ようやく　漸く

類ぼつぼつ

【次第（しだい）】時がたつにつれて。例高熱は次第に下がった。

【漸次（ぜんじ）】順を追って徐々に。例株価は漸次上昇しはじめた。

【段段（だんだん）】少しずつ順を追って。例段々春らしくなってくる。

よごれる　汚れる

類汚れる（けがれる）

【汚染（おせん）】有害物質などでよごれること。例大量の油の流失で海が汚染した。

【汚損（おそん）】よごれ傷つくこと。例国宝の汚損を防ぐ。

【汚濁(おだく)】よごれにごること。例川が汚濁している。

よぶ 呼ぶ

◉声を出す

【呼号(ここう)】呼び叫ぶこと。例沖の船に向かって呼号する。

【疾呼(しっこ)】激しく叫ぶこと。例隣家のドアをたたいて疾呼する。

【連呼(れんこ)】何回も続けて叫ぶこと。例候補者名を連呼するだけの宣伝カー。

◉自分の所へ来るように声をかける 類召す

【召喚(しょうかん)】裁判所が人を呼び出すこと。例証人として裁判所に召喚される。▼「喚」は、声をかける意。

【招致(しょうち)】呼び寄せること。例八年後の五輪招致を目指す。▼「致」は、そこまで届かせる意。

◉招待する

⇩まねく(招く)

◉名付ける 類称する

【自称(じしょう)】自分で称すること。例自称作家だそうだがあやしいものだ。

【総称(そうしょう)】同類のものを一つにまとめて呼ぶこと。例北方四島を総称して北方領土という。

よむ 読む

【一読(いちどく)】一度読むこと。例ためしに一読してみたまえ。

【音読(おんどく)】声に出して読むこと。例音読させない国語教育の弊害。

【解読(かいどく)】読み解くこと。例暗号を解読するのに手間取った。

【訓読(くんどく)】漢字を訓で読むこと。例漢文を訓読する技術。

【購読(こうどく)】買って読むこと。例週刊誌を定期的に購読している。

【誤読(ごどく)】読みちがえること。例問題を誤読して答え方を間違える。

【熟読(じゅくどく)】内容をよく考えて読むこと。例新聞記事を熟読したがよく分からない。

【精読(せいどく)】細かいところまで注意して読むこと。例課題図書を精読して感想文を書く。

【速読(そくどく)】速く多くの量を読むこと。例長文を速読するための方法。

【読書（どくしょ）】本を読むこと。例待ち時間は読書をして過ごす。

【読破（はどく）】終わりまで読み通すこと。例源氏物語を原文のまま読破した。

【拝読（はいどく）】つつしんで読むこと。▽謙譲語。例掲載論文を拝読しました。

【判読（はんどく）】わかりにくい文字・文章を推し量って読むこと。例太刀に刻まれた文字を判読する。

【黙読（もくどく）】声を出さないで読むこと。例一通り黙読してから声に移す。

【訳読（やくどく）】翻訳・解釈して読むこと。例友達が英字新聞を訳読してくれた。

【輪読（りんどく）】順番に一つの本を読み合うこと。例大学院進学希望者の卒論を輪読する。

よる　因る

類因（もと）・種（たね）・ファクター

【一因（いちいん）】ある物事を引き起こした一つの原因。例度胸のよさも成功の一因をなす。

【遠因（えんいん）】間接的に変化を引き起こした原因。例それが紛争の遠因となった。

【起因（きいん）】物事の起こり。例地球の砂漠化は森林伐採に起因する。

【原因（げんいん）】ある物事を引き起こしたもの。例エルニーニョ現象が暖冬の原因となる。

【死因（しいん）】死亡の原因。例肺炎が直接の死因となった。

【勝因（しょういん）】勝利の原因。例投手起用のうまさが勝因である。

【動機（どうき）】行為や意志決定の直接のきっかけ。例恨みが動機となった殺人事件。

【要因（よういん）】主要な原因。例消費税が物価上昇の要因である。

よろこぶ　喜ぶ

【歓喜（かんき）】非常に喜ぶこと。例全国大会出場決定に歓喜する生徒。▼「歓」は、にぎやかに楽しむ意。「喜」は、にこにこしてうれしがる意。

【狂喜（ききょう）】気も狂いそうなほど喜ぶこと。例大逆転の勝利に観衆は狂喜した。

【驚喜(きょうき)】思いがけない出来事に驚き喜ぶこと。例まさかの合格に驚喜の色を隠せない。

【欣喜(きんき)】大喜びすること。例朗報に欣喜雀躍する。▼「欣」は、息をはずませて喜ぶ意。

【満悦(まんえつ)】満足して喜ぶこと。例宴の盛会に先生はご満悦のようだ。▼「悦」は、心のしこりなく喜ぶ意。

よろしい　宜しい　⇩よい(良い)

よわい　弱い

◉体力・気力がない

【虚弱(きょじゃく)】体が弱く病気がちなさま。例虚弱体質で無理がきかない。

【脆弱(ぜいじゃく)】もろくて弱いさま。例脆弱な体で兵役不合格。

【軟弱(なんじゃく)】性質が弱いこと。例軟弱な態度。

【薄弱(はくじゃく)】弱くてしっかりしていないさま。例意志が薄弱で根気がない。

【病弱(びょうじゃく)】病気にかかりやすいさま。例幼いときから病弱で内気な子だった。

【貧弱(ひんじゃく)】みすぼらしく見劣りのするさま。例貧弱な体つきの男。

◉力が足りない

【弱小(じゃくしょう)】弱くて小さいさま。例弱小国家ゆえの悲哀を味わう。

【弱体(じゃくたい)】弱くて頼りないさま。例労働組合は弱体化しつつある。

◉もろい　⇩もろい(脆い)

よわる　弱る

【弱化(じゃっか)】力が弱まること。例高層にすると耐震性が弱化する。

【衰弱(すいじゃく)】衰えて弱くなること。例高熱で体は衰弱しきっている。

りゃくす　略す　⇩はぶく（省く）

ら行

ろんじる　論じる

◉意見を述べる　類ディスカッションする

【議論（ぎろん）】意見を述べあうこと。例白熱した議論になった。

【討議（とうぎ）】意見をたたかわせること。例討議を重ねる。

【討論（とうろん）】議論をたたかわすこと。例討論会のパネリストたち。

【物議（ぶつぎ）】世間の批評や論議。例あの発言が物議を醸（かも）した。

【論議（ろんぎ）】互いに論じ合うこと。例まだまだ論議の余地がありそうだ。

【論戦（ろんせん）】意見が対立し、互いにはげしくやりとりすること。例彼に論戦をいどむ。

【論争（ろんそう）】意見の違う者どうしが、論じ争うこと。例ついには論争にまで発展した。

わ行

わかい 若い

類うら若い・若々しい・ヤング

◉年が若い

関連語少女・少年・青少年・青年・未成年

【若少（じゃくしょう）】年が若いこと。例若少のころから秀でていた。

【若年（じゃくねん）】年が若いこと。例若年ながら感心な心がけだ。対老年

【若齢（じゃくれい）】年が若いこと。例若齢にして次々と戦功をあげた。対老齢

参考「弱小」「弱年」「弱齢」とも書く。「若」は、しなやかで柔らかい、「弱」は、体つきが若くしなやかな意。

【弱冠（じゃっかん）】年が若いこと。例弱冠十八歳で優勝の栄に輝く。▼女性には使わない。昔、中国で男子二十歳を「弱」といい、元服して冠をかぶったことから。「若冠」は誤り。

【年若（としわか）】年が若いこと。例年若な男が担当となった。類年若い

【年少（ねんしょう）】年が若いこと。例年少なのでまだ参加できない。対年長 対成年

【幼少（ようしょう）】幼いこと。例幼少のころの面影をとどめている。

【幼年（ようねん）】(少年・少女より下の)幼い年齢。例幼年期のほとんどを母の実家で過ごした。

【若手（わかて）】若くて働き盛りの人。例若手を積極的に起用する監督。

【若者（わかもの）】年の若い人。例近ごろの若者は、というのが口癖になってしまった。

【若人（わこうど）】若者。青年。例若人の集い。若人の祭典。

◉年が若く、経験が浅い

【青二才（あおにさい）】年が若くて未熟な者。例青二才のくせに生意気なことばかりいう。▼「青二歳」は誤り。類軽輩

【若輩（じゃくはい）】年の若い者、また経験が浅く未熟な者。例若輩ものですのでよろしくご指導ください。▼「弱輩」とも書く。

【若造（わかぞう）】若い人や未熟な者をあざけっていう言葉。

例若造のくせにでかい口をきく奴だ。

わかる 分かる

類悟る・解する

【会得（えとく）】物事をよく理解し自分のものとすること。例伝統の味の秘訣（ひけつ）を会得した。

【体得（たいとく）】経験を通じて理解し身に付けること。例操作のこつを体得する。

【得心（とくしん）】十分承知すること。例得心するまで説明する。

【納得（なっとく）】事の内容をもっともだと認めること。例学校側の説明に納得して帰る。

【判明（はんめい）】はっきりとよく分かること。例血液検査の結果、O型だと判明した。類分明

【理解（りかい）】物事が分かること。例階下の住人の迷惑を理解しない連中。

【了解（りょうかい）】はっきり理解し納得すること。例何回か説明して上司の了解を得た。類承知・了承

わかれるI 分かれる

【分化（ぶんか）】異質または複雑なものへと分かれること。例分化した器官の働き。対未分化

【分岐（ぶんき）】(道などが)分かれること。例高速道路の分岐点で事故発生。▼「岐」は、細い枝状に分かれる意。

【分散（ぶんさん）】分かれ散らばること。例光が分散して地上に届く。対集中

【分離（ぶんり）】もとから分かれて離れること。例油と酢が分離してしまう。類隔離

【分立（ぶんりつ）】分かれて独立・設立すること。例子会社として分立させて新規事業を開拓する。

【分裂（ぶんれつ）】一つのまとまりがいくつかに分かれること。例党内が二つに分裂した。対統一

【遊離（ゆうり）】単体が化合物から分かれ離れること。例温水だと繊維から汚れが遊離しやすい。

【離散（りさん）】ちりぢりになること。例事業に失敗し、一家は離散した。

わかれる[2] 別れる

対会う・出会う

【永訣（えいけつ）】永久に別れる。多く死別のこと。例心から永訣をお悔やみ申し上げます。

【永別（えいべつ）】二度と会えないこと。多く死別のこと。例愛妻との永別に慟哭する。

【決別（けつべつ）】きっぱりと別れること。例暴走族仲間とはきっぱりと決別した。

【死別（しべつ）】死に別れること。例生母とは三歳のとき死別した。類死に別れ・永（なが）の別れ　対生別

【生別（せいべつ）】生きたまま別れること。例姉とは満州で生別したきりだ。類生き別れ　対死別

【離縁（りえん）】夫婦・養子の関係・縁を絶つこと。例いまさら離縁すると言われても困る。類縁切り　対縁組み

【離婚（りこん）】婚姻関係を解消すること。例協議の末、離婚することにした。対結婚

【離別（りべつ）】人と別れること。例子供と離別するのが辛い。類別離

わく[1] 沸く

対冷める

◉液体の熱が高まり、泡立つ

【沸騰（ふっとう）】わきあがり煮えたつこと。例沸騰した湯でゆでる。

◉大きな声や音を立てる

【沸騰（ふっとう）】激しく騒がしくなること。例人気沸騰のタレント。

わく[2] 湧く・涌く

◉現れ出る

【発生（はっせい）】生じること。例ハエの発生を防ぐ。対消滅

◉(大地から)噴出する

【湧出（ゆうしゅつ）】(水などが)わき出ること。例温泉が湧出する土地。▼「涌出」とも書き、それぞれ「ようしゅつ」とも読む。

わける 分ける

●（一体であるものに）筋目を入れて離す

【区分（くぶん）】区切って分けること。例土地を三つに区分する。類区分け

【種別（しゅべつ）】種類によって分けること。例草木を種別するのは難しい。

【折半（せっぱん）】半分に分けること。例費用は折半することにした。

【等分（とうぶん）】等しく分けること。例ケーキを人数分に等分する。

【二分（にぶん）】二つに分けること。例世論を二分した問題発言。

【配分（はいぶん）】割り当てて配ること。例ペースをうまく配分しないと完走できない。類割り振り・振り当て

【分割（ぶんかつ）】一つのまとまりをいくつかに分けること。例一軒分の土地を分割して売る。

【分断（ぶんだん）】断ち切って別々にすること。例半島を南北に分断した戦争。

【分配（ぶんぱい）】分けて配ること。例果物と水を兵士たちに分配した。

【分別（ぶんべつ）】種類別に分けること。例燃えるゴミと不燃ゴミを分別する。

【分類（ぶんるい）】一定の基準・性質に基づいて分けること。例資料カードを分類する作業。

【類別（るいべつ）】性質・種類ごとに分けること。例救援物資を衣類と食品に類別する。

●ばらす　類壊す

【解体（かいたい）】ばらばらにすること。例組織を解体して出直す。

【分解（ぶんかい）】部分や成分に細かく分けること。例石油ストーブを分解掃除してもらう。

●分け持つ

【分業（ぶんぎょう）】業務を手分けして受け持つこと。例医薬分業。

【分掌（ぶんしょう）】仕事などを分け、責任と権限を持って受け持つこと。例校務を分掌する。

【分担（ぶんたん）】手分けして受け持つこと。例仕事を分担して楽になる。類手分け

わずかだ 僅かだ

⇩すこし（少し）

わずらわしい　煩わしい

類面倒くさい

●事態を簡単に解決できないので、気が進まない

【億劫（おっくう）】面倒くさく気が進まないさま。例寒くて出かけるのが億劫になる。

【大儀（たいぎ）】疲れて気が重いさま。例体調が悪くて何をするのも大儀だ。

参考「億劫」「大儀」を「面倒だ」の意で用いるのは、原義にはない日本語特有の用法。

【面倒（めんどう）】手間がかかっていやになるさま。例食事の支度をするのが面倒だ。

【厄介（やっかい）】手数がかかって迷惑なさま。例第三者が口出しすると厄介なことになる。

●入り組んでいる　⇩まじる

【煩瑣（はんさ）】こまごましてわずらわしいさま。例煩瑣な事務処理を嫌う若者。

【煩雑（はんざつ）】事柄がこみいってわずらわしいさま。例煩雑な手続きを簡略化せよ。

【煩多（はんた）】物事が多くてわずらわしいさま。例煩多な書類整理に時間をとられる。▼「繁多」は用事が多くて忙しいこと。

【複雑（ふくざつ）】物事がこみいっているさま。例複雑な親子関係を説明する。類錯綜　対簡単・単純

わすれる　忘れる

対覚える

【失念（しつねん）】つい、うっかり忘れること。例お名前を失念してしまいました。類もの忘れ・度忘れ

【忘恩（ぼうおん）】受けた恩を忘れること。例彼の忘恩行為は許せない。類恩知らず　対報恩

【忘却（ぼうきゃく）】忘れ去ること。例昔のことは忘却のかなただ。

わたる　渡る

●向こう側へ移る

【渡欧（とおう）】ヨーロッパに行くこと。例仕事のために渡欧する。

【渡航（とこう）】船・飛行機で外国に行くこと。例渡航手続きをすませる。類渡海・渡洋・航海

【渡米（とべい）】アメリカに行くこと。例今回の渡米の目的は何か。

【密航（みっこう）】許可を得ず、ひそかに外国へ行くこと。例船荷に紛れて密航する。

◉生きていく 類処する

【処世（しょせい）】世間で暮らしていくこと。例若いのに処世術を心得ている。類世渡り

【渡世（とせい）】暮らし。暮らしていくための職業。例渡世の道を考える。

わびる 詫びる ⇩あやまる（謝る）

わらう 笑う

対泣く

【一笑（いっしょう）】ちょっと笑うこと。一つの笑いぐさ。例抗議しても一笑に付されて終わり。破顔一笑。

【苦笑（くしょう）】にが笑いをすること。例彼の皮肉に思わず苦笑する。類にが笑い

【哄笑（こうしょう）】大きな声で笑うこと。例あまりにおかしくて涙を流しながら哄笑する。

【失笑（しっしょう）】思わず笑ってしまうこと。例彼の大言壮語には失笑を禁じ得ない。失笑を買う。

【大笑（たいしょう）】大いに笑うこと。例ここぞとばかり呵々（かか）大笑する。

【談笑（だんしょう）】なごやかに話したり笑ったりすること。例園児の母親が門の前で談笑している。類歓談

【嘲笑（ちょうしょう）】ばかにして笑うこと。例あまりの非常識に世の嘲笑を買う。類あざ笑う・せせら笑う

【爆笑（ばくしょう）】大勢がどっと笑うこと。例猿の名演技に観客は爆笑した。類大笑い・高笑い

【微笑（びしょう）】ほほえむこと。例微笑する少女の写真。類笑み・微笑（ほほえ）み

【噴飯（ふんぱん）】ばかばかしくて思わず笑い出すこと。例こいつはまったく噴飯ものだ。

【抱腹絶倒（ほうふくぜっとう）】ひっくり返って大笑いすること。例彼女の話に抱腹絶倒した。

【冷笑（れいしょう）】さげすみ、ひややかに笑うこと。例有権者から冷笑されるパフォーマンス。

わるい
悪い

対よい・いい

◉正しくない

【悪逆（あくぎゃく）】人の道にはずれた悪い行い。例悪逆無道な振る舞い。

【悪辣（あくらつ）】非常にずるく、たちが悪いさま。例悪辣なことをしても反省しない。

【奸悪（かんあく）】心がねじけて悪いこと。例彼ほど奸悪な男はいない。▼「姦悪」とも。

【凶悪（きょうあく）】残忍で、むごいことも平気でするさま。例凶悪な犯行を重ねて逃げる。

【極悪（ごくあく）】心・行為がきわめて悪いさま。例極悪非道。極悪人ときめつけられる。

【邪悪（じゃあく）】心がねじけていて悪いさま。例つい邪悪な心が顔を出す。類よこしま

◉好ましくない

【不可（ふか）】よくないこと。例可もなく不可もない状態。対可

【不都合（ふつごう）】都合が悪いこと。例彼に同席されては不都合だ。対好都合

【不適（ふてき）】適していないこと。例海水浴場としては不適である。対適

【不良（ふりょう）】性質・状態などがよくないこと。例天候不良で農家は大打撃を受けた。対良好

◉劣っている

【悪質（あくしつ）】たちのよくないこと。品質が悪いこと。例悪質ないたずらに悩まされる。対良質

【悪性（あくせい）】たちが悪いさま。例悪性の腫瘍（しゅよう）ゆえ切除する。対良性

【最悪（さいあく）】もっとも悪いこと。例最悪の事態に備えておく。対最善・最良

【粗悪（そあく）】作り方が雑で質が悪いさま。例粗悪品を摘発する。

【粗末（そまつ）】品質やつくりが劣っているさま。例あまりに粗末な食事。

【劣悪（れつあく）】品質・性質などがひどく劣っていること。例劣悪な住環境に驚く。対優良

❖れ

❖ろ

❖わ

❖ら

❖り

❖る

❖ゆ

❖よ

❖め

❖も

❖や

❖み

❖む

❖ま

❖ほ

❖へ

❖ふ

❖ひ

❖ぬ

❖ね

❖の

❖は

❖な

❖に

❖と

❖て

❖つ

❖ち

❖た

❖そ

❖す

❖せ

❖し

❖さ

❖こ

❖け

❖く

❖き

❖か

❖い

和語から引ける漢字熟語辞典◉索引

＊見出しの和語，漢字熟語，類・対・関連語欄で取り上げたことばを五十音順に掲載した。
＊同音異字語の場合は原則としてページ数の若い順に掲載した。
＊太字は見出しとして掲げた和語・掲載頁を示す。

❖あ

◉編者紹介

岩田麻里（いわた・まり）

一九五七年東京生まれ。学習院大学大学院人文科学研究科博士後期課程単位取得退学。専攻、国語学。元清泉女子大学非常勤講師。主な論文に「現代日本語における漢字の機能」（『国語改革を批判する』〈日本語の世界16〉中央公論社刊、所収）など。

和語から引ける漢字熟語辞典 新装版

＊本書は、二〇〇七年二月に小社から刊行した『和語から引ける漢字熟語辞典』（四六判）の新装版です。新装に際し、A5判に拡大しています。

二〇二四年一月三〇日　初版印刷
二〇二四年二月一〇日　初版発行

編　者　岩田麻里
発行者　金田　功
発行所　株式会社東京堂出版
〒一〇一-〇〇五一
東京都千代田区神田神保町一-一七
電話　〇三-三二三三-三七四一
http://www.tokyodoshuppan.com/
装　丁　常松靖史［TUNE］
印刷製本　中央精版印刷株式会社
ISBN978-4-490-10942-9 C0581